BUGSY

Henry SERGG

BUGSY

FRANCE LOISIRS
123, boulevard de Grenelle, Paris

Édition du Club France Loisirs, Paris,
réalisée avec l'autorisation des Éditions Olivier Orban

Ouvrage paru en 1978
aux Éditions Olivier Orban
sous le titre : *Bugsy Siegel*

ISBN 2-7242-6862-8

CHAPITRE I

– Refile-nous à chacun un dollar !

Le vieil Abraham Brotkiewicz sursauta. La voix était sèche, impérieuse, mais incertaine, oscillant entre les graves et les aigus. Le mot androgyne ne faisait pas partie du vocabulaire du vieux fruitier polonais, sinon il l'aurait appliqué à cette voix qui résonnait à son oreille. Il tourna la tête et son regard rencontra deux yeux d'un bleu magnifique, angéliques, où se lisait une fausse candeur. Ceux d'un gamin d'une douzaine d'années environ. Le visage était beau, régulier, les lèvres annonçaient une sensualité naissante, ou latente, le front était intelligent et la chevelure, abondante, de couleur châtain foncé, nécessitait de toute évidence les soins urgents d'un coiffeur. Les joues étaient sales et les vêtements que portait le gosse étaient tout juste bons à fourrer dans une poubelle, tout comme ses chaussures dont l'extrémité baillait outrageusement au-dessus de la semelle.

A quelques mètres, en retrait, se tenait un second garçon du même âge, tout semblable à celui-ci, sauf qu'il était brun avec un teint mat et des yeux noirs dans lesquels brillait une lueur dure et méchante.

L'un et l'autre garçon étaient grands et forts pour leur âge. Sous les manches de chemises râpées et trouées saillaient des muscles qui ne demandaient qu'à durcir.

Abraham Brotkiewicz haussa les épaules. Des voyous ! songea-t-il. Il n'avait pas peur. Le long chemin qui l'avait amené à New York de sa Pologne natale avait été dur et semé d'embûches et la vie dans Hester Street n'était qu'un combat quotidien pour survivre. Il fronça les sourcils et décocha un regard furieux aux deux garçons.

– Fichez le camp ! cria-t-il.

Yeux-Bleus feignit d'être choqué.

– Tu pourrais être poli, pépère ! répliqua-t-il.

– Fichez le camp ! répéta le fruitier.

Yeux-Bleus fit un pas en avant en se dandinant.

– C'est plus un dollar chacun qu'il nous faut, pépère, mais deux dollars. Et tu ferais bien de te magner le train. Y a un chouette programme au Kursaal et on tient à le voir !

Abraham Brotkiewicz se mit brusquement en colère. D'un geste vif il saisit le bras du garçon et le repoussa sur la chaussée. Dans la rue personne ne faisait attention à la scène. Les gens qui circulaient là étaient des immigrants récents pour la plupart. Beaucoup ne parlaient pas anglais. Quelques uns le baragouinaient. La grande métropole américaine, les mœurs nouvelles, les lois inconnues les déroutaient, leur faisaient peur. Un incident quelconque et ils s'éloignaient précipitamment, la nuque basse, la mine furtive, comme s'ils craignaient de voir surgir du coin de Hester Street et Mulberry Street des policiers hargneux, le bâton haut levé, tout prêts à frapper sans discernement, l'insulte aux lèvres, comme ils l'avaient expérimenté maintes fois dans les ghettos de Varsovie, de Kiev, de Kichinev, de Sofia ou de Bucarest.

Un sourire indulgent flottait sur les lèvres de Yeux-Bleus, l'autre garçon restait parfaitement immobile. Ses deux mains étaient cachées dans son dos.

– Tu as vraiment la tête dure, pépère, soupira Yeux-Bleus, l'air attristé. En plus, t'es pas gentil. Tu gagnes du fric en vendant tes fruits, nous on a rien, tu voudrais même pas nous refiler deux jetons à chacun. Mon copain et moi, on est Juifs comme toi, mais on a vraiment honte de tomber sur un Juif aussi radin que toi. C'est des types dans ton genre qui nous font du tort, à nous autres, les Juifs ! C'est pour ça pour qu'on nous prend tous pour de sales pingres !

A petits pas il s'avançait vers la voiture de quatre-saisons installée le long du trottoir et soutenue par quatre béquilles de bois, et derrière laquelle se tenait Abraham Brotkiewicz.

– Oui, on a vraiment honte !... répéta Yeux-Bleus.

Brusquement, il décocha un violent coup de pied dans une des béquilles. Celle-ci glissa sur le pavé humide et se rabattit sur le côté.

– Eh ! tu es fou ou quoi ? protesta le vieux fruitier, ivre de colère.

– On t'a déjà dit d'être poli ! répliqua Yeux-Bleus.

De l'extérieur du pied, cette fois, il fit basculer la seconde béquille, et le plateau de la voiture de quatre-saisons, déséquilibré, pencha brutalement en répandant sur les pavés un flot de pommes et une cascade de grappes de raisins noirs.

Abraham Brotkiewicz blêmit.

– Bande de sales mômes ! éructa-t-il. Vous allez prendre mon pied au cul, ça va vous servir de leçon, vous allez voir !

Déjà il descendait du trottoir et s'avançait en claudiquant vers Yeux-Bleus qui, son éternel sourire ironique collé sur ses lèvres, restait là ou il était. Cette fois, les autres marchands de quatre-saisons aux alentours avaient enregistré la scène, et curieux, attendaient son dénouement avec un détachement amusé.

– C'est plus deux dollars qu'il nous faut à chacun, expliqua Yeux-Bleus en détachant soigneusement les syllabes, mais cinq dollars ! Ça t'apprendra, pépère, à être mal poli avec nous ! Faudra qu'on en parle au rabbin, t'es vraiment un sale Juif !

Abraham Brotkiewicz jeta un regard navré aux pommes et aux raisins répandus sur la chaussée et, furieux, il lança le bras en avant pour attraper le garçon. Sa main ne rencontra que le vide. D'un geste vif, Yeux-Bleus s'était reculé. Puis il fit un saut en arrière et cria :

– Décidément, pépère, tu ne comprends rien à rien ! Tu n'es qu'une vieille branche pourrie !

Il claqua des doigts à l'intention de son compère.

– Moey !

L'autre garçon ramena devant lui les deux mains qu'il dissimulait dans son dos. Elles étreignaient la poignée d'un jerrican d'un demi-gallon[1]. D'une pichenette, il fit sauter du goulot le capuchon retenu par un fil de cuivre, fit trois pas en avant et se mit à asperger d'essence les quatre béquilles en bois de la voiture de quatre-saisons, celles qui s'étaient écroulées sous les coups de pied de son comparse et celles qui tenaient encore debout.

L'opération ne lui prit que quelques secondes. Quand il eut terminé, il s'écarta, et Yeux-Bleus qui avait tiré de sa poche trouée une grosse boîte d'allumettes de cuisine en gratta une, enflamma le restant des allumettes et jeta le tout sur une des flaques d'essence qui s'élargissaient sur les pavés disjoints.

Il y eut un bref embrasement et, les yeux remplis d'horreur, les mains tremblant de rage, Abraham Brotkiewicz poussa un hurlement d'impuissance. Ses voisins, les autres marchands de quatre-saisons, fronçaient les sourcils, se jetaient l'un à l'autre des regards de crainte, mais aucun d'eux n'intervenait pour porter aide au vieux fruitier polonais.

Les deux garçons s'éloignaient sans hâte. Yeux-Bleus se retourna pour décocher la flèche de Parthe :

– Souviens-toi, pépère, on reviendra ! Et la prochaine fois, ce sera dix dollars que tu nous refileras !

Puis les deux compères tournèrent le coin de Mulberry Street pour rejoindre Canal Street.

Benjamin Siegel (Yeux-Bleus) et Moey Sedway venaient de commencer leur carrière criminelle de racketteurs...

1. 1 litre 89.

CHAPITRE II

Ellis Island.

Le nom, encore maintenant, résonne lugubrement. Deux films, parmi d'autres, l'ont montrée sans fards. *America, America*, d'Elia Kazan, et *Hester Street*. Et pourtant, ce n'est plus à présent qu'une petite île perdue dans la baie de New York, une île oubliée. C'étaient là qu'étaient installés les services fédéraux d'immigration pour la côte Est pendant un siècle et demi. Durant cette période cinquante millions d'immigrants y transitèrent. Dans leur immense majorité ils amenaient avec eux toutes les détresses et toute la misère du Vieux Monde, toute la violence et toute la révolte que leur inspiraient les conditions de vie que le mauvais sort avait réservées en Europe ou ailleurs.

De cette détresse, de cette misère, de cette violence, de cette révolte, ils espéraient se débarrasser en posant le pied sur le continent américain après avoir salué au passage la statue de la Liberté, symbole d'une vie nouvelle. Hélas, à peine avaient-ils débarqué à Ellis Island qu'ils rencontraient la tracasserie administrative, tout comme dans leur pays d'origine. Plus tard, c'était la confrontation avec la vie, les conditions de travail et le système américain qui apportait le désenchantement.

L'Amérique était certes une démocratie, mais avec un roi : le dollar.

Ces immigrants étaient venus de tous les coins du

monde. Toutes les nationalités, toutes les religions étaient représentées.

Au premier apport constitué par les puritains anglo-saxons protestants qui avaient conquis l'indépendance était venue s'agglomérer entre 1820 et 1880 une vague d'immigrants essentiellement allemands, irlandais et scandinaves. Déjà la physionomie de l'Amérique était modifiée. Ce n'était plus l'Amérique française de la fin du XVIIIe siècle et du début du XIXe, mais une Amérique quelque peu irlandisée et germanisée, moins anglaise et plus catholique. Mais c'est surtout la vague submergeant les Etats-Unis entre 1880 et 1914 qui allait considérablement changer le visage traditionnel de la population américaine. Ce fut un véritable raz-de-marée qui déferla sur Ellis Island. Près de vingt-cinq millions d'hommes. Cette fois, ce n'étaient plus des hommes et des femmes originaires du nord-ouest de l'Europe qui arrivaient, mais des Slaves, des Latins, des Juifs, des Grecs, des Austro-Hongrois, des Serbes, des Bulgares, des Roumains, des Turcs et autres nationalités. Les ethnies les plus importantes en nombre étant les Italiens et les Juifs. C'était une plèbe de très bas niveau de vie, à soixante-quinze pour cent paysanne, presque entièrement catholique, orthodoxe ou juive. Tout l'équilibre ethnique antérieur en fut de ce fait radicalement transformé.

Si l'équilibre ethnique était transformé, il en fut de même de New York qui accueillait en priorité ces immigrants après qu'ils fussent passés par Ellis Island. Déjà l'élément irlandais arrivé antérieurement dominait la ville. Il avait conquis des positions importantes, entre autres dans la politique locale, domaine dans lequel ces Celtes se révélaient supérieurement doués, à un point tel que depuis cette époque le parti démocrate fut toujours contrôlé par des descendants d'Irlandais. De même que les syndicats. « Beau parleur comme un Irlandais » disent toujours les Américains. En quelques années, la population de New York, du moins la population prolétaire, devint pour un quart irlandaise, pour un autre quart italienne, pour un troisième quart juive, le dernier quart étant composé d'une mosaïque d'ethnies diverses.

Des quartiers entiers qui, un temps, avaient été considérés comme aristocratiques, ou pour le moins, résidentiels, se transformèrent en *slums*. Leurs habitants anglo-saxons fuyaient en masse vers des cieux qu'ils considéraient comme moins exotiques.

Naturellement, les nouveaux arrivants constituaient la main d'œuvre la plus misérable, la plus exploitée, la moins payée, astreinte aux travaux les plus durs, les plus sales, les plus déconsidérés, que l'on pouvait trouver à l'époque à New York. Son origine paysanne, son manque de qualification, son ignorance de la langue anglaise, le fait qu'elle appartenait à des religions autres que la religion protestante, lui aliénaient la sympathie des gens déjà en place et lui fermaient les portes d'une société peu encline à se laisser pénétrer par des éléments hétérogènes et allogènes.

Enfermée dans ce ghetto que l'on murait autour d'elle, cette société-paria devait, tout naturellement, voir ses éléments les plus durs et les plus jeunes donner libre cours aux sentiments de révolte contre l'injustice sociale, à toute cette violence importée avec eux d'Europe, ou avec leurs parents pour ceux déjà nés en Amérique, à cette soif de survivre dans un milieu inhumain et impitoyable aux pauvres.

Il existe une loi immuable. Le crime naît toujours dans les couches les plus défavorisées de la population.

Avant les Italiens et les Juifs, les Irlandais avaient expérimenté la même ségrégation à New York. Et, entre 1880 et 1914, le crime dans cette ville fut essentiellement le fait de gangsters d'origine irlandaise. Avec le temps, ils s'étaient quelque peu embourgeoisés, comme cela arrive inéluctablement, même aux professionnels du crime. De nos jours, la Mafia dont les places-fortes sont battues en brèche par la poussée des éléments noirs et portoricains et qui, parfois, fait difficilement front, voit cette loi se vérifier à ses dépens.

A partir de 1910, les Italiens et les Juifs commencèrent à prendre la relève des Irlandais dans la criminalité galopante qui s'emparait des rues de New York. Dans ce domaine, les premiers, essentiellement des Siciliens, des Calabrais, des Napolitains, se révélèrent mieux organisés, plus durs, plus cruels que les seconds, surtout à cause de leur long passé de violences et de crimes dans leur pays natal.

Benjamin Siegel était un pur produit de la génération montante.

Le dollar était rare dans sa famille où son père qui travaillait dans une usine de confection de Garment Center autour de la 8ème Avenue s'escrimait soixante-douze heures par semaine pour un salaire de misère. Sa mère était passive, résignée, même pas geignarde.

Lui était né en 1905 à Brooklyn, dans le quartier de Williamsburg, dans un environnement dont le sordide ne prédisposait pas à un optimisme délirant. Plus tard, ses parents s'étaient transportés à Manhattan, dans le Lower East Side, un fief italien et juif bordé au sud par Chinatown, après un bref passage dans le quartier compris entre la 7e et la 11e avenues d'une part, et la 14e et la 42e rues d'autre part, et qu'à cette époque on avait affublé du nom charmant et particulièrement évocateur de « Hell's Kitchen », la Cuisine de l'Enfer, tant les gangs de jeunes y faisaient la loi.

Benjamin Siegel était doté d'une intelligence rare, et d'une confiance en lui-même à toute épreuve. Les complexes et les scrupules ne l'étouffaient aucunement. Contrairement aux enfants de son âge il ne cherchait nullement à « sécher » l'école. Bien au contraire. Sa curiosité était vive, sa soif d'apprendre incommensurable, car il était pleinement conscient que l'enseignement qu'on lui prodiguait lui servirait un jour à assumer la grande destinée à laquelle, il en était sûr, il était promis.

Seulement, il ne se faisait aucune illusion. Depuis son plus jeune âge, son regard critique s'était posé sans indulgence sur ses parents, sur son foyer, sur le quartier dans lequel il vivait, que ce soit Williamsburg, Hell's Kitchen ou le Lower East Side, sur son entourage, sur les gens, sur les enfants de son âge, sur les instituteurs anglo-saxons méprisants à l'égard du fils d'immigrant, sur les riches qui habitaient les quartiers huppés de Manhattan dans lesquels, le dimanche, il allait traîner ses guêtres en rêvant, et la conclusion de ces observations s'était très vite imposée à son esprit.

S'il s'engageait dans l'existence en suivant la filière

normale, légale, honnête, sa vie serait à peine plus confortable que celle de son père qu'il méprisait souverainement et qu'il considérait comme lâche et stupide.

– Ben, se disait-il le soir avant de s'endormir, grelottant de froid sur son grabat misérable et tremblant d'écœurement en entendant les ronflements sonores de son père, Ben, mon garçon, il faut que tu te sortes de là à tout prix ! Pas question que t'ailles t'user les doigts et les yeux sur une machine à coudre dans une foutue usine à confection, à dix dollars la semaine ! L'atelier, très peu pour toi ! Ça, c'est bon pour les caves. Toi, tu vaux mieux que ça !

Avec son copain Moey Sedway, il avait donc mis au point le racket des marchands de quatre-saisons, et c'était lui qui avait eu l'idée du jerrican d'essence destiné à incendier les voitures des marchands qui ne viendraient pas à résipiscence, et à inciter les autres, ceux qui assisteraient au spectacle, à ne pas élever d'objections lorsque les deux compères se présenteraient à eux. Naturellement, il avait soigneusement étudié, au préalable, le problème que posait la police. Il avait conclu que le risque, de ce côté-là, était négligeable.

Dans leur majorité, les policiers étaient des Irlandais. Or, ceux-ci ne pouvaient pas souffrir les Italiens et les Juifs qu'ils traitaient de « sales étrangers ». En outre, ceux qui étaient affectés au Lower East Side, dans ce quartier sordide, tenaient injustement les habitants responsables du manque de faveur qu'on leur avait témoigné en ne les désignant pas pour un poste plus enviable.

En conséquence, pour se venger, ils se cantonnaient dans leur commissariat et laissaient les gens du coin se débrouiller entre eux. C'est tout juste s'ils se déplaçaient quand se produisait un assassinat.

Cette attitude servait les projets de Benjamin Siegel...

Benjamin Siegel compta les billets d'un dollar, les *sin-*

gles, comme on disait couramment, et remit sa part à Moey Sedway.

– Okay, Moey ?

– Okay, Ben.

– On ne se débrouille pas mal, tu ne trouves pas ?

– Sûr.

Indépendamment du fait que son intelligence était moins vive que celle de son compagnon, Moey appartenait plutôt au genre taciturne. Il ne faisait jamais de grandes démonstrations et il était l'antithèse de Ben dont l'exubérance était débordante. Physiquement, il était aussi fort que son ami, son courage était sans failles, et sa fidélité à toute épreuve. Il obéissait aveuglément à Ben et les suggestions que ce dernier émettait emportaient toujours son adhésion.

– Ne restons pas ici, décida Ben. Je n'aime pas la gueule du flic qui patrouille dans le secteur. C'est un nouveau. Tu vois pas qu'il se mêle de changer les vieilles habitudes et de faire du zèle ?

– Pour quoi faire ? objecta Moey. Pour se faire muter ailleurs ? Aucune chance pour lui. On n'a jamais vu un flic du quartier y rester moins de cinq ans !

– Ça ne me plait pas quand même. Fichons le camp ailleurs.

Tous deux disparurent en direction des docks de l'East Side, à travers un fouillis ignoble de ruelles, de sentines aux maisons lépreuses où vivait une population trouble, des débardeurs, des prostituées, des repris de justice, des usuriers, des souteneurs, des gouapes au couteau facile, où les assassinats étaient monnaie courante. Des filles racolaient, embusquées sous les réverbères à gaz aux lumières chiches.

– Eh ! beau gosse ! Tu viens m'faire un frangin ?

A douze ans, Ben en paraissait seize par la taille et la carrure. La beauté mâle de son visage attirait les filles. Mais, systématiquement, il repoussait les avances des prostituées. Elles ne l'intéressaient pas. Il s'était découvert une passion pour Sarah Rosenblum, une adolescente de quatorze ans qui lui accordait ses faveurs dans le logement de ses parents, un couple de serveurs de restaurant. Il y savourait non seulement le corps de Sarah, mais aussi les plats que les parents rapportaient du restaurant où ils travaillaient.

C'est ce qu'il appelait joindre l'utile à l'agréable.

Ils atteignirent les quais et Ben attira son ami dans un coin sombre.

– Y a un autre truc qu'on pourrait faire... commença-t-il.

Moey ne fit pas de commentaires. Il attendait les explication de Ben. Ce dernier faisait toujours preuve d'une imagination débordante. A un truc mirobolant, comme il disait, succédait toujours un autre truc mirobolant.

– L'essence qu'on fauche dans les dépôts de l'armée pour remplir ton jerrican, développa Ben, on pourrait la refourguer si on en piquait plus.

– La refourguer à qui ? s'inquiéta Moey. Tu vas quand même pas te planter au coin de Bowery et de Delancey et faire signe aux bagnoles ?

Ben réprima un geste d'impatience. Parfois Moey l'agaçait. Pourquoi donc ne comprenait-il pas les choses plus rapidement ?

– Tu connais Abe Moscovitz ?

– Le vieux fourgue d'Orchard Street ?

– Tout juste.

– Il serait acheteur ?

– Tu parles ! Cette vieille fripouille rachèterait des fausses dents s'il y a un *cent* à gagner dessus !

– Paraît qu'il arnaque.

– T'as déjà vu un prêteur sur gages qui n'arnaque pas ? Et comment qu'il gagnerait sa vie autrement ?

– D'accord. Mais comment qu'on opère ? Avec un jerrican d'un demi-gallon, on peut se tirer vite fait. C'est pas trop lourd. Mais avec des grandes quantités, pas question de cavaler !

– Qui te parle de cavaler ?

Du doigt, Ben désigna les entrepôts militaires.

– Là-dedans sont les cuves d'essence à destination de la France.

A cette époque-là, en 1917, les Etats-Unis venaient d'entrer en guerre aux côtés des Alliés, et la Standard Oil of New Jersey assurait une bonne partie des approvisionnements pétroliers à destination du front européen.

Le carburant, avant expédition, était stocké sur les quais de Manhattan et de Brooklyn, dans des entrepôts militaires spécialement réservés à cet usage.

– Tu veux faucher une cuve ? railla Moey.

– Il n'y a pas que des cuves. Il y a aussi des fûts, expliqua Ben patiemment. Ceux-là sont pour les besoins militaires locaux. Les unités stationnées à Governor's Island, par exemple. C'est dans les fûts qu'on pique l'essence pour ton jerrican.

– Comme si je le savais pas ! ricana Moey.

– Et si à la place d'un demi-gallon d'essence on piquait un ou plusieurs fûts ?

Moey resta interloqué.

– Tu plaisantes ?

– Tu m'as déjà vu plaisanter quand il s'agit de business ?

– Mais... comment qu'on va faire ?

– D'abord, on va apprendre à conduire une bagnole.

– On n'a que douze ans ! protesta Moey.

– Et alors ? Voilà comment on va faire. D'abord, une chose. On cherche pas à passer le permis de conduire, on cherche à apprendre à conduire une bagnole. Et d'une. Deux : on a le type sous la main pour nous apprendre sans faire d'histoires.

– Qui ça ?

– Sam Aarons. C'est lui qui livre les fruits et les légumes pour le compte de Max Abramovitch dans tout le quartier. Régulièrement il se fait repasser au craps dans les tripots du coin. Alors, il a besoin de fric en permanence, d'autant que sa femme, elle fait valser le pognon comme s'il s'appelait Vanderbilt ou Rockefeller. Avec les dollars qu'on extorque aux marchands de quatre-saisons, on va se payer des cours de conduite avec Sam. Il ne rechignera pas à se faire dix dollars de mieux par semaine.

– Et après ? objecta Moey.

– Après ? C'est simple. Les convois de camions qui amènent les fûts sont tellement nombreux qu'ils font la queue pour entrer dans les entrepôts. T'as qu'à voir par toi-même...

Ben, à nouveau, esquissa un geste en direction des docks.

– ... Des fois, ils stationnent une heure avant d'entrer... Sarah connaît une fille. Une de ses amies. Elle se défend avec les dockers et les matafs. On la refile entre les pattes d'un des chauffeurs de camion, le dernier de la file, et, pendant qu'ils baisent à tout va, nous on arrive et on balance au chauffeur un coup de crosse sur le cigare...

– Un coup de crosse ? coupa Moey, éberlué.

– Sûr, un coup de crosse...

Ben extirpa de sa poche un Colt 32.

– Où t'as eu ça ? s'émerveilla Moey.

– Ça fait six mois qu'on fait le racket de marchands de quatre-saisons, expliqua Ben. Qu'est-ce que tu crois que j'ai fait avec le fric ? que je l'ai dépensé avec des putes ? Pas question. Je l'ai économisé. Et j'ai acheté ce flingue.

– Economiser du fric ? s'extasia Moey. T'es bien un vrai youpin.

– Comme tu dis ! rigola Ben.

Le terme péjoratif de youpin ne le choquait nullement. Il ne se sentait ni juif, ni italien, ni irlandais, ni rien du tout. La seule et unique chose, le seul et unique être qui lui importait au monde, c'était lui-même, Benjamin Siegel. Le seul être humain digne d'importance, à ses yeux. Les patrons de l'usine de confection où travaillait son père étaient des Juifs tout comme lui. Est-ce qu'ils payaient mieux son père pour cela ? Pas du tout ! Aussi cupides que les autres, ces sales youpins, comme disait Moey.

Ce dernier tendit la main et Ben le laissa caresser amoureusement le canon du pistolet.

– Un chouette engin... admira Moey.

– Comme tu dis.

Moey se ressaisit.

– Okay. On assomme le conducteur avec ton flingue. Et ensuite ?

– On le fout dans un coin pour le laisser dormir. On embarque le camion et on va refiler la came à Abe Moscovitz. Avant ça, naturellement, on a passé un accord avec lui. Quand on touche le fric, on va au fade avec Sarah et sa copine. Toujours réglo, c'est mon principe. Ce qui reste, on se le partage entre nous deux.

L'œil de Moey se mit à briller.

– Tu veux que je te dise une chose, Ben ?

– Je t'écoute.

– J'ai l'impression que ça va marcher...

CHAPITRE III

L'amie de Sarah Rosenblum s'appelait Myriam. Elle avait quinze ans, des courbes et des rondeurs aux bons endroits, un visage qui dégageait une sensualité provocante, et des jambes exceptionnelles. Elle avait appris son rôle à la perfection, ce qui ne lui était pas très difficile puisque, habituellement, elle racolait sans vergogne tout élément mâle passant à portée de voix dans Elizabeth Street.

Pour prix de ses faveurs elle demandait une somme modique. Le soldat s'ennuyait. Ces salauds de la *Military Police*, récriminait-il en son for intérieur, n'étaient qu'une bande de feignants qui prenaient un malin plaisir à faire poireauter les chauffeurs de camion, rien que pour les empêcher d'aller se coucher. Et les officiers, qu'est-ce qu'ils fichaient ? Probablement en train de se poivrer dans un bar ou de se taper une fille.

Son œil s'alluma en détaillant le corps de Myriam sous la lumière avare du réverbère à gaz. Elle était plutôt chouette. Justement il venait de toucher son prêt pour la quinzaine écoulée. Et si un officier arrivait ? Le risque était minime, estima-t-il. N'étaient-ils pas en train de faire la foire eux aussi ?

Il ouvrit la portière et fit signe à Myriam.

– Viens. On passe derrière.

– Mon petit cadeau d'abord, réclama-t-elle, enjôleuse.

Il sortit un billet d'un dollar tout froissé de sa poche et le tendit à Myriam.

– Allez, viens ! commanda-t-il d'un ton pressé en jetant des regards circonspects sur les autres camions de la file. Ne perdons pas de temps !

Elle le suivit et il souleva la bâche à l'arrière du véhicule. Les fûts n'emplissaient pas l'espace complet sur le plateau. Une étroite alcôve était ménagée entre les fûts les plus proches et la ridelle arrière. Suffisant pour s'y allonger, jugea-t-il. Il aida Myriam à grimper sur le marchepied puis à passer par-dessus la ridelle. Il la rejoignit en se courbant et, tout de suite, ordonna :

– Couche-toi.

Elle s'exécuta. A peine fut-il en elle qu'elle se mit à haleter et à pousser des cris stridents.

– Boucle-la, grogna-t-il en songeant qu'elle allait attirer l'attention.

Elle l'empoigna brusquement en emprisonnant ses épaules entre ses bras frêles.

– Aaaaaaaaaaah !... gémit-elle.

Le soldat eut l'impression que les quatre rangées de fûts lui dégringolaient sur le crâne. Des milliers de réverbères à gaz s'allumèrent avant d'exploser dans sa tête, et il perdit connaissance.

– Sors de là en vitesse ! jeta Ben précipitamment à Myriam tout en glissant le pistolet entre sa chemise et sa peau.

En même temps, il décrochait les chaînes de la ridelle et rabattait celle-ci. Aidé de Moey il transporta le corps évanoui jusqu'au mur de l'entrepôt contre lequel il le déposa. Moey fouilla les poches puis déboucla le ceinturon de toile auquel pendait un étui contenant un Colt 45 A.C.P. et le tendit à Ben qui le passa autour de ses hanches.

– Allons-y maintenant, commanda-t-il d'une voix impatiente.

Ils coururent au camion. Sur le pavé humide les semelles de bois de Myriam claquaient sèchement pendant qu'elle courait en direction des ruelles bordant le quai, dans lesquelles elle allait se perdre.

Moey s'installa derrière le volant et il démarra en marche arrière pour se décoller de la file de camions qui justement s'ébranlait en direction des portes de l'entrepôt. Ses gestes étaient sûrs, précis. Les leçons de conduite prodiguées par Sam Aarons lui avaient merveilleusement profité, se félicita Ben qui l'observait avec attention. Tout comme à lui, d'ailleurs. De l'argent investi judicieusement, s'enorgueillit-il.

Le rendez-vous fixé par Abe Moscovitz se situait dans une ancienne meunerie désaffectée, du côté de West Houston Street, derrière les docks de la Holland-America Line. Lorsqu'ils arrivèrent au coin de Varick Street et de la West Houston, Ben fit stopper Moey.

– Tu te souviens bien de tout ?

– Sûr, répondit Moey, toujours laconique.

– Perds pas les pédales.

– T'en fais pas.

Ben ouvrit la portière après avoir passé les pans de sa chemise par dessus le ceinturon de toile afin de le dissimuler aux regards, et il sauta sur la chaussée.

Moey attendit vingt bonnes minutes puis redémarra. Ben et lui avaient déjà reconnu les lieux. Il repéra l'ancienne meunerie, ralentit et, très prudemment, s'engagea dans la cour. Dans la lueur des phares il vit s'approcher trois hommes. Le premier était Abe Moscovitz. Il stoppa et attendit. Abe Moscovitz ouvrit la portière de son côté pendant qu'un des deux autres hommes en faisait autant de l'autre côté.

– Descends de là, commanda le recéleur d'une voix dure.

– Le fric d'abord, répondit Moey.

– Ils manquent pas de culot, les mômes d'aujourd'hui! grailla l'homme qui était monté à côté de lui côté passager.

– Grouille-toi ! intima Abe Moscovitz en lui saisissant la cheville.

– Le fric d'abord, répéta Moey, obstiné.

– Le fric, mes fesses ! ricana le recéleur. Où tu te crois ? Chez Rockefeller ?

Moey regardait droit devant lui, impassible.

– Je veux ce qui était convenu avec Ben et moi, lâcha-t-il d'un ton neutre.

– A coups de pompe dans le cul, on va te payer ! martela Abe Moscovitz en tirant brutalement sur la cheville de Moey pendant que son homme de main poussait celui-ci vers l'extérieur.

Moey perdit l'équilibre, bascula et atterrit dans les bras du recéleur et du troisième comparse. Un violent coup de poing lui percuta la mâchoire et il s'écroula sur le sol dur de la cour. Des coups de pied lui labourèrent les côtes et il tenta de se protéger du mieux qu'il pût.

– Ça suffit, commanda le recéleur. Laisse tomber, Hank. Il a son compte.

– Bougez pas ! ordonna soudain dans son dos une voix sèche qui le fit sursauter.

Benjamin Siegel venait de faire son apparition. Dans une main il tenait le pistolet qui lui avait servi à assommer le soldat et, dans l'autre, le Colt 45 A.C.P. qu'il avait subtilisé à ce dernier. Il n'avait encore jamais écrasé la détente d'une arme à feu mais se sentait parfaitement capable de le faire. Abe Moscovitz avait la réputation de doubler ceux avec qui il traitait et Ben avait pris ses précautions en conséquence. Le jour même, il avait prévenu le recéleur que ce serait Moey seul qui amènerait au rendez-vous le camion volé, ceci afin de ne pas susciter de soupçons, et, quelques instants plus tôt, il s'était glissé subrepticement dans la meunerie pendant que les trois hommes étaient attirés par la lueur des phares du camion. A présent il tenait ses deux pistolets braqués sur eux trois.

Abe Moscovitz opéra un demi-tour sur lui-même et reconnut Ben. Son regard glissa sur les deux armes dont le métal brillait faiblement. Péniblement il avala une salive amère.

– Eh !... commença-t-il.

– Allez vous placer devant les phares ! commanda Ben rudement.

– T'es complètement dingue ! grasseya le recéleur. T'as une araignée dans le beffroi[1] !

Il ignorait cette nuit-là qu'il utilisait pour la première fois à l'intention de Benjamin Siegel le surnom qui allait

1. Littéralement : *You've got bugs in your head. Bugs*, en anglo-américain : insectes, punaises. *Bughouse*, en slang : asile de fous. Par dérivation : *Bugsy* : fou, dingue.

coller à ce dernier pour le restant de ses jours et le rendre célèbre.

– Devant les phares ! répéta Ben. Vite !

A contrecœur, Abe Moscovitz et celui qui l'avait aidé à assommer Moey reculaient à petits pas pour aller se placer devant les phares. Ce fut alors que la détonation claqua. Le coup de feu avait été tiré par le troisième homme, celui qui était monté à côté de Moey dans le camion. Sans viser, ses deux pistolets braqués en direction de la cabine, Ben pressa les deux détentes en priant le ciel que l'une des balles n'aille pas se perdre dans un fût plein d'essence. Du coin de l'œil il vit l'homme de main du recéleur et ce dernier, qui se profilaient dans la zone de lumière projetée par les phares, porter la main à leur poche. Il fit pivoter ses deux pistolets et dirigea son feu sur eux.

Les deux hommes, s'effondrèrent, criblés de balles.

Inexpérimenté dans le maniement des armes, Ben avait vidé ses deux chargeurs. Cependant, le résultat était concret, les trois hommes étaient morts. La fusillade avait réveillé Moey qui se frottait les yeux, éberlué. Il se releva et alla contempler le carnage.

– Merde... bégaya-t-il. On est allé trop loin...

– Penses-tu ! le rassura Ben encore tout tremblant d'excitation.

– Fichons le camp d'ici et en vitesse ! supplia Moey.

– Attends...

A cette époque, et cela allait durer des décennies encore, tous ceux qui gagnaient de l'argent illégalement ne faisaient aucune confiance aux banques. C'est tout juste s'ils acceptaient l'idée de ranger leur butin dans un coffre-fort. Abe Moscovitz ne faisait pas exception à la règle.

Il était connu pour transporter sur lui en permanence un gros rouleau de billets de banque. Ben le savait. Il alla fouiller le cadavre, découvrit le rouleau, le glissa entre sa chemise et sa peau, et après s'être relevé, il prit la précaution d'éteindre les phares du camion volé, et il entraîna Moey avec lui.

Les deux pistolets furent jetés dans les eaux de l'Hudson, et les deux amis regagnèrent à pied leur quartier du Lower East Side.

Dans les toilettes d'un drugstore ouvert toute la nuit, Ben et Moey comptèrent leur butin.

Cinq mille dollars !

Jamais ils n'avaient vu autant d'argent de leur vie !

Cette nuit-là, allongé sur son misérable grabat, Benjamin « Bugsy » Siegel fit de beaux rêves. Les rues de son quartier étaient tapissées de billets de cent dollars. Il avait mis du temps pour s'endormir. Sans cesse il revivait la scène au cours de laquelle il avait tué les trois hommes. Aucun remords ne l'habitait. Abe Moscovitz avait voulu le doubler. Trois adultes contre deux gosses qui n'avaient même pas treize ans ! Est-ce que cette lâcheté ne méritait pas la mort ? En tout cas, il n'avait pas tremblé, sinon d'excitation. Après tout, c'était facile de tuer un homme. Des tas de gens en faisaient une histoire. Ridicule. Est-ce que les soldats qu'on envoyait combattre en Europe ne se livraient pas quotidiennement à la même occupation ? Et, en outre, on leur tressait des lauriers quand leur tableau de chasse plaidait éloquemment en faveur de leur talent de tueur !

Non, vraiment, il n'y avait pas de quoi en faire un drame. Tuer, finalement, était aussi facile que racketter le vieil Abraham Brotkiewicz ou voler un camion chargé de fûts d'essence...

Le tout était de ne pas se faire prendre.

Avant de s'endormir, Ben s'était aussi appliqué à chercher par quels moyens la police pourrait remonter jusqu'à l'auteur des trois meurtres. Ses contacts avec le recéleur s'étaient déroulés sans témoins. Aucun des hommes d'Abe Moscovitz ne l'avait vu. Rien à craindre de ce côté-là, ni de la police, ni des amis du recéleur qui auraient pu être tentés de le venger. Le chauffeur du camion parlerait sans doute de Myriam. Mais les quais ne constituaient pas le terrain de chasse habituel de la fille, et les prostituées étaient si nombreuses à New York, même celles de l'âge de Myriam. En outre, il faisait sombre près des entrepôts militaires. Douteux que le soldat ait pu détailler la fille d'une façon telle qu'il puisse en donner une description exacte.

Les deux pistolets commençaient à rouiller dans les eaux de l'Hudson.

Restaient Sarah et Myriam.

Si l'on parlait du camion d'essence dans les journaux, du camion d'essence découvert sur les lieux du crime, un esprit astucieux ferait immédiatement la déduction logique. Seulement, Myriam et Sarah ne lisaient jamais les journaux. A la rigueur les bandes dessinées, et encore ! La seule chose qui les intéressait, c'était leur propre personne. Et le fric.

De ce côté-là, il était paré.

Non, vraiment, avait décidé Ben avant de s'endormir, il n'avait nulle crainte à avoir. La police avait définitivement peu de chances de remonter jusqu'à lui et à Moey. Et puis il fallait compter aussi, et cela était un atout certain, sur la répugnance traditionnelle de la police new-yorkaise à prodiguer des efforts trop laborieux en vue de résoudre les énigmes criminelles que posaient les règlements de comptes entre voleurs et trafiquants de tous acabits.

La règle communément admise était bien connue : « Qu'ils se tuent entre eux, ça nous fera moins de travail !... »

Une vieille Irlandaise peu regardante sur l'origine de l'argent avait loué à Ben une grande chambre indépendante dans un immeuble vétuste de Ludlow Street. La location s'était effectuée à prix d'or en raison de l'âge du garçon. Mais Ben n'avait pas barguigné sur le montant du loyer. Il avait de l'argent et ce qu'il désirait avant tout, c'était la discrétion. Ben, Moey, Sarah et Myriam avaient établi là leur quartier général. Moey s'était associé à Myriam pour le meilleur et pour le pire sans, naturellement, prendre la peine d'aller solliciter une licence de mariage.

Tout baignait dans l'huile.

Un des principaux soucis de Ben était que leur fortune récente ne soit pas remarquée. La police n'était pas remontée jusqu'à lui et les mois s'étaient écoulés sans que l'on reparle plus du meurtre d'Abe Moscovitz et de ses deux acolytes. Les deux garçons et les deux filles avaient acheté en grand nombre des chaussures et des vêtements neufs, des provisions de bouche, des jus de fruits, des coca-colas, du chewing-gum et des cigarettes, et avaient stocké le tout dans la chambre. Sarah et Myriam faisaient la cuisine. Quand ils sortaient, ils évitaient de paraître trop élégants afin de ne pas attirer l'attention. Lorsqu'ils allaient au cinéma, c'était dans des quartiers éloignés de Manhattan. Le soir, chacun rentrait sagement chez ses parents.

Un dimanche, alors qu'il se rendait à leur quartier général, Ben tomba nez à nez avec celui qui avait été son meilleur ami dans le quartier de Hell's Kitchen.

– George ! s'émerveilla-t-il. Qu'est-ce que tu fiches par ici ?

– Je te cherchais.

– Sans blague ? Viens.

Il l'entraîna jusqu'à la chambre et le présenta à ses trois compagnons. Le garçon était plutôt petit, avec des cheveux très noirs, un nez long et pointu, légèrement bosselé au milieu, des yeux de braise et un teint basané.

– Pourquoi me cherchais-tu ? demanda Ben.

– Jake t'a aperçu du côté de Times Square. Il a dit que tu paraissais rouler sur l'or. Alors, je suis venu voir si je ne pourrais pas t'emprunter un peu de fric. Les temps sont durs, tu le sais...

– Qu'est-ce que tu veux faire avec le fric ?

– Prendre des cours pour être acteur.

Ben éclata de rire.

– Toujours dingue de cinéma, hein ?

– Et comment !

– De combien as-tu besoin ?

George cligna des yeux. C'était là un langage auquel il n'était pas habitué. A Hell's Kitchen, quand on essayait d'emprunter de l'argent à quelqu'un ou bien on essuyait un refus, justifié la plupart du temps à cause de la misère dans laquelle chacun était plongé, ou bien, catégoriquement, le prêteur en puissance indiquait de lui-même la somme dont il pouvait disposer.

– Dis-donc, balbutia-t-il, Jake ne s'est pas trompé. Tu roules sur l'or. Comment te débrouilles-tu ?

Ben éluda.

– Combien ?

George s'humecta les lèvres, un peu indécis.

– Un C[1], ça irait ?

– Okay. Tant que tu ne me demandes pas un G[2] !

George écarquilla les yeux. Il ne s'attendait pas à ce que sa demande soit si vite agréée.

– Tu me rends un fier service, Ben, remercia-t-il un peu timidement.

Grand seigneur, Ben expédia d'une pichenette un billet de cent dollars roulé en boule en direction de son compagnon d'escapades à Hell's Kitchen.

– On n'en parle plus.

Sur le plateau du vaisselier dans lequel Sarah et Myriam rangeaient les plats et les provisions était posé un revolver Smith and Wesson calibre 32 dont Ben avait fait récemment l'acquisition. Depuis qu'il avait procédé à la fusillade de la meunerie, il avait décidé qu'il ne pouvait plus se passer d'armes de poing. Attiré comme par un aimant, George s'approcha du vaisselier et s'empara du revolver. Au-dessus du vaisselier un grand miroir était fixé au mur. Il servait aux deux filles à se coiffer et à se pomponner.

En fronçant les sourcils, en tordant le coin de la bouche, George, la mine farouche, mima une scène de hold-up, en braquant le revolver en direction de la glace.

– Raboulez l'fric ! Et vite fait ! grasseyait-il en roulant des yeux féroces.

Amusés, Ben, Moey, Sarah et Myriam suivaient ses mouvements.

– Y a pas à dire, plaisanta Ben, mes cent dollars ne sont pas perdus. Tu as du talent ! Encore quelques années et tu égaleras Douglas Fairbanks !

George posa le revolver en soupirant.

– Il faut travailler dur pour réussir dans ce métier-là !

– Tu crois que Charlie Chaplin a travaillé dur, lui ? répliqua Ben du tac au tac. On est doué ou on n'est pas doué pour quelque chose, c'est tout. Si tu prends des le-

1. C (du chiffre romain C = cent), cent dollars.
2. G (initiale de grand), en slang : mille dollars.

çons, c'est pour t'améliorer. Mais si tu n'as pas de talent, autant foutre ton fric dans l'East River !

Brusquement, il claqua des doigts.

– Puisqu'on parle de cinéma, on va aller se taper une toile tous les cinq !

Les yeux de George brillèrent de plaisir. Il était fou de cinéma, mais il ne savait pas encore qu'il allait devenir quinze ans plus tard un des plus grands acteurs de Hollywood sous le nom de George Raft, et que son premier grand rôle, dans *Scarface*, serait justement celui d'un gangster, le lieutenant d'Al Capone personnifié par Paul Muni et rebaptisé Tony Camonte.

CHAPITRE IV

Les cinq mille dollars récupérés sur le cadavre d'Abe Moscovitz avaient duré un peu plus d'un an. Benjamin « Bugsy » Siegel venait tout juste d'avoir quatorze ans. C'était un grand et beau garçon qui faisait beaucoup plus que son âge réel. Ses traits commençaient à perdre le flou de l'adolescence et se durcissaient quelque peu. Son charme et sa beauté exerçaient une attraction puissante sur les adolescentes mais aussi sur les femmes plus âgées, et il le savait. Sans vergogne, il en profitait au maximum.

Sur le plan intellectuel, sa précocité était étonnante. Il faisait preuve d'une maturité qui stupéfiait ceux qui étaient en contact avec lui. Les seules particularités de son caractère qui choquaient ou qui mettaient parfois mal à l'aise ses familiers étaient sa superbe inaltérable, son orgueil incommensurable, son égocentrisme insolent (que tempéraient des élans de générosité dépourvus de tout calcul), son cynisme et ses sarcasmes corrosifs et un brin de folie qui accréditait le surnom de Bugsy que Moey Sedway se plaisait à répandre, non pas pour déprécier son ami, mais en amicale et affectueuse dérision.

Ben haïssait ce surnom et, naturellement, il ne faisait pas bon s'adresser à lui en l'utilisant.

Ben se sentait mieux installé dans l'existence. Il n'avait plus faim. Ses chaussures n'étaient plus trouées et ses vêtements n'étaient plus râpés. Les problèmes d'argent ne se posaient plus (à quatorze ans qui pouvait en dire autant ? Surtout dans le Lower East Side de New York !) Sa liberté était totale car ses parents se désintéressaient absolument de ses faits et gestes. Ses succès féminins ne se comptaient plus.

Curieusement, c'étaient justement ces derniers qui allaient précipiter sa chute.

Il avait fait la conquête de Graziella, une Sicilienne de vingt ans, mariée à un maçon originaire d'Agrigente, brutal et exigeant, qui travaillait quatorze heures par jour sur un chantier de travaux publics dans le Bronx. Un après-midi où les deux amants se livraient à leurs ébats amoureux habituels avec la paix d'esprit que procure la certitude que l'époux légitime ne risque pas d'apparaître intempestivement, celui-ci, justement, se présenta inopinément à son foyer. Il venait d'être victime d'un accident de travail et, après s'être fait panser au Bronx-Lebanon Hospital Center, il regagnait son lit pour se remettre de ses émotions.

La surprise paralysa Ben et ce manque de réflexe faillit lui être fatal. Le Sicilien s'était emparé d'une hache qui lui servait à fendre les bûches achetées chez le charbonnier du coin de la rue, et il fonçait sur lui. S'estimant en position désavantageuse, Ben n'eut d'autre ressource que de s'enfuir, tout nu, par la fenêtre. Malheureusement pour lui, l'agent de police affecté à ce secteur faisait justement sa ronde dans le quartier. Un croche-pied synchronisé avec un coup de matraque eut raison de Ben.

Mais Graziella parfaitement au courant des mœurs siciliennes en matière d'adultère et craignant pour sa vie jugea plus prudent de crier au viol. Seul son mari la crut. Néanmoins, Ben fut emprisonné et passa en jugement devant un tribunal pour enfants. Le juge devant qui comparaissaient en très grande majorité de jeunes immigrants, ou des fils d'immigrants, n'utilisant que l'anglais argotique des bas quartiers et absolument imperméables au langage correct, s'était fait un point d'honneur d'apprendre l'argot afin de se faire comprendre des justiciables. Sans cependant être dupe des accusations de viol lancées par Graziella, il admonesta sévèrement Ben et conclut :

- Ce n'est pas possible ! Vous devez avoir une araignée dans le beffroi pour commettre des actes pareils !

Exactement la phrase qu'Abe Moscovitz avait décochée à Ben seize mois plus tôt. Il y avait dans la salle d'autres délinquants juvéniles qui attendaient leur tour d'être jugés. Tous s'esclaffèrent. Ben blêmit. Il haïssait ce surnom de « Bugs » ou « Bugsy ». Mais il n'y pouvait rien. Depuis ce jour et jusqu'à la fin de sa vie, il allait (hors de sa présence...) être appelé familièrement Bugsy. Le fou. Le dingue. Sans que ce surnom d'ailleurs soit péjoratif. Au cours des années, il sanctionnerait surtout l'admiration que lui porteraient les gangsters pour son intrépidité, sa témérité et ses prises de risques inconsidérés et sans calculs.

– Benjamin Siegel, je vous condamne à passer les deux prochaines années dans une maison d'éducation surveillée. Si votre conduite ne s'y révélait pas satisfaisante, votre peine serait prolongée par périodes successives de six mois jusqu'à l'âge de dix-huit ans... déclara le juge d'un ton uni.

Ce qui avait emporté sa décision, c'étaient les mauvais renseignements recueillis sur le compte de Ben et, entre autres, ceux des marchands de quatre-saisons qu'il avait rackettés. Dans le fond de la salle, le père et la mère de Ben pleuraient. Ce dernier ne leur accorda pas un regard. Ses yeux étaient braqués sur une seule personne : Graziella...

Bugsy Siegel sortit de la maison d'éducation surveillée à l'âge de dix-sept ans. A présent, son surnom lui collait réellement à la peau comme une tunique de Nessus. Au pénitencier pour enfants et adolescents de l'État de New-York à Elmira, il avait traversé de rudes épreuves. Sa beauté physique lui valait les sollicitudes pressantes des homosexuels et, pendant six mois, il lui avait fallu se battre quotidiennement pour asseoir sa tranquillité. Il avait jugé les pensionnaires de l'établissement inintéressants dans leur immense majorité. Ils portaient déjà sur leurs visages à peine mûris les stigmates de lourdes hérédités, de tares sans appel. Seuls, quelques uns faisaient exception.

Dont Sam « Red » Levine, le rouquin. Tous deux s'étaient liés d'amitié, et Bugsy partageait avec lui les provisions qu'il achetait à la cantine afin d'améliorer l'ordinaire plus que frugal de la maison de correction. En effet, Moey Sedway avait incité Myriam à reprendre sa carrière interrompue pendant quinze mois, tout comme il avait convaincu Sarah Rosenblum de faire commerce de ses charmes, et les revenus qu'elles rapportaient toutes deux permettaient à Moey d'envoyer à Bugsy un mandat hebdomadaire.

– Va donc voir Meyer, suggéra Sam un mois avant que Bugsy soit élargi du pénitencier.

– Meyer Lansky ?

– Sûr. Paraît que ses affaires boument terrible. C'est mon frangin qui me l'a assuré au parloir.

– A cause de la prohibition ?

– Tout juste.

Les nouvelles étaient filtrées dans l'établissement pénitentiaire mais, néanmoins, Bugsy avait eu vent des possibilités intéressantes qu'offrait le vote du *Volstead Act* prohibant la vente de boissons alcoolisées sur tout le territoire des Etats-Unis. Les échos qui lui parvenaient derrière les barreaux de l'extérieur faisaient retentir des sons agréables dans ses oreilles. On disait que la fabrication et l'importation d'alcool clandestin rapportaient de gros bénéfices...

– Mon frangin bosse pour lui, précisait Sam. Joey, il s'appelle. T'as qu'à te recommander de lui.

Moey Sedway attendait Bugsy à la sortie du pénitencier lorsque ce dernier mit le pied dehors. Il était confortablement installé dans un taxi en compagnie de Myriam et de Sarah, et tous les trois paraissaient prospères. Sarah, folle de joie, se jeta dans ses bras.

– Oh ! Benny ! rayonnait-elle. Tu m'as tellement manqué ! Et ça fait si longtemps !

– On t'a préparé une chouette réception ! coupa Moey.

– Avec du champagne français ! renchérit Myriam.

Bugsy fronça les sourcils.

– Du champagne français authentique ? s'inquiéta-t-il. Ou bien du mousseux fabriqué dans une baignoire ?

Moey protesta avec véhémence.

– De l'authentique, Benny ! Qu'est-ce que tu crois ? Du champagne de contrebande. Les temps ont changé depuis que t'as été au trou. Tu verras. Y a plein de fric à ramasser pour les gars qui ont un peu de cervelle.

Dans la semaine qui suivit, Bugsy se refit un moral tout neuf dans les bras de Sarah. Puis, sans rien dire à Moey, il s'en alla trouver Joey, le frère de Sam « Red » Levine, qui ne fit aucune difficulté pour l'introduire auprès de Meyer Lansky.

Ce fut un coup de foudre réciproque.

A l'époque, Meyer Lansky avait vingt-deux ans. C'était un garçon de petite taille, aux yeux et aux cheveux très noirs, aux grandes oreilles un peu décollées du crâne, au nez fort, au teint mat, avec une lèvre inférieure très lippue. Son intelligence était vive, son regard dur et pénétrant, il était doté d'un profond sens de la réflexion et jouissait d'un talent certain pour tout ce qui concernait la mécanique. En outre, il éprouvait une vive passion pour les mathématiques et la lecture.

Dans l'arrière-boutique de fripier qui lui servait de quartier général et de couverture, et dans laquelle il recevait Bugsy, il laissa longtemps son regard froid errer sur son visiteur. Ce qu'il vit lui plut. Il percevait sans conteste toute l'énergie latente de ce grand garçon athlétique et le regard brillant d'intelligence lui disait qu'il se trouvait en présence d'un élément de valeur. En outre, à l'opposé de Bugsy qui n'attachait aucune importance aux origines raciales, Meyer Lansky savait que ce dernier était juif comme lui, et ce détail accentuait sa bonne impression car il préférait, quand le choix lui était donné, utiliser des gens de sa race, ce qui, à New York, ne présentait aucune difficulté.

De son côté, Bugsy qui avait pris aux bonnes sources ses renseignements au sujet de Meyer Lansky détectait dans le jeune homme qui se trouvait devant lui le chef de bande intelligent, réfléchi, avare de paroles, tendu entièrement vers l'action, qui, indéniablement et malgré son jeune âge s'était déjà taillé une place de choix dans les bas-fonds new-yorkais.

– Okay, déclara finalement Lansky, je t'engage. Tu sais te servir d'un flingue ?

Bugsy faillit raconter qu'il avait déjà trois morts à son actif, mais il se retint au dernier moment. Au pénitencier, il avait appris une règle impérative. Moins les autres en savaient sur vous, mieux ça valait. Il s'était aperçu qu'il avait tendance à se montrer bavard à cause de sa nature exubérante. Il lui fallait se corriger sur ce point.

– Je sais, répondit-il avec un mince sourire plein d'assurance.

– Tuer quelqu'un ne te fait pas peur ?

Bugsy secoua la tête.

– Pas du tout. .

– Ça t'est déjà arrivé ?

Pour la seconde fois Bugsy secoua la tête.

– Non.

Lansky ne le crut pas mais n'en dit rien.

– Tu sais ce que c'est que le *Boulevard du Rhum* ?

Bugsy esquissa un geste d'ignorance. Patiemment, Lansky expliqua :

– Tu es au courant du *Volstead Act*. Plus de boissons alcoolisées sur le territoire des Etats-Unis. Seulement, ça n'arrange pas les affaires des gars qui ont envie de s'offrir un verre après le boulot. Il y a une grosse demande de ce côté-là. Les gars sont prêts à payer cher pour un bon coup de gnôle. Aux petits malins à leur fournir ce qu'ils désirent. De quelle manière ? Il y a deux façons. Ou bien fabriquer clandestinement de l'alcool, ou bien en importer de l'étranger en fraude. Seulement dans l'un et l'autre cas, il faut des moyens puissants, une organisation solide et pas mal de fric au départ.

Bugsy se racla la gorge.

– Oui ? l'encouragea Lansky.

– Il y a une troisième façon.

– Laquelle ?

– Faucher l'alcool qui existe déjà. C'est-à-dire faucher l'alcool clandestin chez ceux qui le fabriquent, ou celui qu'on importe, ou encore celui que le gouvernement a confisqué quand la loi a été votée et qu'il a stocké dans ses entrepôts.

Une lueur brilla l'espace d'un instant dans le regard de Lansky.

– C'est exactement ça. Tu n'es pas bête.

– Et le *Boulevard du Rhum* ?

– C'est la limite des eaux territoriales américaines, portée récemment à douze milles au large des côtes, au lieu de trois. C'est au-delà de cette limite que stoppent les navires amenant l'alcool de l'étranger, de Saint-Pierre et Miquelon, des Bahamas, de Cuba ou des Bermudes. De la côte, les gars expédient alors leurs vedettes rapides pour rejoindre les navires...

– Et les garde-côtes ? objecta Bugsy.

– Pas de danger qu'ils rattrapent les vedettes. Elles sont bien plus rapides qu'eux. On les a équipées de moteurs d'avion Liberty vendus par l'U.S. Air Force après la fin de la guerre en Europe. Malgré tout, faut faire vite pour charger les caisses. Et parfois, ce n'est pas du gâteau quand il y a de la houle !

Bugsy fixa hardiment Lansky. Certes, il pensait que l'autre possédait toutes les vertus d'un bon chef de bande, mais il n'était pas impressionné pour autant. Il avait une telle assurance en lui-même qu'il avait l'impression que rien ni personne ne pouvaient l'impressionner.

– Et c'est quoi, ta combine ?

En réalité il l'avait déjà deviné.

– Il y a deux moyens de s'emparer d'une cargaison d'alcool. La faucher sur le bateau qui l'amène, en se faisant passer pour des acheteurs éventuels, ou bien, une fois qu'elle est débarquée et réceptionnée, attaquer le convoi qui la transporte dans l'entrepôt.

Bugsy hocha la tête.

– Quelle solution préfères-tu ?

Lansky haussa les épaules.

– Aucune importance. Au choix, selon les circonstances qui se présentent. Ce soir, il y a justement une opération de ce genre. Tu y participeras...

Le *Kristiansen*, cargo danois pirate, avait stoppé ses machines très au large de la limite des eaux territoriales.

– C'est un prudent, celui-là, ricana Frankie Tittelbaum, le chef de l'opération, pour l'édification de Bugsy.

C'était bien la première fois de sa vie que ce dernier se livrait à une balade en mer à bord d'une vedette ultra-rapide, et il appréciait à leur juste valeur les sensations nouvelles que lui procurait cette équipée dont les risques, à l'arrivée, ne lui faisaient aucunement peur.

– A qui est destinée la cargaison ? demanda-t-il à Frankie.

– Big Bill.

C'était là le surnom de William Vincent Dwyer, le plus important bootlegger de New York, à l'époque. Son lieutenant numéro un était un certain Charlie Higgins qui s'occupait plus particulièrement dans l'organisation Dwyer du département piraterie. Car Big Bill s'occupait, d'une part, de l'importation clandestine directe d'alcool étranger, mais ne négligeait pas pour autant, d'autre part, le vol des cargaisons importées par ses rivaux et concurrents.

– On l'a pris de vitesse, précisa Frankie.

– Comment ça ? s'informa Bugsy dont la soif d'apprendre était incommensurable.

– La radio à bord du *Kristiansen.* Meyer est un malin. Il a acheté la coopération de l'officier-radio. Qui a passé un message à un chalutier de nos amis au large des côtes du Massachusetts, qui nous l'a répercuté. On a eu ainsi la primeur de l'arrivée du cargo.

– Et nous sommes les premiers au rendez-vous, termina Bugsy.

– Tout juste, môme. T'as le trac pour ta première opération ?

Bugsy redressa sa haute taille et un bref éclair de colère passa dans ses yeux.

– Le trac ? Connais pas.

Frankie sourit, amusé.

– Fais gaffe quand même, môme.

Il se détourna pour aller donner ses derniers ordres aux autres hommes de main groupés sur le pont de la vedette. Bugsy secoua la tête avec ennui. Pourquoi

Frankie croyait-il qu'il pouvait bien éprouver le trac ? A cause de son âge ? Il avait déjà trois morts à son actif. Trois morts abattus froidement sans qu'un remords quelconque soit venu plus tard hanter ses nuits. En outre, au cours des années passées au pénitencier d'Elmira il s'était considérablement endurci. Oui, c'était ça, il était devenu un dur. Il avait complètement rompu les ponts avec ses parents qui, de toute façon, étaient noyés dans les problèmes quotidiens de survie et se souciaient peu d'un enfant qu'ils considéraient comme la honte de la famille. Chez lui, cette rupture n'avait provoqué nulle émotion. Il méprisait son père, et sa mère qui de toute manière, ne lui avaient jamais témoigné quelque affection. C'était donc un problème réglé.

Le *Kristiansen* n'était plus loin à présent. Heureusement l'océan était calme. On ne pouvait rêver meilleur temps pour ce genre d'opérations. Sur le toit de la vedette, un des hommes de Frankie surveillait la surface de l'eau en guettant la présence intempestive d'un garde-côte de l'U.S. Coast Guard. Bugsy fixait le pavillon rouge à croix blanche qui flottait à la poupe du cargo, au-dessus du nom du navire et de son port d'attache : Copenhague. Frankie lui avait fait revêtir une tenue imperméabilisée qui dissimulait le ceinturon et l'étui de cuir dans lequel était glissé le Colt 32. Il le tâta sous la toile caoutchoutée.

Le régime des moteurs décrut et la vedette vira de bord pour se placer à la parallèle et accoster à la plateforme métallique de l'échelle de coupée mobile du cargo danois. Sur le pont de celui-ci, des officiers et des matelots, tous vêtus d'un caban et coiffés d'une casquette bleue galonnée ou non, étaient accoudés au bastingage.

Dans un porte-voix un officier cria :

– Ohé de la vedette, qu'est-ce que vous voulez ?

– On vient de la part de Big Bill, répondit Frankie de toute la force de ses poumons.

– Qui ça ?

– William Dwyer.

– Le mot de passe ?

– Le voici... hurla Frankie.

Bugsy qui tournait la tête dans cette direction vit la

plaque mobile sur le toit de la vedette coulisser en même temps que le guetteur sautait sur le pont précipitamment. Les canons des fusils-mitrailleurs Browning apparurent et crachèrent immédiatement le feu sur les hommes alignés le long du bastingage.

Deux des hommes de Frankie avaient amarré la vedette à la plateforme de la coupée, à l'aide de gros cordages.

– Vite ! Magnez-vous ! Montez à bord ! s'époumonna Frankie.

Bugsy sauta et atterrit sur un des échelons métalliques. Il avait déboutonné sa tenue imperméabilisée et serrait fermement dans sa main la crosse du 32. Le précédant dans l'escalade des marches de l'échelle de coupée il y avait Gurrah Shapiro, un gorille lourd et massif, qui tenait dans une main un fusil à crosse et à canon sciés et dans l'autre, un Colt 38.

Les fusils-mitrailleurs cessèrent le feu aussi brusquement qu'ils l'avaient commencé.

Dans le dos de Shapiro, Bugsy atteignit le pont du cargo. Des cadavres au visage à moitié emporté se vidaient de leur sang. Il faillit glisser. Devant lui, il vit un matelot qui braquait un fusil en direction de son ventre. Comme à la parade, Bugsy tira. Le matelot s'écroula. Avec ses deux armes, Shapiro faisait un carnage autour de lui. Les autres hommes de Frankie débarquaient sur le pont et, tout de suite, engagaient la fusillade avec les officiers et les marins survivants qui s'étaient précipitamment armés pour faire face à cette attaque imprévue.

En un rien de temps, le pont fut dégagé.

Bugsy, pour sa part, avait abattu trois hommes avec son 32. Frankie lui confia la garde des officiers et des marins qui, jugeant toute résistance inutile, et insensée la perte de leur vie pour une cargaison de whisky, avaient déposé leurs armes et avaient été groupés à l'arrière du cargo. Un œil sur ses prisonniers, un autre sur ce qui se passait sur le pont autour de lui, il vit les hommes de Frankie entasser les caisses de whisky sur des filets métalliques et les faire descendre dans la vedette à l'aide d'un palan à chaînes. Lorsque le transbordement fut effectué, Frankie fit jeter à la mer toutes les armes qui traînaient aux alentours, ainsi que les quatre hommes de sa bande qui s'étaient fait tuer au cours de l'attaque, et toute l'équipe quitta le cargo et se réembarqua aussitôt à bord de la vedette qui cingla sans plus attendre vers le rivage.

– Merde ! cria Shapiro. Un garde-côtes !...

Le navire de l'U.S. Coast Guard fonçait vers eux afin de leur couper la route du retour. Bugsy fronça les sourcils, un peu inquiet. Frankie, qui s'en était aperçu, lui donna un coup de coude amical dans les côtes.

– Te fous pas martel en tête, môme, rassura-t-il. Nos moulins sont deux fois plus rapides que les leurs. Regarde. Le pilote a déjà changé de cap. Et c'est un as, crois-moi ! Le garde-côtes peut toujours s'aligner ! En plus, il connaît la côte comme sa poche, Freddy ! Du Maine jusqu'à Charleston ! Toutes les criques où on peut se planquer. Meyer a prévu des tas de solutions de rechange au cas, justement, où un garde-côtes nous filerait le train. On a en réserve des tas d'endroits où on peut débarquer la came.

– Combien a-t-on fauché de caisses ? s'informa Bugsy, intéressé.

– Pas plus de deux cents. C'est tout ce que peut supporter la vedette. Il en restait, mais on n'a pas pu les prendre. Faudrait avoir d'autres vedettes. Ça viendra, n'aie pas peur.

– Ça va rapporter combien ? continua Bugsy.

– On revend la caisse cent dollars. Mais d'abord, ricana Frankie, on coupe le whisky d'eau. A cinquante pour cent. Ça augmente à la fois la consommation et les bénéfices, tu comprends ?

Mentalement, Bugsy avait fait un calcul rapide.

– Ça va rapporter quarante mille dollars... murmura-t-il.

– Juste. Un chouette petit lot à chacun aussi. Remarque, il y a la prime d'assurance...

– La prime d'assurance ?

– Meyer est un chouette gars. Il y a une prime spéciale pour la famille des types qui se font flinguer. Aujourd'hui, on en a eu quatre... Ça diminue le bénéfice...

Bugsy avait toujours les yeux fixés sur le garde-côte. Effectivement, Frankie avait raison, il paraissait se rapetisser. Il poussa un soupir de contentement. Allons, se dit-il, il semblait bien qu'il soit entré dans une organisation sérieuse, compétente et efficace. Certes, il fallait prendre des risques et on avait aussi de bonnes chances de se faire tuer. A condition de rester homme de main. Mais lui, justement, n'avait nullement l'intention de demeurer homme de main toute sa vie. C'était donc à lui de se débrouiller pour se tailler une place au soleil.

Et une place de choix !...

– Tu veux que je te dise...

– Oui ?

– Tu t'es vachement bien débrouillé pour ton premier coup.... félicita Frankie.

Accompagné par Gurrah Shapiro et Lepke, Bugsy avait cheminé pendant un bon kilomètre le long des marais qui s'étendent au nord-est de Jamaica Bay dans Long Island, entre la route 27 et celle qui traverse Rockaway Beach. Bien naturellement, la région était déserte, et c'était la raison pour laquelle Meyer Lansky avait fixé là le point de ralliement.

Le véritable nom de Lepke était Louis Buchalter. A ce qu'avait compris Bugsy il sortait de Sing-Sing. Il devait avoir dans les vingt-cinq ans, et c'était un garçon de petite taille, qui ne payait pas de mine, avec des cheveux et des yeux noirs, un nez arqué, et des oreilles décollées. Son regard était fixe, sans chaleur. Il formait un contraste étonnant avec celui qui l'avait introduit dans la bande Lansky, Gurrah Shapiro, le gorille lourd et massif, fort comme un bœuf, aux poings en marteaux-pilons, et doté d'un accent russe prononcé dû à sa naissance dans le ghetto de Kiev. Sa cervelle fonctionnait aussi lentement que l'allumage d'un réverbère à gaz, tandis que l'intelligence de Louis « Lepke » Buchalter, à ce qu'en avait pu juger Bugsy, transparaissait rapidement dès qu'il avait décidé d'ouvrir la bouche, ce qu'il ne faisait pas souvent.

La lune éclairait une masse sombre. Un bosquet épais.

Gurrah Shapiro stoppa et, avec lui, Lepke et Bugsy.

– C'est là... indiqua la montagne de muscles.

– Tu es sûr ? demanda Bugsy.

– J'ai reconnu le coin avec Meyer.

– Okay. Allons-y.

Ils cheminèrent encore quelques instants dans le mauvais chemin parsemé de fondrières et atteignirent enfin le bosquet dans lequel ils s'engagèrent précautionneusement, tant l'obscurité ambiante était dense.

– Stop ! prévint Gurrah Shapiro qui marchait en tête.

Ils avaient traversé le bosquet et, devant eux, très distinctement sous la lumière blanchâtre de la lune, serpentait le ruban de la route 27.

– Allez, on se planque, commanda Shapiro qui avait été désigné par Meyer Lansky pour prendre la tête du trio. Toi, Lepke, là-bas. Toi, Benny, dans le creux, là, derrière l'arbre. Et qu'on vous voie pas de la route ! Gaffe aux têtes !

Bugsy alla s'allonger à l'endroit indiqué et entreprit immédiatement d'ouvrir le lourd sac en cuir qu'il avait transporté avec lui. Il contenait les éléments démontés d'un fusil-mitrailleur Browning, ainsi que plusieurs chargeurs. Dans l'obscurité il s'appliqua à remonter l'arme automatique. Cette opération ne présentait aucune difficulté pour lui, car il s'était exercé à le faire de nombreuses fois sur les ordres de Meyer Lansky. Le fusil-mitrailleur était plein de graisse et ses doigts furent vite tachés. Quand il eut terminé il actionna plusieurs fois la culasse d'armement afin de s'assurer que l'arme était en état de mise en marche. Ensuite, il engagea un chargeur.

Il était calme, concentré, et savait très exactement ce qu'il aurait à faire. La nuit était plus que fraîche et, très vite, il sentit une chape froide lui descendre sur les épaules.

– Ça va ? souffla Gurrah Shapiro dans son dos.

Il répondit par un grognement.

– Jake ne devrait pas tarder, encouragea Shapiro.

Jake était justement le frère de Sam « Red » Levine, son meilleur ami au pénitencier pour jeunes de l'État de New York.

Bugsy n'eut pas plus de dix minutes à attendre, caché

dans son trou. Une Ford modèle T apparut bientôt au détour de la route, et ses phares clignotèrent trois fois. Mentalement, Bugsy entama son compte à rebours tout en braquant le canon du fusil-mitrailleur en direction de la route. Il l'arma et se prépara à passer à l'action. Déjà la Ford modèle T s'éloignait, en brinquebalant, vers Rockaway Beach. Elle emportait Jack Levine. Ce dernier avait rempli sa mission. Donner le signal d'arrivée des autres. Bugsy poursuivait son compte à rebours. Il en était à deux cent quatre-vingt-dix sept secondes lorsqu'il vit briller la lueur des phares.

– Attention !... prévint Shapiro. Lepke, tu es prêt ?

– Prêt.

– Benny ?

– Idem.

La voiture de tête émergea au détour de la route et Bugsy écrasa la détente du fusil-mitrailleur. Il savait que Gurrah Shapiro et Lepke en faisaient tout autant. La voiture prit feu instantanément. Ses occupants ne cherchaient même pas à s'échapper du piège de flammes. Ils étaient déjà morts. L'incendie éclairait *a giorno* le décor sinistre de marais, de bosquets, de haies épaisses, et aussi, la file de camions forcée de s'immobiliser derrière le véhicule stoppé.

Bugsy ne perdit pas son temps à admirer le paysage brusquement teinté de lueurs orangées. Il bondit hors de son trou, le fusil-mitrailleur à la hanche, après y avoir introduit un chargeur de rechange et jeté sur ses épaules le sac de cuir. Il courut vers le troisième camion en faisant un écart pour éviter la Ford en flammes. Derrière lui couraient Lepke et Shapiro qui avaient la tâche de prendre en charge les premier et deuxième camions. On tirait des coups de feu. Il sentit un choc dans le sac de cuir sur ses épaules, mais n'y prit pas garde et poursuivit sa course.

Deux hommes sautaient hors de la cabine du véhicule qui lui était affecté. Dans chaque main ils tenaient un pistolet. Il les ajusta et tira, en prenant bien garde de ne pas endommager le camion. Mais l'un deux avait eu le temps de faire feu, lui aussi, et sa balle percuta le fût du fusil-mitrailleur. L'arme faillit s'arracher des mains de

Bugsy et ce dernier crut l'espace d'un instant que son index, celui qui pressait la détente, avait été sectionné.

Les deux hommes étaient morts. Bugsy courut s'installer dans la cabine du camion, derrière le volant, et desserra le frein à main. Il n'avait plus qu'à attendre que Lepke et Gurrah Shapiro soient à leur tour prêts à démarrer, de même que les autres hommes de Meyer Lansky embusqués dans les parages et qui s'étaient occupés des camions suivants de la file, tout comme d'autres s'étaient chargés de la voiture d'accompagnement en queue du convoi, bourrée d'hommes de main avec mission d'assurer la protection du chargement d'alcool clandestin.

Quant à la voiture en flammes, ce n'était pas un problème. Elle n'allait pas boucher longtemps la route. Dans le premier camion, Gurrah Shapiro s'activait déjà à la pousser dans le marais. Certes, ce premier camion serait sacrifié. Mais comment faire autrement ? On ne pouvait quand même pas attendre là toute la nuit que les flammes s'éteignent ! Tant pis aussi pour les caisses de whisky chargées sur le véhicule. Impossible de les transborder. Pas de temps à perdre pour ce travail ! Mais, dans toute cette affaire, celui qui allait faire une sale tête, c'était Valenti-le-Rital. Le chargement lui appartenait et Valenti n'était pas renommé pour être un tendre. C'était un Sicilien avec la tête près du bonnet, aux colères soudaines et brutales, au faciès simiesque, dont il valait mieux, en général se faire un ami plutôt qu'un ennemi. Mais Meyer Lansky savait quel risque il prenait en s'attaquant à lui, songeait Bugsy.

Le camion devant lui, piloté par Lepke Buchalter, démarrait, et il en fit autant.

CHAPITRE V

Placé à un endroit stratégique dans l'arrière-boutique de fripier, ses deux colts 32 à portée de la main, Bugsy considérait d'un œil intéressé les deux hommes jeunes qui venaient rendre visite à Meyer Lansky. C'étaient des Italiens. Un Sicilien et un Calabrais, pour être plus précis. Le premier était mince, brun, beau garçon, avec le regard cruel d'un jeune loup affamé à la fin de l'hiver. Son nom était Salvatore Lucania, mais il se faisait appeler Charly Lucania. Quelques années plus tard il se ferait appeler Charly Luciano avant d'être mondialement connu, mais cela personne ne le savait encore dans l'arrière-boutique de fripier, sous le nom de Lucky Luciano.

Le second était plus âgé que le premier. Il avait déjà dépassé la trentaine et jouissait d'une notoriété et d'une autorité certaines dans l'*underworld* new-yorkais. Il était brun avec un visage bouffi envahi par un nez long et épais, des yeux inaltérablement calmes, de grosses lèvres et une voix perpétuellement enrouée dont certains disaient qu'elle lui aurait assuré une carrière estimable de chanteur de blues.

Son nom était Francesco Castiglia, mais il se faisait appeler Frank Costello par honte de ses origines italiennes. A des profanes, la consonance du nom pouvait paraître italienne, mais, en réalité, le nouveau patronyme était typiquement irlandais. Lui non plus ne savait pas que près d'un demi-siècle plus tard il servirait de modèle au personnage du *Parrain* dans le film célèbre du même nom, après être devenu un des plus grands caïds de la Mafia américaine.

– Joe-le-Patron n'est pas content, commença Charly Lucania.

Meyer Lansky s'était raidi.

– Et pourquoi ça ? s'enquit-il.

– Tu attaques les chargements d'alcool de Valenti et c'est Joe qui porte le chapeau. Lui et Valenti ne peuvent pas se souffrir, alors à chaque fois qu'il arrive un pépin à Valenti, il croit que c'est Joe qui est responsable. Et ça fout Joe en rogne parce que Valenti essaie de lui rendre la monnaie de sa pièce, et ça provoque des hécatombes.

– On t'aime bien, Meyer, intervint Frank Costello d'un ton conciliant. Ça fait longtemps qu'on te connaît. Seulement on voudrait bien que tu mettes une sourdine. Au départ, tu t'attaquais aux cargaisons de Big Bill en mer. C'était parfait. Braque les Irlandais tant que tu veux, mais quand il s'agit de Joe-le-Patron, fais gaffe où tu mets tes pieds.

Bugsy savait que Joe-le-Patron dont on parlait se nommait en réalité Joe Masseria, un Sicilien trapu aux yeux porcins. C'était le chef de la Mafia new-yorkaise, une association criminelle composée de Siciliens immigrés, farouchement traditionalistes, bornés et obtus, que la jeune génération née aux États-Unis tentait de pousser en avant. Et Charly Lucania travaillait pour le compte de Joe-le-Patron, et aussi Frank Costello, mais accessoirement car il était calabrais et non sicilien, ces subtilités ethniques étaient très importantes à l'époque, non seulement aux yeux des Siciliens mais aussi des gangsters d'autres origines, tel Meyer Lansky, par exemple, en ce qui concernait les Juifs.

Ce dernier, ainsi apostrophé, répliqua un peu sèchement :

– Joe devrait être content. Ce n'est pas à ses camions que je m'attaque.

– C'est un gros morceau, Meyer, conseilla Frank Costello d'une voix douce.

– Et Joe n'aime pas les Juifs... ajouta Charly Lucania pendant que ses yeux noirs inspectaient Bugsy pour le jauger.

– Les Siciliens de la vieille école comme lui n'aiment personne, persifla Meyer Lanski d'une voix froide. Ni les Juifs, ni les Irlandais, ni les Polonais, ni les Allemands, ni même les Américains qui leur offrent pourtant l'hospitalité. D'ailleurs, chez eux, tout ce qui n'est pas sicilien est américain. Même les Italiens de Gênes ou de Venise.

En disant cela il essayait de s'assurer l'appui de Frank Costello le Calabrais, estima Bugsy.

– Ça changera un jour... laissa espérer Charly Lucania d'un ton énigmatique.

– Et si je refuse l'ultimatum, reprit Meyer Lansky en plissant les yeux, qu'est-ce qui arrive ? C'est la guerre ouverte entre Joe et moi ?

Bugsy jugea le moment opportun pour intervenir. Ce n'étaient pas les idées qui lui manquaient. Son cerveau en foisonnait. Le tout était qu'on lui donne l'occasion de les mettre en pratique. Il parla rapidement avant qu'une parole définitive soit prononcée et que les choses s'enveniment entre les trois hommes.

– Valenti gêne Joe-le-Patron ? Il n'a qu'à le liquider. Mais pas en utilisant ses propres hommes. Pas d'Italiens non plus. Je vois les choses comme ça: Joe invite Valenti dans un restaurant pour faire la paix. C'est lui qui lance l'invitation. Ça le met automatiquement en situation inférieure. Il joue le rôle de celui qui a peur de plus gros que lui et qui veut la trêve à tout prix. Valenti va être flatté. Il ricanera avec mépris. Joe-le-Patron qui se traîne à ses pieds pour faire la paix ! Il acceptera le rendez-vous. Naturellement il n'est pas assez fou pour ne pas craindre un piège. Alors il amènera avec lui quelques bonnes gâchettes. Comme Joe. Pour faire jeu égal. Pendant ce temps-là toutes les autres gâchettes de Joe se trouveront dans des endroits bien visibles, aux comptoirs des bars qu'ils fréquentent d'habitude, dans les *speak-easies* que contrôle Joe, où pourront se renseigner les lieutenants de Valenti. Aucun d'eux ne sera sur les lieux de l'assassinat. En plus, les gâchettes qui accompagneront Valenti pourront en témoigner : ce ne seront pas des hommes de Joe qui auront descendu leur patron...

Surpris, Charly Lucania coupa précipitamment :

– Les gâchettes de Valenti, on n'y touche pas ?

– Non. Pour qu'ils puissent témoigner que ce ne sont pas des hommes de Joe qui ont fait le coup. Vous autres, les Siciliens, vous vous connaissez tous.

– Juste, approuva Charly Lucania.

– Si Valenti est descendu, poursuivit Bugsy, qui est à craindre ? D'une part, la police, d'autre part, les lieutenants de Valenti qui pourraient chercher à le venger. Dans l'un et l'autre cas, on voudra savoir qui avait intérêt à le mettre en l'air. Or, tous ceux qui ont un intérêt quelconque à sa mort seront blancs comme neige, couverts par des alibis impeccables, sans aucun trou.

– En somme, un tueur à gages... ? suggéra Frank Costello.

– Venu de l'extérieur, compléta Bugsy. Sans lien aucun avec Valenti.

– Pas idiot, l'idée... approuva Charly Lucania en fixant Bugsy d'un œil intéressé.

Il se tourna vers Meyer Lansky et demanda :

– Qui c'est ?

– Benny.

– Il a des idées... félicita Frank Costello.

– C'est un principe général, continua Bugsy, inspiré. L'auteur d'un meurtre doit toujours avoir un mobile. C'est comme ça qu'on le retrouve. S'il n'a pas de mobile, comment remonter jusqu'à lui ? Conclusion ? Utiliser quelqu'un de l'extérieur, étranger à l'affaire. Toujours. C'est valable pour Valenti, mais aussi pour tous les autres cas du même genre qui se présenteraient...

Pendant un long moment le silence s'installa dans la pièce. Dans les regards de Charly Lucania, de Frank Costello et de Meyer Lansky, Bugsy lisait une certaine dose d'admiration. Enfin, Meyer Lansky esquissa un sourire ironique et laissa tomber :

– Et, naturellement, celui qui se chargerait de l'exécution de Valenti, ce serait toi.

– Naturellement, répondit Bugsy, plein d'assurance.

Déjà, les deux Italiens tournaient les talons.

– On va en parler à Joe, lança Charly Lucania pardessus son épaule.

On avait découpé au chalumeau oxhydrique un carré de tôle dans la carrosserie de la Ford dernier modèle. A l'arrière et du côté gauche en faisant face au véhicule. Juste à l'emplacement de la roue de secours fixée, à cette époque, sur la partie postérieure des voitures. Pour ce faire, on avait été obligé de déplacer la banquette arrière de la Ford, qui avait été remise en place une fois le trou pratiqué. Ce dernier mesurait environ six pouces sur six, mais l'ouverture était masquée par la roue de secours tenue en place par deux boulons à peine assujettis.

Bugsy était allongé sur le plancher de la Ford. Ses pieds étaient coincés sous la banquette avant et ses chevilles commençaient à lui faire mal. Des élancements douloureux martyrisaient ses mollets et remontaient jusqu'à ses cuisses raidies par la position inconfortable, tout comme ses épaules encastrées dans l'étroit logement ouvert dans le bas de la banquette arrière débarrassée de sa bourre. Par ce logement, on atteignait ainsi le trou de six pouces sur six découpé dans la carrosserie. Sur les épaules de Bugsy, Sam « Red » Levine, qui lui aussi avait rejoint le gang Lansky après sa sortie du pénitencier d'Elmira, comme l'avait également fait Moey Sedway sur les conseils pressants de Bugsy, avait disposé une couverture recouverte de quelques sacs à provisions légers. Ainsi il était complètement dissimulé aux regards extérieurs.

Entre ses mains il tenait le fusil Remington modèle U.S. 1917 popularisé par les *Sammies* qui avaient combattu sur le front français au cours du dernier conflit mondial. Depuis le temps qu'il attendait là, couché sur le plancher de la Ford, la crosse en bois de l'arme était toute souillée par la sueur qui dégoulinait de ses paumes.

Pour tuer les interminables secondes, Bugsy passa en revue pour la nième fois les détails de l'opération qu'il avait personnellement mise sur pied.

L'un après l'autre, Moey Sedway, Sam « Red » Levine et lui-même étaient allés se familiariser avec le visage de Valenti en rôdant au Squillante's Poolroom, une immense salle de billard de Delancey Street fréquentée surtout par des Italiens et où Valenti, un fanatique du billard, aimait à faire de longues parties qu'il gagnait immuablement, non pas à cause de son habileté mais en raison de la peur de lui déplaire qui animait ses partenaires.

Ensuite, Bugsy avait volé une voiture dans le Midtown West Side, du côté de la 55e rue, et y avait collé de fausses plaques. Il l'avait entreposée dans un garage près des docks de l'East River tenu par un des hommes de Meyer Lansky, un bricoleur hors pair. Sur ses indications, ce dernier avait aménagé la Ford selon ses désirs.

Dans l'intervalle, Joe-le-Patron avait échappé à un assassinat dans une boutique de modes de la 2e avenue. Comme Charly Lucania l'avait raconté à Bugsy, Joe-le-Patron avait déclaré après coup :

– Quand j'ai vu le mec avec le flingue dans la pogne, j'ai fait un bond de côté. Bang ! Bang ! ça faisait. Mais moi, mariolle, quand ce fils de putain tirait dans le zig, je sautais dans le zag, et quand il tirait dans le zag, je ressautais dans le zig. Ça l'a écœuré. Il s'est barré dans la rue quand il a eu vidé son chargeur. La seule chose qu'il a réussi à faire, c'est de trouer une flopée de soutiens-nénés et de culottes pour mignonnes. Bien sûr, avait-il ajouté fièrement et grand seigneur, c'est moi qui ai payé les dégâts !

Charly et Bugsy avaient éclaté de rire en même temps.

En tout cas, les dernières hésitations de Joe-le-Patron avaient été balayées car, incontestablement pour lui, c'était Valenti qui avait monté la tentative d'assassinat, d'autant que Joe avait reconnu le tueur potentiel, un Sicilien qui avait émigré clandestinement aux États-Unis, Dasher Abbandando[1] de Brownsville, un quartier de Brooklyn.

Et Charly avait donné le feu vert...

Puis, la veille, il avait prévenu Bugsy que Joe-le-Patron avait suivi ses conseils et avait invité Valenti à déjeuner au Pietro's, un restaurant italien renommé de la 12e rue Est. Le rendez-vous était fixé au lendemain. Deux bonnes heures plus tôt, Moey Sedway embusqué aux alentours et Sam « Red » Levine assis derrière le volant de la Ford

1 Exécuté sur la chaise électrique le 19 février 1942.

avaient vu arriver Valenti, accompagné de quatre gardes du corps, fort en avance sur l'horaire. Mais sans doute avait-il voulu visiter le restaurant en détail et voir si un piège ne lui était pas tendu. Ensuite, ç'avait été le tour de Joe-le-Patron, accompagné lui aussi par quatre gardes du corps, selon les conventions respectives agréées par les deux chefs.

Et, depuis, Bugsy attendait, allongé sur le plancher de la Ford...

On était en plein mois d'août et la chaleur était torride comme toujours à New York au cours de l'été. Bugsy sentait la sueur sourdre par tous les pores de sa peau.

Il y eut derrière lui, brusquement, un léger sifflement émis par les lèvres de Sam Levine, et il se raidit. Des chocs presque imperceptibles résonnaient contre la face postérieure de la carrosserie.

– Il vient de sortir, souffla Sam.

Bugsy savait qu'à l'extérieur Moey Seway tournait précipitamment les boulons retenant la roue de secours. Ceux-ci avaient été serrés au minimum afin que l'opération se déroule très vite.

Il y eut un raclement métallique et le trou de six pouces sur six se démasqua devant les yeux de Bugsy. Il clignota des yeux un bref instant puis assujettit fermement le fusil entre ses mains avant de viser précautionneusement.

Valenti venait de sortir du restaurant italien. Son visage olivâtre respirait la suffisance. Un cigare énorme comme un salami était coincé entre ses lèvres. Il était habillé de façon voyante, avec un costume aux tons criards, une chemise rose et une cravate verte qui faisait penser à un coulis d'épinards. Empressés, les quatre gardes du corps l'entouraient. L'un d'eux, une brosse à habits à la main, s'activait à détacher du veston les cendres tombées du cigare.

Moey Sedway, la roue de secours serrée contre sa poitrine, s'engouffra dans la Ford et se laissa tomber sur la banquette avant, côté passager, en écrasant les pieds de Bugsy coincés sous celle-ci.

Valenti repoussa brutalement l'homme à la brosse et s'apprêta à traverser la chaussée. Bugsy écrasa la détente du Remington. La balle s'en alla fracasser le crâne de Valenti et, aussitôt après, Sam Levine démarra en trombe. Il tourna dans la 3e avenue et la descendit jusqu'à Cooper Square où il s'arrêta. Moey Sedway sortit de la Ford et alla reboulonner la roue de secours afin de dissimuler l'ouverture.

Benjamin « Bugsy » Siegel venait de gravir le premier échelon vers la notoriété qu'allaient lui valoir les meurtres commandités qui seraient sa spécialité pendant quelques années...

CHAPITRE VI

On était en 1928 et Bugsy avait vingt-trois ans. Depuis le jour où il s'était joint au gang Lansky son ascension avait été foudroyante. Meyer continuait de diriger la bande mais Bugsy était devenu son associé.

Il n'était pas le seul, d'ailleurs, à avoir connu une réussite exceptionnelle que favorisait, incontestablement, l'époque. Les années vingt, en effet, étaient propices aux ambitieux dénués de scrupules. D'abord, après la fin de la Première Guerre mondiale, l'essor économique et industriel dans la plupart des pays civilisés avait été gigantesque. Ensuite, en ce qui concernait les Etats-Unis plus particulièrement, l'ère de la prohibition ouvrait des horizons incroyablement rémunérateurs à ceux qui faisaient profession de fournir aux consommateurs frustrés d'alcool ce que le gouvernement fédéral leur refusait à cause d'une loi inspirée par le puritanisme prostestant le plus rétrograde, le plus mesquin et le plus stupide, et soutenue par l'Union des femmes chrétiennes et par de riches industriels qui prétendaient que les ouvriers qui buvaient ralentissaient la production de l'usine. Cette théorie avait été confortée après la guerre par des officiers supérieurs du corps expéditionnaire U.S. en France qui claironnaient que les soldats qui avaient le mieux défendu leur patrie sur le sol français étaient justement ceux qui ne buvaient pas d'alcool. Le 19 octobre 1919 le *Volstead Act* était entré en application, libérant du même coup des millions d'Américains de tout respect envers la loi et divisant la population en partisans du « sec » ou de l'« humide ». Rien qu'à New York des centaines de milliers de débits clandestins s'étaient ouverts, parfois une simple cave exiguë, infestée de rats et âcre de l'odeur de poussier de charbon. Pour tous les goûts et pour toutes les bourses. New York était une mine d'or car sa population était essentiellement catholique, et à un degré moindre juive, et s'était rangée résolument sous la bannière des « humides », par tradition alcoolique d'une part, et par haine des protestants d'autre part.

Le marché que la ville offrait ouvrait des perspectives vertigineuses.

Frank Costello et Charly Lucania s'étaient séparés de Joe-le-Patron pour voler de leurs propres ailes. Le premier s'était associé à William Vincent Dwyer, dit Big Bill, et à un Français, « Big French » Lemange, un ancien lieutenant d'Owney Madden, le grand caïd irlandais. Grâce à sa nationalité française, Lemange avait établi une base à Saint-Pierre-et-Miquelon d'où partaient vers la côte américaine les innombrables vedettes du trio transportant les caisses de cognac français, de champagne, de vins, et d'alcools divers. Le cerveau brillant de Costello avait organisé une chaîne clandestine de dépôts, de citernes, de distilleries, de garages, de camions, pour répartir la marchandise et l'acheminer à destination.

Parallèlement, Costello s'était fait une spécialité du trafic d'influences. Personne ne résistait à ses bakchiches somptueux.

Malheureusement, deux ans auparavant Big Bill et lui avaient eu des ennuis et s'étaient retrouvés en prison. Mais les ennuis n'avaient pas duré longtemps et Frankie s'était vite retrouvé dehors pour poursuivre ses fructueuses affaires...

Charly Lucania, lui, était devenu Charly Luciano, car il avait découvert que ce nouveau nom était plus facile à prononcer pour des cordes vocales anglo-saxonnes. Associé à Joe Dotto, qui se faisait appeler Joe Adonis à cause de la beauté de son visage qu'il trouvait irrésistible mais qui était plutôt connu sous le sobriquet de Joey A., avec pour lieutenants, un Napolitain, Vito Genovese, un Sicilien, Albert Anastasia, et un Juif converti au catholicisme, Arthur Flegenheimer dit Dutch Schultz[1], il avait étendu ses affaires dans de nombreux domaines : non seulement fourniture illégale d'alcool, mais aussi drogue, prostitution, usure, jeux et rackets.

Célibataire endurci, toujours entouré d'un essaim de jolies filles, roulant dans les plus belles et les plus modernes des voitures, ne fréquentant que les endroits luxueux et à la mode, c'était un « playboy » qui adorait avoir Bugsy pour compagnon de ses virées nocturnes. Les deux jeunes gens étaient les plus beaux garçons que l'on pouvait trouver dans le « milieu » new yorkais d'alors. Et leurs succès féminins étaient innombrables. Charly Luciano aimait que les amis qui l'accompagnaient soient à l'unisson de ses conquêtes féminines et, dans ce domaine, Bugsy n'avait rien à lui envier. Sarah Rosenblum était oubliée depuis longtemps. Elle avait, finalement, fait un mariage bourgeois devant le rabbin et vivait paisiblement à New Rochelle.

Charly Luciano avait un sens de l'humour prononcé qu'appréciait Bugsy. Sans cesse il blaguait Frank Costello avec qui il entretenait les meilleures relations du monde, tout comme avec Meyer Lansky.

– Tu es bien un drôle de type ! plaisantait-il à l'issue d'un repas fortement arrosé de vin d'Italie.

– Pourquoi ? s'étonnait Frankie.

– Comment, toi un Calabrais, tu commences par adopter un nom irlandais et, à la fin, tu prends pour épouse une Juive !

Inévitablement, tout le monde riait, de Meyer Lansky à Bugsy, en passant par Albert Anastasia et Joey A. Tout le monde... sauf Frank Costello et Dutch Schultz qui, à cette occasion, croyait toujours que par ce biais on critiquait sa conversion au catholicisme. En parlant

1. En anglais correct, *dutch* signifie hollandais. Mais, dans le cas présent, c'est le mot d'argot qui s'applique. Celui-ci est une déformation du mot allemand *deutsch* : allemand.

de l'épouse de Frankie, Charly Luciano faisait allusion à Bobby Loretta Geirgermann qui était follement amoureuse de son mari.

Le quartier général de Charly et Bugsy était le Sardi's, le célèbre club-restaurant de nuit fréquenté par les artistes célèbres de Broadway et situé au 234 de la 44e rue Ouest. Ils y avaient toujours une table réservée. Souvent, en arrivant, ils y trouvaient installé là et buvant une coupe de son propre champagne Big French Lemange, le Français en visite à New York depuis sa base de Saint-Pierre-et-Miquelon pour rencontrer Bugsy à qui il portait un réel sentiment d'affection que ce dernier lui rendait bien.

Louis « Lepke » Buchalter et Gurrah Shapiro n'étaient pas restés longtemps dans la bande Lansky. Eux aussi avaient volé de leurs propres ailes. Lepke, né le 6 février 1897, avait déjà trente-deux ans, le même âge que Charly Luciano et six ans de moins que Frank Costello. Dans la ville de New York il y avait peu de choses que le public pouvait acheter, utiliser, manger ou porter, sur lequel ils n'avaient pas leur part de profit. Mais, surtout, le génie de Lepke avait consisté à comprendre que les conflits sociaux traditionnels entre syndicats et patronat pouvaient se révéler une source de profits incommensurables.

La premiere chose à faire, naturellement, était de prendre le contrôle des syndicats, par le biais d'élections truquées favorisant la mise en place de délégués aux ordres de Lepke. Quant aux récalcitrants, les moyens de coercition ne manquaient pas pour les amener à résipiscence et s'ils ne suffisaient pas, une escouade de gros bras dirigée par Frankie Tuttlebaum qui était passé chez Lepke par dépit depuis que Bugsy avait connu son ascension foudroyante dans le gang Lansky, se chargeait de les faire disparaître à tout jamais. La tâche, en réalité, était facile. Les syndicats étaient mal organisés, inexpérimentés, plutôt pauvres (les cotisations rentraient mal) et leurs membres souvent désunis.

Le noyautage avait été rapide.

Parallèlement et aidé par Gurrah Shapiro-le-Gorille

et deux autres de ses hommes, Li'l Augie Orgen et Curly Holtz, Lepke organisait des gangs de briseurs de grève composés surtout d'hommes du milieu. Le système des briseurs de grève fonctionnait dans les deux sens. Aux patrons ils offraient leurs services, acceptés avec joie la plupart du temps, et aux syndicats les hommes de Lepke disaient :

– Voyez, les patrons utilisent des gangsters pour nous contrer. Pourquoi n'en ferions-nous pas autant ?

Tout le monde acquiesçait et les gros bras de Lepke s'introduisaient dans les syndicats et s'y faisaient inscrire comme employés permanents à des salaires fantastiquement élevés.

Bientôt, Lepke dicta sa loi aux deux camps. Il se mit à jouer un subtil jeu de balance, favorisant à tour de rôle un côté puis l'autre, en réclamant à chaque fois des honoraires somptueux.

Le terrain d'élection pour cette activité était, sans contestation possible, le Garment Center, le quartier de la confection. Là, il ne risquait pas de marcher sur les plates-bandes des bandes italiennes, puisque tout le monde dans l'industrie du vêtement, patrons et employés, était juif comme lui.

Le premier syndicat des ouvriers du vêtement dans lequel Lepke s'était introduit était l'Amalgamated Clothing Workers. Très vite, il avait découvert que deux spécialités pouvaient paralyser l'entière industrie vestimentaire qui employait cinquante mille personnes. Les coupeurs et les camionneurs...

Les premiers étaient au nombre de mille huit cent, et les seconds, de quatre-vingt.

Si les coupeurs s'arrêtaient de couper, raisonnait Lepke, et si les camionneurs refusaient de transporter les ballots de vêtements, plus aucune usine de confection ne pouvait tourner. Les autres spécialités importaient peu, finalement.

Les patrons avaient vite compris où résidait leur intérêt...

Un entretien avec Lepke arrangeait le conflit, un entretien au cours duquel ce dernier précisait à Mr. Goldmann ou à Mr. Silberstein :

– Vous accordez une augmentation d'un dollar par mois à chacun de vos travailleurs. Ce n'est vraiment pas beaucoup. Vous n'allez pas vous ruiner...

– Et vous, Mr. Buchalter, demandait Mr. Goldmann ou Mr. Silberstein, quels sont vos honoraires en tant que négociateur ?

– Moi ? répliquait Lepke, impassible. Simplement deux dollars par travailleur dont vous avez augmenté le salaire.

Deux dollars multipliés par douze mois et par cinquante mille ouvriers du vêtement, cela s'élevait à un revenu juteux d'un million deux cent mille dollars par an pour Lepke !

Mais l'industrie du vêtement ne constituait qu'une seule branche de ses activités. L'avidité de Lepke était insatiable. Ses rackets couvraient aussi la plupart des entreprises de transports routiers, les boulangeries industrielles, les fabriques de fourrures en peaux de lapin (chiffre d'affaires annuel cent millions de dollars) les projectionnistes de cinéma, les chauffeurs de taxi, les meuniers, les fabricants de sacs à main, les volaillers, les fabriques de chaussures, les blanchisseries, les cireurs de chaussures et les restaurants, partout où il ne se trouvait pas en concurrence avec Charly Luciano, Meyer Lansky, Frank Costello et les autres gangsters de moindre importance.

Pour des années encore, Lepke allait être le criminel le plus puissant de New York et il méritait amplement le surnom qu'on allait bientôt accoler à son nom : le « tsar du crime ».

Benjamin « Bugsy » Siegel, lui, était satisfait de la situation qui était la sienne. Néanmoins, il n'envisageait aucunement d'en rester là. Certes, sa position était enviable. Il était lieutenant et associé de Meyer Lansky dans ce qui était déjà connu comme la *Bug and Meyer Mob*, la bande de Bug et Meyer. Si, dans cette dénomination son surnom était placé avant le prénom de Lansky, il n'en restait moins que le terme de *Bug* ou *Bugsy* le faisait grincer des dents. Récemment, il avait même violemment frappé au visage un ancien du pénitentier pour adolescents de l'Etat de New York qui l'avait reconnu dans un cabaret et qui s'était permis de lancer un tonitruant « Eh ! Bugsy ! Viens donc prendre un verre avec nous ! ». L'autre, surpris, avait demandé :

– Mais... comment dois-je t'appeler ?

Et il avait répondu :

– Mon nom est Siegel, n'est-ce pas ? Alors, appelle-moi monsieur Siegel. Seuls mes amis m'appellent Ben ou Benny, mais tu n'en fais pas partie.

Dans la *Bug and Meyer Mob*, il dirigeait la branche « spéciale » à la tête de laquelle il prétendait que se trouvait une femme, une mystérieuse et énigmatique jolie fille à laquelle il se référait toujours comme étant une certaine Miss Laneous[1]. Ce n'était qu'un jeu de mots.

Selon les principes exposés précédemment par Bugsy devant Meyer Lansky, Charly Luciano et Frank Costello, cette branche était chargée d'exécuter les meurtres commandités par les autres organisations criminelles.

Sa meilleure équipe de tueurs était composée de Sam « Red » Levine, de Moey Sedway, de Joey Amberg, de Joseph Schaefer, de George Young et de Jack Elliott, mais, périodiquement, il utilisait aussi les services de la bande d'Abe « Kid Twist » Reles, originaire de Brownsville, East New York et Ocean Hill dans Brooklyn. En dehors d'Abe « Kid Twist » Reles, cette bande était composée des tueurs les plus impitoyables, les plus cruels, mais aussi les plus efficaces qu'on pouvait alors trouver sur le marché. Ils avaient noms : Happy Maione, Harry Strauss surnommé Pittsburgh Phil, Dasher Abbandando (celui qui avait tenté d'abattre Joe-le-Patron pour le compte de Valenti et qui, depuis, avait amélioré la qualité de son tir) Harry « Bugsy » Goldstein et « Blue Jaw » Magoon. Tous mourraient sur la chaise électrique quelque quinze ans plus tard, sauf le dernier, mais, dans l'intervalle, ils allaient mettre sur pied, avec l'aide d'Albert Anastasia, la fameuse méthode d'assassinat *made in Brooklyn* et

1. Jeu de mots phonétique sur l'adjectif *Miscellaneous* qui signifie *mélangé* en anglais.
C'était là le nom donné par Bugsy à la branche « spéciale ».

donner à ce district de la ville de New York sa tristement célèbre réputation.

Miss Laneous opérait sur tout le territoire des Etats-Unis. La plupart du temps, Bugsy supervisait en personne les opérations. Parfois il était obligé de mettre la main à la pâte. Il avait inventé un vocabulaire spécial pour désigner les divers éléments de l'opération :

contract	: le contrat	= le meurtre commandité.
hit	: la cible	= la victime désignée.
package	: le paquet	= le cadavre.
sixty-watter	: ampoule de soixante watts	= une bombe.
tool	: l'outil	= arme du crime.
moviegoers	: spectateurs de salles de cinéma	= les témoins du meurtre.
flush	: chasse d'eau	= le meurtre lui-même.
yank	: poussée	= moyens de fuite.
john	: W.C.	= les voisins, les amis ou les membres de la famille de la victime désignée.

Ce langage ésotérique permettait d'effectuer de longues conversations téléphoniques sans qu'un profane puisse en saisir le sens.

Pour la plupart, les « cibles » étaient des gens du « milieu » de l'*underworld* américain. Mouchards, traîtres, détourneurs de fonds appartenant aux gangs, épouses de gangsters ayant fait assassiner leur mari par leur amant pour s'enfuir avec ce dernier, rivaux et concurrents devenus envahissants, sous-ordres dévorés d'ambition et convoitant la place du patron, tueurs au courant de trop de choses, prostituées saisies du démon de midi. Mais il y avait aussi des policiers, des fonctionnaires municipaux ou fédéraux, des politiciens marrons et véreux, largement corrompus, mais sujets, brusquement, à une violente poussée de pureté ou d'amnésie, et puis aussi, naturellement, quelques inconscients qui tentaient de lutter contre la loi des gangs.

Le troupeau des « cibles » était dense et Bugsy ne chômait pas. Miss Laneous donnait satisfaction à tout le monde. Sa réputation était grande. Elle avait largement dépassé le simple cadre de la ville de New York et s'était répandue sur tout le territoire des Etats-Unis, de Boston à Los Angeles, et de Detroit à New Orleans. On faisait appel à elle de tous côtés. On déposait des *packages* enveloppés dans des « costards en ciment » un peu partout, au fond du Mississipi, du Missouri, de l'Hudson River, du Rio Grande, ou bien du lac Tahoe, du lac Michigan ou du Grand Lac Salé, quand ils n'étaient pas simplement enterrés au fond d'une forêt, jetés dans une décharge publique ou laissés sur place.

La lucidité ne manquait pas à Bugsy. En aucune manière il n'éprouvait de plaisir à exercer cette activité. Ce n'était pas un tueur-né. Il se sentait plutôt porté sur les affaires. Mais en analysant les choses froidement, il devait reconnaître que la seule raison qui avait présidé à son ascension foudroyante dans l'échelle du gangstérisme avait été sa capacité à mettre sur pied cette *Société anonyme pour assassinats*. La considération que le « milieu » portait à Meyer Lansky en avait été d'autant rehaussée, et la *Bug and Meyer Mob* comptait à présent parmi les « Grands » de New York.

Meyer Lansky qui était un financier-né, supérieurement intelligent et rusé, préférant, comme Frank Costello la négociation et la diplomatie à la guerre ouverte, s'occupait des affaires de rackets dans l'association de la *Bug and Meyer Mob*, trafics d'alcool clandestin et extorsion de fonds dans les restaurants et les cabarets de New York. Comme beaucoup de places étaient déjà prises dans la ville par Louis « Lepke » Buchalter, Frank Costello et Charly Luciano, Meyer Lansky s'était associé, pour le compte de Bugsy et le sien propre, à Bitz, Waxey Gordon et Rosen, afin d'exploiter le terrain vierge que représentait la ville de Philadelphie.

La mine d'or découverte là valait bien celles du Yukon, du Klondike et de Californie au temps de la ruée vers l'or au siècle précédent...

Bugsy aurait aimé s'occuper lui aussi d'affaires plutôt que de présider aux destinées de la *Société anonyme pour assassinats*, mais il savait qu'il lui faudrait patienter encore quelques années.

Mais n'avait-il pas tout le temps devant lui ? Il n'avait que vingt-quatre ans ! Il était le plus jeune de la génération des caïds de New York, Frank Costello, Charly Luciano, Meyer Lansky, Louis « Lepke » Buchalter, William Dwyer, Owney Madden, Bing French Lemange.

Ce dernier, et aussi Arnold Rothstein, un joueur professionnel de haut niveau, avaient appris à Bugsy les bonnes manières, la meilleure façon de s'habiller en évitant les costumes trop voyants, les cravates aux tons trop criards, les chaussures tape-à-l'œil, comment se tenir à table et en société, à ne pas traiter une femme du monde comme une putain.

Depuis, dans le « milieu » new-yorkais, Bugsy passait pour raffiné.

A ses temps perdus, il prenait des leçons auprès d'un professeur de diction afin de débarrasser son langage des scories qu'y avait laissées son éducation chancelante à Brooklyn, à Hell's Kitchen et dans le Lower East Side. Si bien qu'à présent son parler était plus châtié et il faisait bonne figure dans une certaine bonne société new-yorkaise avide de sensations nouvelles que lui procurait la fréquentation de gangsters pour qui le meurtre, pensait-elle, était la seule raison de vivre...

Ce qui lui permettait à lui, Bugsy, d'assouvir sa soif d'amours brèves, ce qui était sa grande passion, tout comme les combats de boxe, les matches de football et de baseball.

Récemment, il avait reçu des nouvelles de son vieux copain George Raft. Il était à Hollywood, dans la cité du cinéma, mais sa carrière y était encore obscure, ce qui lui interdisait de restituer à Bugsy les cent dollars empruntés dix ans auparavant et jamais rendus, ce dont Bugsy qui roulait sur l'or n'avait cure, bien évidemment.

CHAPITRE VII

L'une des filles s'appelait Cynthia et l'autre, Jennifer. Toutes deux appartenaient à la *High Society* de New York et toutes deux avaient pour pères des banquiers respectables et prospères de Wall Street, dignes représentants de la Société *Wasp*[1]. Les deux filles, elles, se moquaient éperdument que leurs amants respectifs soient l'un un Italien catholique et l'autre un Juif d'origine allemande, en l'occurrence, Charly Luciano et Benjamin « Bugsy » Siegel, pourvu que les deux hommes soient des gangsters et que l'amour avec eux prenne les apparences d'une séance de viol.

En coulisse Charly décocha un clin d'œil de connivence à Bugsy, puis son regard se fit dur, cruel, et il jeta d'un ton âpre à Cynthia :

– Allez, môme, retire tes frusques.

– Non, fit la fille, le rose de l'excitation aux joues.

Bugsy se tourna vers Jennifer. D'une voix sauvage il ordonna :

– Toi aussi, passe au stade du strip-tease.

– Non, fit Jennifer en secouant la tête.

Bugsy la gifla violemment, immédiatement imité par Charly.

Les deux filles poussèrent un cri mais n'esquissèrent

1 *White, Anglo-Saxon, Protestant.* Blanc, anglo-saxon, protestant. Les trois critères qui, dans l'Amérique conservatrice, définissent le véritable Américain.

pas un geste.

– Elles ont la comprenette difficile, grommela Charly.

Bugsy récidiva. Cette fois, des deux mains. Un peu de sang perla aux lèvres de Jennifer.

– T'as la bonne méthode, Benny, approuva Charly.

Et il en fit autant avec Cynthia. Sans coup férir, Bugsy attrapa le haut de la robe de soirée que portait Jennifer et tira de toutes ses forces. La robe qui venait de chez un grand couturier parisien se déchira. Bugsy tira encore et la merveille amoureusement assemblée par les cousettes du Faubourg Saint-Honoré ne fut bientôt plus qu'un petit tas de tissu en accordéon aux pieds de Jennifer.

– Bravo ! hurla Charly, enthousiasmé.

Il appliqua à Cynthia le même traitement. Bugsy s'attaqua ensuite au soutien-gorge qui s'en alla rejoindre la robe en démasquant une poitrine ferme et juvénile. Il agrippa un des seins et serra. Aussitôt, la pointe du sein se mit à durcir sous ses doigts. De sa main libre il tâta la culotte de soie puis ses doigts s'infiltrèrent entre le tissu et la chair, là où l'élastique creusait un mince liseré rosâtre, et déchirèrent le vêtement qui ne fut plus qu'une boule de chiffon dans la paume de sa main. Dans l'autre, il sentait le palpitement du sein qui semblait être devenu le seul organe par lequel vivait Jennifer.

Bugsy se recula en le lâchant. Il sortit le Colt 32 de son holster et le braqua sur la fille.

– Allonge-toi sur le lit.

Jennifer secoua la tête.

– Non.

Bugsy pressa la détente et la balle alla se loger dans un des montants en bois du lit.

– La prochaine fois, je te bute, avertit-il en tordant le coin de la bouche et en exagérant son accent des bas quartiers new-yorkais.

– Fais-lui pas de cadeau, conseilla Charly d'une voix gouailleuse.

En même temps il tirait lui aussi un pistolet de son holster.

Cette fois, Jennifer obéit.

– Toi, aussi, commanda Charly à l'adresse de Cynthia, en ponctuant son ordre d'un coup de feu qui fit voler en éclats une mince statuette en bois sans valeur gagnée par Bugsy à un concours de tir dans un parc d'attractions de Coney Island.

Comme son amie, Cynthia obtempéra.

– Ecarte les cuisses, ordonna Bugsy à Jennifer.

– Non, fit la fille, haletante.

La seconde balle lui frôla l'oreille et arracha un morceau du montant du lit. Jennifer eut un sursaut et ses pupilles se dilatèrent.

– Ecarte les cuisses, répéta Bugsy.

En écho derrière lui, Charly prononça la même phrase à l'intention de Cynthia. Comme mûes par un phénomène de synchronisation, les deux amies s'exécutèrent aussitôt.

– Ne bougez plus ! ricana Charly.

Secouées de tremblements convulsifs, Jennifer et Cynthia regardaient, les yeux exorbités, les deux hommes se dévêtir devant elles. Quand Bugsy s'allongea sur Jennifer, la respiration de celle-ci devint sifflante, et quand il la pénétra elle hurla de plaisir.

Bien plus tard, alors que les deux couples reposaient sur le lit dévasté, Jennifer murmura à l'oreille de Bugsy, de son accent distingué inculqué par les professeurs du collège chic de Vassar :

– J'ai une question à te poser.

– Laquelle ?

– Est-ce qu'il est nécessaire pour un homme d'être un gangster pour bien faire l'amour ?

Bugsy sourit, amusé. Charly, qui avait entendu, gloussa :

– L'amour, ma petite, ça s'apprend au coin des rues, avec des putes, ou alors dans des entrepôts infestés de rats sur un tas de paille pourrie !

– J'ai des problèmes avec mon mari, reprit Jennifer en se renfrognant.

– Tu ne voudrais quand même pas que je lui apprenne comment faire ? feignit de s'offusquer Bugsy.

– On pourrait peut-être organiser des cours du soir pour maris défaillants ? suggéra Charly en laissant sa main errer sur les seins de Cynthia.

Bugsy ouvrait la bouche pour renchérir lorsque le téléphone sonna.

Entièrement nu, Bugsy alla décrocher. Il écouta un bref instant et tendit le récepteur à Charly.

– C'est pour toi.

Charly s'empara de l'appareil et Bugsy vit après quelques secondes ses traits se figer. Puis l'éclair sauvage qui passait dans ses yeux quand il était en colère apparut. Il prononça quelques paroles brèves et raccrocha brutalement.

– Que se passe-t-il ? s'informa Bugsy inquiet.

– Tout à l'heure...

Charly Luciano se tourna vers les deux filles qui frottaient languissamment leurs yeux cernés.

– Rhabillez-vous et fichez le camp ! intima-t-il d'un ton sans réplique.

Jennifer et Cynthia comprirent instantanément que le jeu était terminé. Elles n'avaient plus devant elles deux gangsters qui faisaient semblant de les violer alors qu'elles étaient consentantes et prenaient un immense plaisir à cette comédie, mais deux gangsters qui se conduisaient brusquement en vrais gangsters. Sans un mot, elles se rhabillèrent et quittèrent la chambre pour regagner leurs somptueuses voitures dans lesquelles les attendaient leurs fidèles et compréhensifs chauffeurs de maître.

Dès qu'elles eurent disparu, Bugsy s'enquit :

– Que se passe-t-il, Charly ?

– Un chargement de whisky écossais. Du King's Ranson. Importé de Grande-Bretagne. Disparu entre Boston et New York.

– Il y en avait pour gros ?

– Un million de dollars.

Bugsy fit la moue.

– Et alors ?

Charly plongea son regard sauvage dans celui de son compagnon.

– Benny, il faut que tu me retrouves le salopard qui a fait le coup et que tu lui tailles un costard en ciment...

Benjamin « Bugsy » Siegel avait établi son quartier général dans un immeuble de la 64e rue Est entre Madison et Park Avenue, à deux pas de Central Park. L'immeuble comportait à la fois des bureaux et des appartements. Il occupait un étage entier, avec un bureau à parois vitrées situé juste en face des portes de l'ascenseur et dans lequel veillaient en permanence quatre gardes du corps chargés de contrôler les allées et venues et de chasser les indésirables, et cinq appartements dont le plus luxueux lui était réservé, les autres servant soit à des amis soit à ses hommes.

Toujours impeccablement habillé, il allait prendre son breakfast au Waldorf Hôtel, s'y faire masser et raser le visage, cirer les chaussures, manucurer les mains, couper les cheveux une fois par semaine, et il rentrait en voiture à son quartier général. L'automobile était invariablement une Ford du dernier modèle le plus luxueux et le plus coûteux. Celui qui la pilotait était Moey Sedway car, comme lui disait Bugsy, « N'est-ce pas normal, puisque c'est moi qui t'ai incité à apprendre à conduire ? ». Moey, qui éprouvait toujours pour son ami d'enfance la même admiration que dix ans plus tôt, grognait mais en réalité était fier de piloter la voiture du numéro deux du gang Bug et Meyer si redouté à New York à cause de ses équipes de tueurs hautement spécialisés.

Lorsqu'il rentra à son bureau ce matin-là, Sam « Red » Levine l'y attendait.

– On sait celui qui a fait le coup, attaqua ce dernier d'emblée lorsqu'il vit Bugsy apparaître.

– Qui ?

– Un type de Chicago. Samuel Bloom.

– Explique-toi.

– Il a paumé cent mille dollars au poker, qu'il ne pouvait pas régler cash. Alors il a signé une reconnaissance de dette à Arnold Rothstein, valable une semaine. Trois jours après, et exactement le lendemain du jour où les camions de Charly Luciano ont été braqués et détournés, il a réglé sa dette rubis sur l'ongle, intérêts compris. C'est Arnold lui-même qui me l'a dit.

– Où est-il maintenant ?

– Il a été assez malin pour se tirer d'ici. Il se dore la couenne au soleil de Floride. A Miami.

– Tu sais où, exactement ?

– Oui.

– On y va, décida Bugsy sur le champ.

Samuel Bloom, complètement nu, était pendu par les pouces à un gros crochet scellé dans le plafond de la cave. Son corps était couvert de sueur et de sang, et ses cuisses étaient maculées de taches suspectes, là où les excréments avaient coulé. Joey Amberg frappa le creux de sa main avec le morceau de filin d'acier aux ébarbures acérées et tranchantes.

– Tu vas te blesser, ricana Sam « Red » Levine.

Bugsy alla se planter devant l'homme pendu par les pouces. Il plissa les narines avec dégoût. L'air était devenu irrespirable dans la cave.

– Cette fois-ci, tu acceptes de parler ? demanda-t-il d'une voix féroce.

La bave coulait des lèvres de Sam Bloom. Ses yeux clignotaient désespérément et son regard volait aux quatre coins de la pièce, comme s'il tentait d'y découvrir une issue bien improbable.

– Alors ? insista Bugsy après quelques secondes de silence.

Une lueur de folie passa un bref instant dans le regard éperdu de Sam Bloom et il lâcha tout d'un seul coup :

– Okay. C'est bien moi qu'ai monté l'affaire. J'ai filé le rancard à Joe-le-Patron et c'est lui qu'a organisé l'attaque du convoi de Charly...

Bugsy sursauta. Il coupa immédiatement :

– Joe-le-Patron, tu dis ?

– Oui... J'avais besoin de fric, tu comprends, Bugsy...

Le poing de Bugsy jaillit de sa hanche et frappa durement l'homme sur les lèvres.

– Ne m'appelle pas Bugsy ! hurla-t-il, fou de rage. Appelle-moi monsieur Siegel, comme tout le monde.

– Oui, monsieur Siegel, larmoya Samuel Bloom avec soumission.

– Continue.

– Joe-le-Patron a sauté sur l'occase. Mais il m'a blousé. Il m'a refilé deux cent mille dollars pour un chargement qui en valait un million. Normalement, celui qui indique le coup, il doit recevoir un tiers, pas vrai ? Sûr qu'il m'a truandé, l'enfant de salaud !... Sur les deux cents sacs, j'en ai balancé cent à Arnold Rothstein. Une dette de jeu. Arnold, il plaisante pas avec les débiteurs en retard. Il m'avait accordé une semaine. Et comment que je vais trouver cent sacs en une semaine, hein, monsieur Siegel ? J'avais pas envie de me faire travailler le cuir par un gorille, c'est pourquoi j'ai fait ça, mais je regrette bien maintenant, monsieur Siegel, ça, vous pouvez en être sûr. Faudra le dire à Charly. Moi, j'avais rien contre lui, mais j'avais besoin de fric. Joe-le-Patron, il était tout heureux de jouer un sale tour à Charly. On aurait dit qu'il s'envoyait en l'air...

– Ah ! oui ? fit Bugsy, intéressé.

– Ouais...

– Explique.

Sam Bloom, tout heureux d'avoir trouvé un terrain d'entente, se lança dans un long monologue dans lequel Bugsy tenta de trier le vrai du faux. Quand ce fut terminé, il demanda :

– C'est tout ?

– Euh... oui...

– Tu as oublié quelque chose, précisa Bugsy d'une voix glacée.

– Quoi donc ? protesta Samuel Bloom, les yeux exorbités.

– Tu as reçu deux cents sacs de Joe-le-Patron. Tu en as refilé cent à Arnold. Où est le reste ?

L'homme s'humecta les lèvres.

– Vous pourriez pas me détacher, monsieur Siegel ? Ca fait drôlement mal aux doigts, ce machin...

– Après. Où est le fric ?

Samuel Bloom abdiqua.

– Dans le fond de la cave, là, derrière vous. Ya un trou près du soupirail. La brique est descellée.

– Va voir, Sam, lança Bugsy par dessus son épaule sans quitter son prisonnier des yeux.

Sam Levine s'exécuta.

– Il y a un sac plein de fric, annonça-t-il quelques instants plus tard.

– Compte, ordonna encore Bugsy.

– Environ quatre-vingt-quinze mille dollars, renseigna Sam Levine au bout d'un quart d'heure.

Bugsy se tourna vers Joey Amberg.

– Achève-le, commanda-t-il.

Sans se préoccuper des cris que poussait Samuel Bloom, il sortit de la cave, suivi par Sam Levine qui portait le sac empli d'argent.

Ses pensées tournaient autour d'un seul point. Il se disait que la mort a moins d'importance que le geste qui la provoque. Tuer n'avait rien de répréhensible, d'immoral. Ce n'était pas commettre un crime que d'exécuter quelqu'un, c'était agir. L'homme accomplissait des actes, une tâche. Si, au début, il les jugeait différents, il ne tardait guère à s'y faire...

Cela lui rappelait la réponse d'un tueur qui passait en jugement et à qui le District Attorney demandait :

– Comment avez-vous pu prendre l'habitude de tuer de façon professionnelle ?

Et le tueur répliquait :

– Est-ce que vous avez déjà porté des chaussures trop étroites ?

– Ca m'est arrivé... concédait le District Attorney.

– Alors, vous devez savoir ce que c'est. Au début, ça gêne et puis ensuite, on s'y habitue. Tuer, c'est exactement la même chose...

Charly Luciano entra dans une vive colère quand il apprit les résultats de l'enquête menée par Bugsy.

– Garde le fric, Benny, tu l'as mérité, prodigua-t-il, magnanime. Mais faut qu'on sache quand même si l'histoire est vraie. Je sais que Joe-le-Patron est jaloux de moi.Donc , faut vérifier. Vois Arnold. Il a ses grandes et ses petites entrées chez Joe. Qu'il enquête. Après tout, c'est un peu à cause de lui que j'ai perdu mon chargement. Alors, il peut bien nous faire une fleur.

– Il la fera, assura Bugsy, sûr de lui.

Effectivement, Arnold Rothstein accepta de faire la fleur. Mais, une semaine plus tard, il était mort, criblé de trous comme un fromage de gruyère par les balles d'un tueur à gages qui, lui, n'appartenait pas à la bande Bug et Meyer.

– C'est signé Joe-le-Patron, conclut Bugsy pour l'édification de Charly Luciano.

Ce dernier avait la rancune tenace. Il sourit avec aigreur.

– Si je gêne Joe, pourquoi Joe ne me gênerait-il pas, moi aussi ?

Bugsy réprima un éclat de rire. Il connaissait le raisonnement. Et sa résultante, c'était du travail en perspective pour Miss Laneous.

– Quand commence-t-on ? s'informa-t-il, le sourire aux lèvres.

Mais Charly Luciano était bien trop réfléchi, bien trop rusé pour se lancer témérairement dans une action inconsidérée. Aussi décocha-t-il un clin d'œil de connivence à son ami.

– Faut du doigté, Benny, et de la patience. Et puis, je ne suis pas seul en cause. Faut prendre l'avis des autres. De Frankie, de Meyer, de Lepke, de Big French, de Maranzano...

CHAPITRE VIII

Esther Krakower était une jeune fille ravissante, aux yeux sombres, au teint clair, aux cheveux châtains, au beau visage doux et paisible, à la silhouette époustouflante. Elle avait toujours une attitude sage et réservée. Tout en elle respirait la classe et l'excellente éducation.

Bugsy en tomba éperdument amoureux.

Pour la première fois de sa vie il connaissait l'amour véritable. A sa grande stupéfaction, et avec une certaine dose de naïveté, il s'aperçut que ce sentiment était fort éloigné des émotions qu'il avait éprouvées précédemment, et qui, brusquement, lui parurent ressortir du vulgaire le plus sordide, même quand il s'agissait de passades avec les nymphomanes de la haute société new-yorkaise. Il s'analysa, se livra à une introspection lucide et sans concession aucune, et découvrit qu'il était sentimental. Certes, il n'était pas sentimental à tous crins et, à cette pensée, il sourit avec quelque amertume en songeant à la profession peu avouable qu'il exerçait et qui ne prédisposait pas à l'hypersensibilité, mais, néanmoins, il sentit se développer en lui un sentiment fort et puissant qu'il baptisa amour.

Ce fut donc un coup de foudre, et le coup de foudre fut réciproque.

La vie de Benjamin « Bugsy » Siegel en fut aussitôt changée. Dix, vingt fois par jour, il téléphonait à Esther, la pressait de sortir avec lui. Il évitait ses amis, les trouvant par trop compromettants. Aucun cadeau n'était trop somptueux pour la jeune fille. Les boutiques de luxe de la 5e Avenue le voyaient quotidiennement rôder entre les éventaires, à la recherche d'une babiole de prix à offrir à l'élue de son cœur. Il l'emmenait aux meilleurs spectacles. Lui que la musique classique faisait vomir, il se mit à fréquenter Carnegie Hall pour y entendre Arthur Rubinstein, Wilhelm Furtwängler ou Arturo Toscanini. Pour se remettre de ces épreuves, il la traînait ensuite dans les meilleurs clubs de jazz du West Side pour écouter Louis Armstrong, Jimmie Lunceford, Jelly Roll Morton ou Fats Waller, ou encore la merveilleuse chanteuse de blues, Bessie Smith. Dès que la formation entamait un blues langoureux, il tirait Esther sur la piste et l'enlaçait étroitement en se lançant dans des pas compliqués afin de prouver ses qualités de danseur. En réalité, son talent pour la danse était grand. Valse, boston, tango, rumba, charleston, maxixe, scottish, shimmie, biguine, slow, fox-trott, one-step, aucune de ces danses n'avait de secret pour lui.

Il barra de son programme les combats de boxe et les matches de football et de baseball, jugeant que ces divertissements ne seraient probablement pas du goût de la jeune fille. Il gomma aussi de ses sorties les endroits où il était trop connu, qui, justement, étaient ceux où l'on rencontrait le plus de gangsters de haut vol. Sa tenue vestimentaire était déjà soignée. Il la raffina encore plus. Il expurgea de son langage les mots qui auraient pu choquer Esther, et changea sa voiture, par trop voyante et tape-à-l'œil, pour une automobile plus sobre et plus discrète.

Il négligea aussi quelque peu ses affaires...

Coup sur coup, deux « contrats » à lui confiés, respectivement par Al Capone, l'empereur de Chicago, et par Frank Ericson, un caïd des jeux, ne furent pas menés à bonne fin par suite d'un manque de préparation flagrant et de la supervision habituelle de Bugsy. Al Capone était furieux, et quand le Balafré était en colère, il ne faisait pas bon avoir mérité son courroux. Il dépêcha son lieutenant, Frankie Rio, se plaindre auprès de Meyer Lansky.

– Bugsy devait flinguer Bugsy qui était de passage à

New York, expliqua l'âme damnée du Balafré. Il ne l'a pas fait et Al est fou de rage...

– Attends ! coupa précipitamment Meyer Lansky. Bugsy qui ?

– Bugsy Siegel devait flinguer Bugsy Moran, précisa avec impatience Frankie Rio.

– Bugsy Moran[1] ?

– Oui.

Meyer Lansky fit la grimace. C'était un sale coup pour la réputation de la bande Bug et Meyer. Al Capone jouissait d'un prestige terrible. Il lui suffisait de répandre la nouvelle que Siegel et Lansky n'étaient plus à la hauteur des circonstances, qu'on ne pouvait plus compter sur eux, qu'ils étaient sur la pente descendante, pour que l'organisation qu'il avait édifiée au cours de la décennie écoulée se lézarde dangereusement. Il fallait apaiser au plus vite l'ire de *Scarface*. Il n'y avait que deux moyens. Il commença par le premier.

– Où se trouve Bugs Moran maintenant ?

Frankie Rio haussa les épaules.

– Évanoui dans la nature.

– Il n'est plus à New York ?

– Non. Quelqu'un lui a refilé le duce que ton pote était après lui et il s'est fait la malle vite fait.

– Tu ne sais pas où ? insista Lansky.

– Non. L'ennui, c'est qu'il risque de réapparaître à « Chi » un jour ou l'autre pour flinguer Al. Et si on n'est pas prévenu à l'avance, ça fera mal. C'est ce qui fait marner Al.

Meyer Lansky poussa un soupir. Impossible de réparer le mal causé, en retrouvant Moran et en exécutant le « contrat » manqué la première fois. La première solution était à écarter. Restait la seconde, celle qui, toujours, emportait l'adhésion des gangsters.

– Je vais dédommager Al, décida-t-il d'un seul coup.

Une seule chose comptait pour le Balafré : l'argent.

1. Huit mois plus tôt, le 14 février 1929, George « Bugs » Moran avait miraculeusement échappé au massacre de la Saint-Valentin à Chicago, au cours duquel sept de ses hommes devaient trouver la mort. Depuis, Al Capone le traquait pour le faire abattre.

Les yeux de Frankie Rio se plissèrent.
– Combien ? grasseya-t-il.
Il ne fallait pas lésiner, se dit Lansky. Le lieutenant était aussi cupide que le patron.
– Deux cent cinquante mille dollars.
L'œil du *Chicagoan* brilla.
– Al m'a donné pleins pouvoirs pour traiter avec toi. Si t'allonges trois cent tickets au lieu de deux cent cinquante, Al passera l'éponge.
Lansky claqua des doigts.
– Okay. Reviens ce soir les chercher.
Dès que le lieutenant du Balafré eut disparu, il convoqua Bugsy.
– Tu nous coûtes trois cents tickets ! s'emporta-t-il, l'œil empli d'une fureur froide. Et tout ça, à cause d'une fille !
Bugsy resta calme.
– Attention, Meyer, prévint-il, je n'aimerais pas que tu emploies à l'égard d'Esther les mots que tu emploies d'habitude pour parler des filles.
Lansky le regarda avec des yeux inquisiteurs.
– Ne me dis pas que tu es amoureux d'elle ?
Bugsy baissa affirmativement la tête.
– Je crois que oui.
Meyer leva les yeux au ciel.
– Tu la baises au moins ? s'enquit-il d'une voix incrédule.
Une lueur de folie dansa un bref instant dans l'œil de Bugsy. Lansky le remarqua et songea : « Pas étonnant qu'on l'appelle le Dingue ! ». D'une voix glaciale et en détachant soigneusement les syllabes, Bugsy lâcha :
– Je t'ai prévenu, Meyer. C'est le genre de mots que je n'aime pas qu'on applique à Esther. Mais parce que tu es un ami, et pour répondre à ta question, non, je ne la baise pas.
Lansky se racla la gorge avec gêne.
– Elle est juive ? s'informa-t-il.
Si ce détail n'avait aucune importance pour Bugsy, elle en avait pour lui.
– Elle l'est.
Lansky poussa un soupir de soulagement.

– Tu veux que je te donne un conseil, Benny. J'ai cinq ans de plus que toi, je peux me permettre.

Bugsy haussa les épaules avec un brin de mépris.

– J'écoute.

– Epouse-la.

– Tu fais une connerie, conclut Charly Luciano, catégorique.

Bugsy vida son verre et posa les yeux sur son compagnon de virées nocturnes.

– Pourquoi ?

– Tu n'es pas fait pour le mariage. Tape-toi toutes les filles que tu peux, mais n'en épouse aucune, c'est ma règle. Tu te vois avec des moutards, toi, Benny ? Et si un jour tu te fais flinguer ? Qui prendra soin de la veuve et de l'orphelin ? Meyer, qui te donne de si bons conseils ? Lepke ? Frankie Costello ? Moi ? Big French Lemange ? Et ne crois pas que tout le fric que tu auras amassé leur sera gracieusement remis ! Tenez, Madame Siegel, voici votre part sur les rackets que votre défunt mari avait mis en place ! Voici aussi deux cent mille dollars qu'il nous avait laissés en dépôt. Ils sont à vous. Nous sommes des hommes d'affaires honnêtes et toutes les sommes qui seraient revenues à feu votre mari de son vivant vous seront scrupuleusement remises. Mes fesses ! Autour de nous il n'y a que des rapaces. Si tu disparais, ils se jettent sur tes affaires comme des rats sur un vieux morceau de lard salé ! Et encore ! Quand ce n'est pas lorsque tu es encore en vie !

Bugsy l'écoutait sans rien dire. Au bout d'un moment, il laissa tomber avec un sourire amusé :

– Ne te fatigue pas, Charly, j'ai compris.

– Tu as compris quoi ?

– Tu n'as pas envie de perdre ton *alter ego*.

Charly Luciano écarquilla les yeux.

– *Alter ego* ? Qu'est-ce que c'est que ce mot-là ? Du yidisch ? Vous autres, les youpins, vous pouvez pas parler anglais comme tout le monde ?

– Comme les Siciliens ? répliqua Bugsy ironiquement. *Alter ego*, ça signifie un autre moi-même. Je suis un autre toi-même quand on part en virée tous les deux. C'est ce que je veux dire. Sans moi, est-ce que tu te marrerais autant ?

Charly Luciano tourna les talons et gagna la porte. Avant de l'ouvrir, il lança par dessus son épaule :

– Tu veux que je te dise, Benny ? Tu es le roi des salauds.

L'année suivante, Bugsy eut vingt-cinq ans. C'était en 1930. Ce fut aussi l'année où il épousa Esther. Pour meubler leur appartement, il fit appel au meilleur et au plus cher décorateur de New York, un homosexuel aux goûts raffinés, qui lui fit dépenser une fortune. Mais Esther était heureuse, et c'était la seule chose qui importait à Bugsy. Pour leur lune de miel, il emmena la nouvelle épousée faire une longue croisière dans les Caraïbes, dans un premier temps, puis, lorsqu'ils furent de retour à New York, ils s'embarquèrent sur le *Queen Mary* pour de longues vacances en Europe, Londres, Paris, Florence et Venise.

C'est dans cette dernière ville, alors qu'ils venaient de débarquer d'une gondole qui leur avait fait visiter les canaux de la Cité des Doges et qu'ils s'apprêtaient à déguster un plat de lasagnes vertes au son des mandolines qu'Esther, timidement, attaqua le sujet qui lui tenait à cœur :

– Dis-moi, Benny....

– Oui ?

– Tu n'as pas l'intention d'abandonner la vie que tu mènes en ce moment ?

Bugsy reposa aussitôt le verre de Chianti dans lequel il allait tremper ses lèvres et plongea son regard dans celui de sa femme.

– Esther, fais-moi plaisir. N'aborde jamais plus ce sujet avec moi.

La voix était dure, le ton sans réplique. Esther baissa les yeux sur le plat de lasagnes vertes qu'on venait de déposer devant elle.

L'année suivante, Millicent naquit au foyer de Benjamin et Esther Siegel.

Prudent, soucieux avant tout d'accorder la primeur aux affaires, Meyer Lansky avait remplacé Bugsy à la tête de la *Branche spéciale* durant toute son absence par Abe « Kid Twist » Reles et Albert Anastasia, ceux qu'il jugeait le plus qualifiés pour prendre la tête des équipes de tueurs.

Pendant leur bref passage, tous deux allaient laisser l'empreinte de la fameuse méthode *made in Brooklyn*.

– Ta rage de fesses est passée ? s'enquit Charly Luciano ironiquement.

Mais il vit une lueur de colère passer dans le regard de son ami et, précipitamment, il se rattrapa :

– Okay, okay. On laisse tomber. On ne parle plus de ça. On parle de choses sérieuses. Tu te souviens encore de Joe-le-Patron ?

– Sûr, répondit Bugsy, offusqué. Et je suppose que tu n'as toujours pas digéré le million de dollars de came qu'il t'a fauché ?

– Cette affaire-là pour moi, c'est comme une coulée de béton qu'on m'aurait déversée dans le gosier.

Bugsy eut une moue désinvolte.

– Tu as écrasé le coup pendant des années.

Charly Luciano sursauta.

– Tu t'imagines que j'ai laissé tomber, hein ? C'est bien ça ?

– Les apparences sont contre toi ?

– Les Juifs ne comprendront jamais rien aux Siciliens, répliqua Charly Luciano, méprisant.

Un sourire cruel distendit ses lèvres.

– Joe-le-Patron essaie de me rallier à son bord, expliqua-t-il avec une lueur sauvage dans ses yeux sombres.

Bugsy secoua la tête avec commisération.

– Pour te doubler, c'est sûr.

– Tu ne te trompes pas. D'autant que Salvatore Maranzano en fait autant de son côté.

Bugsy poussa un soupir de lassitude.

– Tu veux que je te dise une chose, Charly ?

– Oui ?

– Je suis bien content d'être juif plutôt que sicilien, car nous autres, les youpins comme tu dis habituellement, on n'a pas de vieux *mafiosi* bourrés de traditions du Vieux Pays pour nous casser les pieds !

– Qui te dit qu'ils me casseront les pieds très longtemps encore... ?

CHAPITRE IX

Subjugué par la découverte de l'amour entre les bras d'Esther, Bugsy n'avait cependant pas négligé un phénomène important qui se déroulait autour de lui et qui allait changer la vie politique, économique et sociale des États-Unis pour de longues années.

Le jeudi 24 octobre 1929, la panique s'était emparée de Wall Street.

Sous la présidence du Républicain Calvin Coolidge, l'Amérique avait connu un boom économique sans pareil au monde. Malheureusement cette prospérité reposait sur des bases malsaines. Le revenu national était inégalement réparti. Partant, la production augmentait plus vite que la capacité de consommation. D'excessives facilités de crédit avaient entraîné des ventes à tempérament dépassant la normale. La spéculation était de rigueur même dans les couches les plus modestes de la population. Chacun espérait devenir milliardaire, et de façon plus rapide encore que Rockefeller ou Dupont de Nemours. Les agriculteurs étaient lourdement endettés et leurs produits se vendaient mal à l'étranger à cause des barrières douanières.

Seule la confiance du public assurait la survie du système.

Lorsque Herbert C. Hoover remplaça Calvin Coolidge à la présidence des États-Unis, la confiance disparut, et ce fut la panique boursière du jeudi 24 octobre 1929.

La valeur des titres en Bourse avoisina le zéro. Aux

ruines subites succédèrent les suicides par centaines. Une vague de misère et de chômage balaya le pays. On vit d'anciens banquiers devenir terrassiers, des femmes du monde se prostituer auprès des débardeurs ou des marins de commerce, des fils de famille se lancer dans le cambriolage et le meurtre. Quatre millions de travailleurs étaient sans emploi. Les centres d'accueil et les asiles de nuit habituellement fréquentés par des clochards uniquement, se peuplèrent de femmes et d'enfants hagards et hébétés. Les cinémas, les théâtres, les restaurants étaient vides. Les seuls restaurants qui ne désemplissaient pas étaient ceux de l'Armée du Salut où l'on servait des soupes gratuites. Au cours de l'hiver qui suivit, celui de 1929 à 1930, la police des grandes villes enfourna chaque matin dans ses fourgons des dizaines de cadavres engourdis à tout jamais par le froid. Aux abords des grandes métropoles, les bidonvilles poussaient comme des champignons et accueillaient tous ceux qui ne pouvaient plus payer de loyer et devaient quitter ce qui avait été leur foyer pendant des décennies. Des cités construites avec de vieilles caisses à savon, des emballages vides, des fûts de pétrole et des bidons d'essence volés, des débris ou des carcasses de voitures, des tramways désaffectés se peuplèrent de fantômes humains et, parallèlement, de rats immondes, pour constituer une ceinture cancéreuse tout autour des villes les plus importantes des États-Unis.

En ces jours sombres, les gangsters figuraient parmi les rares privilégiés qui avaient de l'argent liquide. Cela provenait de leur méfiance traditionnelle pour les banques et les établissements de crédit. Comme disait Meyer Lansky : « Un beau billet vert, bien craquant, avec trois chiffres inscrits dessus, ça vaut mieux qu'un chéquier ! ».

Se souvenant des méchants quignons de pain rassis de son enfance, Bugsy donna spontanément cent mille dollars à la Section de l'Armée du Salut du Lower East Side, ce qui fit pousser les hauts cris à Meyer Lansky, son associé, qui le taxa de débilité mentale. Ce à quoi, se fiant à son intelligence, son flair, son imagination et son désir permanent de réussir dans les affaires, Bugsy rétorqua :

– Au lieu de te braquer sur le don que je viens de faire, tu ferais mieux de regarder autour de toi. Il y a plein d'affaires fructueuses à faire.

– Lesquelles ? aboya Meyer Lansky, blême de fureur.

Bugsy le regarda avec un rien de condescendance.

– Combien vaut un titre des machines à coudre White ?

– Je ne sais pas, avoua Meyer Lansky.

– Il vaut un dollar. Il en valait dix il y a une semaine. Demain il vaudra cinquante cents. Il y a une loi immuable en Bourse : acheter, acheter à outrance à la baisse. C'est ce que nous allons faire.

– Mais ces titres ne valent rien du tout ! protesta Meyer Lansky. Qu'est-ce que tu veux en faire ? Te torcher le cul avec ?

– Certains ne valent rien du tout, c'est vrai, concéda Bugsy. Mais pas tous ! Tu crois que les titres de l'U.S. Steel, de la Standard Oil of New Jersey, de la Banque Morgan, de Colgate, de Chrysler, de la General Foods ne remonteront pas un jour ? Les gens auront toujours besoin d'acier pour construire des immeubles, d'essence pour leurs voitures, de savon pour se laver la figure, de voitures pour aller à Jones Beach, et de nourriture pour continuer à vivre ! J'espère que tu n'imagines pas que nous sommes arrivés à la fin du monde ?

– Je n'imagine rien du tout, grogna Meyer Lansky.

– Alors, la cause est entendue.

– Comment ça, la cause est entendue ? s'indigna l'associé de Bugsy.

– On investit en Bourse, c'est ce que je veux dire.

– Et si on boit le bouillon ?

Bugsy haussa les épaules.

– Qui te dit de mettre tous nos œufs dans le même panier ?

Les sourcils froncés, Meyer Lansky réfléchissait intensément.

– Est-ce que tu as seulement idée du temps qu'il faudra pour que tous ces foutus titres remontent en Bourse ?

Bugsy eut un sourire rusé.

– Trois ans.

Meyer Lansky sursauta.

– Trois ans ? Et comment en es-tu si sûr ?

– Parce que dans trois ans, expliqua Bugsy patiemment, auront lieu de nouvelles élections présidentielles. Hoover sera balayé. Son remplaçant rétablira la confiance et remettra les choses en place. C'est forcé. La politique, c'est comme la roulette dans un casino. Rouge ou noir. Passe ou manque. Ça s'alterne. On mentionne déjà le nom du successeur de Hoover...

– Comment s'appelle-t-il ?

– Franklin Delano Roosevelt.

Meyer Lansky leva les deux bras en l'air en signe d'abdication.

– Okay. Mais tu me paieras ça, Benny, si le coup ne marche pas !...

– Qu'est-ce qui s'est passé, Charly ?

Stupéfait, Bugsy fixait le regard noir de Charly Luciano. C'était la seule chose vivante, avec les trous des narines et la bouche, dans le visage complètement recouvert de bandages immaculés qui faisaient ressembler le gangster à une momie extraite de son sarcophage. Les deux mains posées sur le drap blanc du lit d'hôpital étaient elles aussi bandées.

Le robinet du lavabo glougloutait. Bugsy alla en serrer le chapeau, puis revint se planter devant le lit.

– Qu'est-ce qui s'est passé, Charly ? répéta-t-il.

La bouche aux lèvres tuméfiées s'ouvrit sur des dents manquantes et des gencives piquetées de caillots de sang. Péniblement, en zézayant, en une élocution difficile, Charly Luciano expliqua :

– Salvatore Maranzano... et ses hommes... J'avais rendez-vous... Staten Island... La descente du bac... M'ont kidnappé... Dans un hangar... m'ont passé à tabac... Cigares... couteaux... rasoirs... nerfs de bœufs... Tout le toutim... Pendu par les poignets... par les pouces... Matraqué...

Il articulait avec effort. Les syllabes heurtées, cisaillées, jaillissaient d'entre les lèvres, mêlées à des borborygmes venus du fond de la gorge.

– Qu'est-ce qu'ils voulaient ? demanda Bugsy.

– Que... que je... tue Joe... Joe-le-Patron...

– Toi, personnellement ?

– Oui...

– Mais... pourquoi ?

– Tradition sicilienne... pour me... lier à lui, Salvatore...

Bugsy plissa les yeux, rêveur.

– Joe-le-Patron est le rival de Salvatore Maranzano. Ce dernier le fait tuer par toi. Tu est lié à lui. Il prend la place de Joe et te fait buter, toi, un jour ou l'autre. C'est bien ça ?

Charly ne répondit pas, mais l'expression dans ses yeux en disait bien davantage que des paroles.

Les arcanes du Milieu new-yorkais, qu'il soit sicilien, juif ou irlandais, ou autre, ne présentaient aucun mystère pour Bugsy. Il réfléchit rapidement.

– Qu'est-ce que tu comptes faire, Charly ?

– Tu as un... un « contrat »... Benny...

– Maranzano ?

– N... Non...

Bugsy haussa un sourcil étonné.

– Joe ?

– Ou... Oui...

– Sur le champ ?

– Après... sortie hôpital...

Bugsy réprima une moue d'humeur. A son avis, il ne comprenait pas Charly. Ni ses atermoiements. Pourquoi ne pas foncer dans le tas ? On déblayait le passage et tout était terminé ! Fataliste, il murmura :

– A ta guise, Charly.

Il tourna les talons, marcha jusqu'à la porte, mais, avant de l'ouvrir, il jeta par-dessus son épaule d'une voix admirative :

– Tu es bien le roi des veinards, Charly, d'en avoir réchappé à si bon compte !...

Il ignorait que le surnom qu'il venait d'être le premier à décerner à Charly collerait à ce dernier pour le restant de ses jours, et qu'il ne serait plus connu que sous le nom de Lucky Luciano, le surnom parvenant même à gommer le prénom.

Dans le couloir, il tomba nez à nez avec l'infirmière qui s'apprêtait à entrer dans la chambre. C'était une jolie brunette qui fut tout de suite sensible à son charme.

– Qu'est-ce qu'il a exactement ? s'inquiéta-t-il, ses beaux yeux bleus plantés dans ceux de la fille et irradiants de magnétisme.

Elle avala sa salive et débita tout d'une traite :

– Onze dents brisées, huit côtes cassées, la joue droite et la poitrine tailladées à coups de rasoir ou de couteau, une fracture du crâne, des brûlures de cigare sur tout le corps, des hématomes sur le visage, sur les épaules, sur les reins, fracture du tibia et du péroné gauches, fracture du poignet gauche, orteils des pieds écrasés, pouces sectionnés, rotule du genou droit démise, grosse perte de sang par l'artère humérale...

Elle se tut.

– C'est tout ? fit Bugsy.

– Je crois que oui...

Il se recula d'un pas et la fixa faussement sévère.

– Vous êtes certaine que vous n'oubliez rien ?
Elle eut un rire léger.

– Vous n'avez pas confiance dans la radiologie et dans l'examen clinique ?

– J'avais simplement peur que vous ayez oublié un détail important...

– Comme quoi, par exemple ?

– Quatre ou cinq balles de calibre 45 logées au fond du cerveau.

Moey Sedway était installé derrière le volant de la Chrysler volée le matin même et dont on avait changé les plaques. Benjamin « Bugsy » Siegel était assis à côté de lui. Sur la banquette arrière avaient pris place Albert Anastasia, Sam « Red » Levine et Jake Elliott tassés les uns contre les autres.

Sur le trottoir, Bugsy vit apparaître celui que, déjà,

on ne connaissait plus à New York et à Chicago que sous le nom de Lucky Luciano. Il tenait familièrement par le bras Joe-le-Patron et un œil non averti aurait supposé qu'il s'agissait là d'amis de longue date qui, après une dure matinée de travail, s'en allaient paisiblement prendre un lunch largement mérité. Respectueusement, le chauffeur de Joe-le-Patron ouvrit pour les deux hommes la portière arrière de la Cadillac somptueuse qui, en ces temps de crise, excitait la convoitise des passants. Lucky Luciano se baissa un peu pour entrer dans la voiture et Joe-le-Patron en profita pour lui asséner sur l'épaule une tape affectueusement amicale qui, Bugsy en fut certain, devait réveiller des douleurs oubliées dans la chair à peine guérie du rescapé.

La portière arrière de la Cadillac claqua et, quelques instants plus tard, la voiture démarrait.

– Suis-la, commanda Bugsy à Moey. Mais reste à bonne distance. Qu'ils ne nous repèrent pas.

La Cadillac les mena à Coney Island. Elle s'arrêta devant le Nuova Villa Tammaro, un restaurant italien des plus réputés, et le chauffeur vint ouvrir la portière arrière de la voiture pour permettre à Joe-le-Patron et à Lucky Luciano d'en descendre. Tous deux s'engouffrèrent dans le restaurant par la porte à tambours. Il était très exactement treize heures sept. Le 15 avril 1931.

Juste en face du restaurant se dressait un vieux garage délabré. Précautionneusement, Moey Sedway y engagea la Chrysler. En marche arrière. Bugsy en descendit et, en évitant les tas de chiffons graisseux, il marcha jusqu'au bureau vitré dans lequel un vieil homme au front protégé par une visière en celluloïd vert était penché sur une liasse de factures qu'il cochait à l'aide d'un crayon rouge. Quand il vit entrer Bugsy il se leva de sa chaise boîteuse et sortit du bureau sans dire un mot. Bugsy s'assit à sa place et sortit de sa poche la traduction anglaise du *Temps retrouvé* de Marcel Proust. C'était un ouvrage que lui avait recommandé Esther. Personnellement, il en trouvait la lecture ardue, difficile, ennuyeuse, mais, depuis trois jours, il s'appliquait à en parcourir les pages, revenant plusieurs fois en arrière pour mieux comprendre.

– Il faut absolument que tu te cultives, avait souligné Esther.

De temps en temps, il levait les yeux et laissait son regard errer sur la porte à tambours du Nuova Villa Tammaro.

A quatorze heures, le téléphone sonna sur le bureau encombré de factures. Bugsy décrocha.

– Ils en sont à la moitié du repas, renseigna une voix à l'accent italien prononcé.

Bugsy raccrocha et poursuivit sa lecture. Pourquoi Esther avait-elle fait un tel choix ? récrimina-t-il en son for intérieur. Ce fichu écrivain français était aussi ennuyeux qu'une symphonie de Beethoven au Carnegie Hall ! Il préférait, c'était sûr, un bon roman policier de Dashiell Hammett !

A quatorze heures trente, le téléphone sonna de nouveau. La même voix annonça :

– Ils ont terminé les cannelloni. Joe vient de commander une autre bouteille de Chianti.

Bugsy raccrocha. Cette fois, il rempocha l'ouvrage broché et s'adossa à la chaise branlante. A travers la vitre constellée de chiures de mouches du bureau il voyait ses quatre hommes de main dans la Chrysler, qui discutaient ardemment entre eux. Les uns après les autres, les clients du restaurant sortaient de celui-ci et s'éparpillaient sur le trottoir, le visage congestionné par la nourriture trop riche et le vin trop abondant.

A quinze heures, la sonnerie du téléphone retentit pour la troisième fois.

– Lucky vient de proposer une partie de cartes à Joe qui a accepté.

Bugsy remit le récepteur en place. D'autres clients émergeaient encore du restaurant. Surtout des hommes. Peu de femmes. Les mœurs siciliennes voulaient que l'on sorte les épouses pour le dîner plutôt que pour le déjeuner. Coney Island en avril était plus que frais et, pour la plupart, ils portaient des pardessus dans lesquels ils étaient frileusement engoncés. Bugsy s'amusa à les compter. A dix-sept, le téléphone sonna pour la quatrième fois. Bugsy décrocha précipitamment.

– Lucky vient de descendre aux toilettes au sous-sol.

Bugsy raccrocha rapidement et bondit sur ses pieds. Il se rua hors du bureau. Déjà, Sam « Red » Levine, Albert Anastasia et Jake Elliott, qui l'avaient vu sortir, s'extrayaient de la Chrysler que Moey Sedway mettait doucement en route.

Les quatre hommes quittèrent le garage et traversèrent la rue. Bugsy marchait en tête. Il poussa la porte à tambours du restaurant, suivi par les trois autres. A l'intérieur, l'atmosphère était chaude, chargée d'odeurs fortes où prédominait celle de l'ail. Personne ne l'accueillit à l'entrée. Curieusement, la salle était vide de tout membre du personnel de l'établissement. Sur le bahut, près du passe-plats, s'entassaient des assiettes encore parsemées de reliefs de repas, restes d'éperlan, de calamars, spaghettis, coquilles de moules, de pétoncles, de palourdes.

Un seul client était encore attablé dans la salle, tout au fond, sous une bouée de sauvetage accrochée au mur et s'intégrant parfaitement dans la décoration nautique de l'établissement. En lettres noires, on y lisait le nom du restaurant : Nuova Villa Tammaro.

L'homme était trapu, lourdement charpenté. Son visage porcin était éclairé d'yeux rusés. Dans la main, il tenait quelques cartes à jouer.

Bugsy sortit son Colt 32. Avec un synchronisme parfait, Albert Anastasia, Sam « Red » Levine et Jake Elliott en firent autant.

En l'espace de dix secondes, Joe-le-Patron fut criblé de balles et s'effondra sur la table, au milieu des pots de ketchup renversés, des cartes éparpillées et des verres brisés. La bouée de sauvetage lui avait dégringolé sur les épaules et sa main droite serrait fermement l'as de carreau...

Bugsy et ses trois compagnons se ruèrent au-dehors. Les portières ouvertes de la Chrysler étaient juste à la perpendiculaire des portes du restaurant. Dès qu'elles eurent claqué dans le dos des quatre hommes, Moey Sedway démarra en trombe.

La Chrysler avait depuis longtemps quitté Coney Island quand les sirènes de police se firent entendre dans la rue. Charly « Lucky » attendait patiemment les policiers, assis sur une chaise en face du comptoir et les mains propres et immaculées, tant il les avait savonnées et resavonnées d'innombrables fois dans les toilettes du sous-sol...

– J'ai été pisser un coup, expliqua-t-il, le visage consterné, et je me lavais les mains après, quand j'ai entendu les coups de feu. Tout de suite, je me suis précipité. J'ai remonté les marches quatre à quatre. Et j'ai trouvé mon vieil ami, celui que je considérais comme un frère, mort... dans l'état dans lequel vous le voyez maintenant.

Un sanglot étouffa sa voix.

– Vous avez une arme sur vous ? s'enquit un des détectives de la brigade criminelle.

– Certainement pas ! protesta Lucky avec indignation.

Bugsy s'arrêta devant la glace immense qui couvrait tout un côté du hall de l'Eagle Building Corporation à Manhattan, au 230 de Park Avenue. Il retint un sourire de satisfaction. Il était absolument méconnaissable. La vieille maquilleuse de théâtre alcoolique au dernier degré et réduite à la misère que l'on avait forcée à suivre une cure de désintoxication draconienne dans une villa discrète aux abords de Philadelphie, avait, en définitive, accompli un travail remarquable. Certes, ses doigts tremblaient encore un peu lorsqu'elle avait commencé son lent et minutieux labeur, tout en finesse et en touches subtiles, mais les mains s'étaient raffermies au fil des heures. Et quand elle avait eu terminé, l'effet était saisissant. Bugsy en avait été stupéfié. Il ne se reconnaissait même plus. La vieille sorcière l'avait vieilli, enlaidi et complètement transformé. Lui qui n'avait que vingt-six ans en paraissait quarante-cinq. La seule chose qu'elle n'avait pu changer, c'étaient ses magnifiques yeux bleus, mais ils étaient dissimulés derrière de grosses lunettes à monture d'écaille qui le faisaient ressembler à un étudiant studieux de Harvard ou de Princeton. Même sa chevelure abondante paraissait avoir été frappée de calvitie avancée. La grosse moustache noire de style britannique complétait l'époustouflant maquillage. Quant à ses joues elles étaient gonflées par de minces bourrelets de caoutchouc collés aux gencives.

Sam « Red » Levine, qui se tenait à ses côtés, avait, lui aussi, complètement changé d'apparence physique, grâce aux artifices de la maquilleuse. En outre, il avait glissé à l'intérieur de ses chaussures des talonnettes en cuir qui augmentaient sa taille de trois ou quatre pouces.

Le regard de Bugsy glissa une dernière fois sur le costume sobre, de coupe classique, sur la cravate neutre, sur le feutre gris, sur les chaussures noires, puis voyagea jusqu'à Abe « Kid Twist » Reles et Irving Goldstein, les deux tueurs de Brooklyn, « sous-traités » pour le présent « contrat ». Paisiblement, ils attendaient qu'il leur fasse signe.

Bugsy leva les yeux vers l'immense horloge électrique qui faisait l'orgueil de l'Eagle Building Corporation.

Elle indiquait quatorze heures quarante-cinq.

En dessous, se lisait la date du jour : 10 septembre 1931.

Bugsy se dirigea vers les ascenseurs. De leurs positions respectives, Sam « Red » Levine, Abe « Kid Twist » Reles et Irving Goldstein le suivirent. Lorsque les portes de la cabine s'ouvrirent devant eux, Bugsy tressaillit. Là, en chair et en os, sortait Vincent « Mad Dog » Coll, un tueur à gages indépendant, une des plus féroces gâchettes que l'on pouvait trouver sur tout le territoire des États-Unis[1]. « Mag Dog » ne l'avait pas reconnu. Pas plus que « Red » Levine. Quant à Abe « Kid Twist » Reles et Irving Goldstein, il ne les connaissait pas.

Déjà, l'Irlandais s'éloignait. Bugsy s'engouffra dans la cabine, suivi par les trois autres. A part eux, elle était vide. Busy appuya sur le bouton du 9e étage. Quand la cabine s'y immobilisa, ils sortirent et Bugsy repéra tout de suite les chiffres fléchés.

— C'est par ici, souffla-t-il.

Rapidement, tous les quatre avancèrent le long de l'étroit couloir jusqu'à une porte vitrée au-dessus de

1 Mad Dog : Chien enragé.

laquelle un numéro était inscrit sur une plaque de métal : 925. Bugsy posa la main sur la poignée, la baissa et repoussa violemment le battant. Il se rua dans la pièce en criant :

– Département du Trésor ! Vérification des livres de comptes ! Que personne ne bouge !

En même temps, il sortait de sa poche un insigne métallique et le montrait à la ronde. Derrière lui, ses trois compagnons en faisaient autant.

Il y avait six hommes dans la pièce. Tous des Siciliens aux mines farouches, aux yeux soupçonneux, avec leurs armes dissimulées dans les porte-parapluies.

Bugsy sourit gracieusement, sans trop plisser les lèvres à cause de la fausse moustache qu'il craignait de déplacer sous son nez.

– Il paraît qu'on fraude le fisc ici ? claironna-t-il.

Personne ne daigna répondre.

– On ne déclare pas ses revenus ? poursuivit-il dans le silence général.

Il s'interrompit pendant quelques secondes. Il convenait de jouer le jeu jusqu'au bout, estimait-il.

– Où sont les livres de comptes ?

Il s'adressait à celui des hommes debout là qui lui paraissait le plus insignifiant. L'autre écarquilla les yeux, implora du secours auprès de ses compagnons en jetant un regard éperdu autour de lui, et se décida à avouer :

– Je ne sais pas...

Son anglais respirait l'huile d'olive et la *caponata*[1].

Bugsy feignit l'impatience.

– Qui est le patron ici ?

L'un des Siciliens ouvrit la bouche pour répondre mais n'en eut pas le temps. La porte au fond de la pièce livra passage à un homme grand et fort, à l'allure distinguée qui immédiatement, en voyant les quatre arrivants, fronça les sourcils.

– Que se passe-t-il ? aboya-t-il.

– Département du Trésor, répéta Bugsy. Vérification des livres de comptes !

1 Ragoût sicilien composé d'olives, tomates, poivrons, aubergines, courges, saucisses, lard fumé, ail, et baignant dans l'huile.

En même temps, il exhibait l'insigne métallique si parfaitement imité qu'il en paraissait authentique. Instantanément, le visage de l'homme s'imprégna d'une bienveillante amabilité.

– Oh ! mais je n'ai rien à craindre d'une vérification comptable de la part du département du Trésor ! protesta-t-il aussitôt.

Puis :

– Entrez donc dans mon bureau ! invita-t-il.

Seuls, Bugsy Siegel et Sam « Red » Levine le suivirent. Abe « Kid Twist » Reles et Irving Goldstein, négligemment, s'adossaient à la porte d'entrée, les deux mains fourrées dans les poches, et l'air renfrogné de fonctionnaires astreints à une besogne insipide.

Bugsy referma soigneusement la porte dans son dos.

– Vous êtes bien monsieur Salvatore Maranzano ? demanda-t-il d'une voix très douce.

– C'est bien moi.

Sam « Red » Levine avait déjà bondi, le couteau à la main. La lame en était longue et effilée.

– Tu as le bonjour de Charly Luciano, dit Bugsy de la même voix très douce.

Salvatore Maranzano ne poussa qu'un cri très bref avant de mourir.

Bugsy et Red Levine ressortirent de la pièce sous les yeux étonnés des six Siciliens. Irving Goldstein leur ouvrit la porte et, tous les quatre, ils quittèrent le quartier général de celui qui avait voulu devenir le *capo di capi* de tous les *mafiosi* d'Amérique.

Dans l'après-midi et dans la soirée de ce même jour, les équipes de Benjamin « Bugsy » Siegel dirigées par Albert Anastasia, Jake Elliott, Joseph Schaefer, George Young, Pittsburgh Phil, Dasher Abbandando, Blue Jaw Magoon et Happy Maione, exécutaient dans toutes les villes des États-Unis, de Philadelphie à Chicago, et de Boston à Kansas-City, quarante chefs *mafiosi* de la vieille école, surnommés les « Pépés Moustaches » à cause de leur étroitesse d'esprit traditionaliste et de leur racisme exacerbé.

La nouvelle vague, dirigée par Charly « Lucky » Luciano triomphait. Plus rien ne s'opposait à sa montée vertigineuse. La vieille école, représentée par des Joe Masseria et des Salvatore Maranzano, et ses tenants, avait vécu. Place aux jeunes.

Toute l'opération financée par Charly Luciano lui avait coûté deux cent cinquante mille dollars versés à Miss Laneous.

C'était de l'argent bien investi.

– Vincent « Mad Dog » Coll... murmura Lucky Luciano. Tu sais, Benny, pourquoi tu lui es rentré dedans quand il sortait de l'ascenseur ?

Bugsy Siegel secoua la tête.

– Non.

– Parce que Salvatore Maranzano lui avait donné un « contrat »...

– Pour t'abattre ?

– Exactement. Seulement, j'ai pris Maranzano de vitesse. Une fois que Joe-le-Patron avait été descendu, je ne l'intéressais plus, tu comprends ? Au contraire, même, je devenais gênant. Alors, il a décidé de m'éliminer.

Bugsy fronça les sourcils.

– Il n'y a qu'un seul ennui, Lucky...

– Lequel ?

– Mad Dog exécute toujours un « contrat » pour lequel il a été payé à l'avance. Est-ce que tu sais si Maranzano l'a réglé intégralement ?

– Il l'a fait.

Bugsy secoua la tête.

– Alors, tu es en danger, Lucky. Mad Dog ne laissera pas passer une chance de t'abattre. Et c'est un crack.

Lucky Luciano se leva.

– Je ne suis pas en danger, Benny.

Bugsy frémit de colère.

– Je viens de te dire que...

Lucky Luciano le coupa d'un geste autoritaire.

– Toi, Benny, tu vas me débarrasser de Mad Dog...

Quelque temps plus tard, Vincent « Mad Dog » Coll était mitraillé à bout portant alors qu'il téléphonait d'une cabine publique de Manhattan.

CHAPITRE X

Benjamin « Bugsy » Siegel se trémoussa de plaisir dans son fauteuil de l'Astor, le grand cinéma de Broadway. Il donna un coup de coude à Esther et murmura à son oreille :

– Je n'aurais jamais cru ça ! Il est drôlement bon, ce vieux George !

Sur l'écran, George Raft jouait le rôle de Rinaldo, le lieutenant de Tony Camonte. Ces deux noms cachaient, en réalité et respectivement, Frankie Rio et Al Capone dans le film *Scarface* que l'on projetait à l'Astor. Frankie Rio était justement celui qui était venu se plaindre de Bugsy auprès de Meyer Lansky deux ans plus tôt, pour le compte de son patron, et à cause d'un « contrat » manqué.

Tony Camonte était joué par Paul Muni. Lui et George Raft avaient parfaitement assimilé les maniérismes des gangsters et Bugsy s'en délectait. D'un air nonchalant, George Raft-Rinaldo enfilait un long couloir d'un pas nonchalant en faisant sauter une pièce de monnaie dans le creux de sa main et en sifflotant les premières mesures de *Stormy Weather*. Bugsy eut un léger frisson. Il aurait parié dix mille dollars contre un hamburger pourri que le vieux George allait se faire tuer. C'était couru d'avance. Tony Camonte n'allait pas le louper après ce qu'il avait fait à sa sœur, personnifiée à l'écran par Ann Dvorak.

Bugsy adorait les films de gangsters dont Hollywood se faisait une spécialité depuis quelques années. Le premier de la série avait été *Little Caesar* avec Edward G. Robinson auquel un des hommes qui avaient travaillé pour Bugsy, Irving Goldstein, ressemblait comme deux gouttes d'eau. Goldstein prétendait même que l'unique raison pour laquelle Hollywood avait choisi Edward G. Robinson pour jouer le rôle du gangster Rico Bandello dans *Little Caesar* était sa ressemblance frappante avec lui, Goldstein. Ce qui était paradoxal, songeait Bugsy avec amusement, c'était que les acteurs de Hollywood qui personnifiaient des gangsters à l'écran, tels Edward G. Robinson, James Cagney, Paul Muni, George Raft, Humphrey Bogart, Wallace Beery ou Barton McLane cherchaient à imiter les tics des vrais gangsters et que ces derniers, ensuite, imitaient les gangsters de cinéma dans leur façon de s'habiller, de marcher, d'allumer une cigarette ou de détacher un billet de cent dollars d'un gros rouleau de *banknotes.*

Après *Little Caesar*, il y avait eu à la file *The Public Enemy, Graft, Hush Money, Star Witness, Undercover Man, The Gang Buster, Scandal Sheet, The Vice Squad, Docks of San Francisco, I am a fugitive from a chain gang,* et bien d'autres encore.

Bugsy les avait tous vus. Au grand déplaisir d'Esther, d'ailleurs, que la violence effrayait.

Il ne s'était pas trompé. Rinaldo-George Raft se faisait descendre par Tony Camonte qui, à son tour, était abattu par la police à la dernière scène du film. Bugsy ricana. *Le happy end* était respecté, la morale était sauve, la police avait eu le dernier mot, et les producteurs de Hollywood étaient contents ! Heureusement que dans la réalité quotidienne les choses étaient bien différentes. Certes, Al Capone était tombé et, à présent, se trouvait en prison. Mais pour fraude fiscale ! Quel imbécile, Al ! Se faire piéger par les agents fédéraux du département du Trésor ! Ce n'était pas à lui que cette mésaventure arriverait, ça, c'était sûr !

Le mot FIN s'inscrivit en lettres blanches sur l'écran noir et Bugsy se leva de son fauteuil. Esther en fit autant. Il l'aida à enfiler son manteau et la poussa vers la sortie. Déjà, Moey Sedway s'approchait au volant de la somptueuse Cadillac. Bugsy le repéra le long du trottoir et ouvrit la portière arrière pour permettre à Esther de s'installer sur la banquette. Avant de la refermer, il avertit :

– Je ne rentre pas ce soir.

Immédiatement, il lut l'inquiétude dans le regard de la jeune femme.

– Où vas-tu ?

– Je serai absent quelques jours...

– Mais où seras-tu ? insista-t-elle.

Il lui décocha son sourire charmeur, celui qui, toujours la faisait fondre.

– Embrasse très fort Millicent pour moi. Et dis-lui d'être sage...

Il referma la portière et claqua des doigts, à l'intention de Moey Sedway afin que ce dernier démarre promptement. Dès que la Cadillac eut disparu dans le flot de circulation intense qui était la caractéristique de Broadway à la hauteur de Times Square lorsque s'opérait la sortie des cinémas, il héla un taxi et se fit conduire au Bellevue Hospital.

L'infirmière était grande, blonde, avec d'immenses yeux bleus naïfs. Avec compassion elle examinait le visage tordu par la souffrance de Bugsy.

– Où éprouvez-vous des douleurs ? s'informa-t-elle.

– Partout... L'estomac, le ventre, les reins, la nuque, la tête... Partout... Je me sens comme oppressé... C'est terrible... J'ai l'impression que je vais mourir...

– Mais non ! le rassura-t-elle.

Il poussa un gémissement sourd.

– Un interne va vous examiner...

Déjà elle s'emparait du téléphone. L'interne de service fit son apparition quelques instants plus tard. Il fit déshabiller Bugsy, puis lui demanda de s'allonger sur une table roulante. Lorsque l'examen clinique fut terminé il hocha dubitativement la tête.

– Bizarres, ces douleurs... murmura-t-il.

– Qu'est-ce que c'est, Doc ? s'inquiéta Bugsy en grimaçant.

L'interne éluda.

– On va vous hospitaliser et vous placer en observation. Dans l'intervalle, on vous donnera un sédatif.

Bugsy sursauta comme si on lui enfonçait une aiguille pour lui faire une intramusculaire.

– M'hospitaliser ? D'accord ! Mais pas en salle commune !

– Pardon ? fit l'interne.

– Je veux une chambre individuelle.

– Vous avez de quoi payer ? intervint l'infirmière.

– Passez-moi ma veste.

Elle la lui tendit et, d'une de ses poches, Bugsy sortit une énorme liasse de billets de cent dollars.

– Combien ? s'enquit-il, hautain.

L'infirmière et l'interne avalaient péniblement leur salive, leurs yeux ronds fixés sur l'épaisseur de la liasse.

– Vous aurez votre chambre individuelle, assura la jeune femme d'une voix incertaine.

Bugsy passa deux jours de repos complet au Bellevue Hospital. On procédait à toutes sortes d'examens sur sa personne, prélèvements, radiographies, radioscopies, analyses de sang, d'urines. Mais tous les résultats se révélaient négatifs en ce qui concernait une affection éventuelle.

Le soir du troisième jour, il sonna l'infirmière de garde. Lorsqu'elle apparut, il bailla à s'en décrocher la mâchoire.

– Mon chou, marmonna-t-il, je viens de prendre deux de ces fichus somnifères et je crois bien que ça m'a filé un coup de barre terrible. Bordez-moi, voulez-vous, et éteignez la lumière. Je vais piquer un roupillon formidable jusqu'à demain matin.

Rien ne pouvait faire plus plaisir à l'infirmière. Elle était débordée de travail.. On la sonnait de toutes parts pour lui réclamer un verre d'eau, un somnifère, ou pour se plaindre que le lit était trop dur, l'oreiller mal placé. Ce patient-là, au moins, lui facilitait la tâche !

Dès qu'elle se fut exécutée, Bugsy attendit vingt minutes , puis il se leva, disposa un des oreillers et le traversin sous les draps afin de donner l'illusion qu'un corps humain était allongé là, et il ôta rapidement le pyjama fourni par l'hôpital. Il le jeta en boule dans l'armoire et enfila ses propres vêtements. Par dessus il passa la longue blouse blanche immaculée extraite de sa serviette en cuir. De celle-ci il sortit aussi une calotte blanche, comme en portent habituellement les chirurgiens, qu'il coiffa, et une paire de lunettes à grosse monture d'écaille qu'il chaussa sur son nez. Il entrebailla ensuite la porte, ne vit personne dans le couloir, et il s'esquiva promptement en refermant la porte derrière lui.

D'un pas rapide, assuré, il gagna la sortie. C'était Meyer Lansky en personne qui avait amené la Ford dans le parking de l'hôpital. Bugsy en connaissait le numéro minéralogique par cœur.

Au bout de cinq minutes, il la repéra. La portière était ouverte et les clés de contact sous le siège. Il démarra après s'être débarrassé de la blouse, de la calotte et des lunettes.

Sans perdre de temps, il prit la route de Brooklyn. Quand il atteignit ce district, il se dirigea vers le sud-ouest et stoppa en face d'une maison qui donnait sur le Fort-Hamilton Parkway. Il mit les phares en veilleuse, laissa le moteur tourner et sortit de la Ford, sa serviette de cuir à la main. Après avoir traversé le jardinet, il sonna à la porte de la maison.

Quelques secondes plus tard, un vieil homme aux yeux inquisiteurs apparut et, méfiant, demanda :

– Que voulez-vous ?

– Je veux voir Tony.

En même temps, Bugsy exhibait l'insigne métallique qui lui avait déjà servi pour l'exécution de Salvatore Maranzano.

Département du Trésor.

Depuis qu'ils étaient parvenus à fourrer Al Capone en prison, les *T-Men* étaient les hommes les plus redoutés d'Amérique. Soudainement, le vieil homme devint craintif.

– Je vais vous le chercher.

Il se retourna en criant :

– Tony ! Viens donc par ici, mon garçon !

Bugsy dégrafa le rabat de la serviette de cuir et plongea sa main droite à l'intérieur. Lorsque Tony apparut sur le seuil de la porte, il écrasa la détente du Colt 32 et vida le chargeur complet à travers le cuir de la serviette. Puis tranquillement, sans se presser, il regagna la Ford et démarra en direction de Manhattan. En passant, il se débarassa de la serviette et du pistolet en les jetant dans l'East River, et rejoignit le Bellevue Hospital deux heures et trente cinq minutes après l'avoir quitté.

Il remit le déguisement avant d'abandonner la Ford, rentra dans l'hôpital et réintégra sa chambre sans avoir attiré l'attention. Ses vêtements une fois rangés dans l'armoire, il passa à nouveau le pyjama et ressortit pour aller fourrer la blouse, la calotte et les lunettes dans la bouche de l'incinérateur.

Ensuite, il regagna son lit remis en ordre et, avant de s'endormir d'un sommeil paisible et sans rêves, il se félicita chaudement d'avoir eu l'astuce de découvrir une parade sans faille à une éventuelle inculpation pour meurtre. Un alibi inattaquable. Est-ce que la police irait chercher l'exécuteur de Tony sur un lit d'hôpital ?

Francis Anthony Fabrizzo était un traître et il n'avait eu que le sort qu'il méritait.

Son frère Andy avait été retrouvé enfoui au fond d'un sac dans le New Jersey. Un autre de ses frères, Louis, avait été mitraillé à Manhattan. Tous deux étaient morts après avoir été des gangsters minables. Tony s'était dit que la vie de hors-la-loi qu'il menait était stupide, ce qui était parfaitement son droit. L'exemple de la fin tragique de ses frères l'incitait à abandonner une profession soumise à tant d'aléas..Seulement, Tony avait peur. Il avait peur que les gangs acceptent mal sa défection et ne lui fassent subir le sort de ses frères. Alors, il avait cherché la parade et s'était découvert une assurance contre la mort. Tony savait beaucoup de choses...

Il avait exécuté de nombreux « contrats » pour le compte de Miss Laneous et, entre autres, celui de Vincent « Mad Dog » Coll. Il pouvait se révéler un témoin gênant...

Mais surtout, surtout, il était au courant d'une chose qu'il n'aurait jamais dû savoir, considérant son rang modeste dans la hiérarchie : le trésor de guerre s'élevant à vingt-sept millions de dollars constitué par Charly Lucky Luciano, Frank Costello, Louis «Lepke» Buchalter, Big French Lemange, Big Bill Dwyer, Meyer Lansky, Bugsy Siegel et Dutch Schultz et destiné à pallier les inconvénients d'une suppression prochaine de la prohibition annoncée à grands cris par le parti démocrate à la veille des prochaines élections présidentielles qui, c'était quasi certain, allaient amener le candidat démocrate, Franklin Delano Roosevelt, à la Maison-Blanche. Si la prohibition était supprimée, il faudrait se reconvertir dans d'autres secteurs, et le trésor de guerre était « gelé » dans l'attente de ces jours sombres.

Et Tony Fabrizzo avait décidé de consigner par écrit tout ce qu'il savait. Son assurance contre la mort, c'étaient ses mémoires, en quelque sorte. Des mémoires aussi explosifs que de la dynamite...

Et il avait claironné cela sur tous les toits. Avec une folle imprudence !...

Tous s'y étaient mis pour donner le « contrat » à Bugsy...

Lucky Luciano, Lepke, Frankie Costello, Big French, Big Bill et Dutch Schultz...

Mais à une condition impérative : qu'il l'exécute seul, sans aide extérieure...

Bugsy resta encore deux jours au Bellevue Hospital. Comme il se sentait beaucoup mieux et qu'aucun médecin ne lui avait découvert une affection quelconque, il s'en retourna chez lui embrasser Esther et Millicent.

CHAPITRE XI

Une seconde fille naquit au foyer d'Esther et de Benjamin Siegel en 1933. Elle fut prénommée Barbara. Le père et la mère étaient fous de joie. Bugsy aimait cette vie familiale qui était devenue la sienne. Depuis leur mariage il n'avait jamais trompé Esther.

En ce qui concernait ses activités professionnelles, il était parvenu à se délester peu à peu du fardeau que représentait pour lui la *Branche Spéciale* de la bande Bug et Meyer, dite Miss Laneous. Il n'avait jamais éprouvé beaucoup de goûts pour les « contrats » et s'il s'était axé dans cette voie, c'était avant tout afin de gravir les échelons de la hiérarchie. Néanmoins, il restait aux yeux de tous le numéro un incontesté de cette spécialité. C'est d'ailleurs d'un œil favorable qu'il avait vu « ceux de Brooklyn » prendre peu à peu la relève de Miss Laneous, et exécuter les « contrats » à la satisfaction de tous. Ils avaient tous, peu ou prou, travaillé pour lui. Dirigés par Albert Anastasia et Abe « Kid Twist » Reles, leurs noms éclateraient à la une des journaux sept ans plus tard lors de la trahison du Vendredi Saint, mais, pour le moment, ils étaient encore inconnus du grand public, les Blue Jaw Magoon, Harry Strauss dit Pittsburgh Phil, Happy Maione, Irving Golstein qui ressemblait tant à Edward G, Robinson, Mendy Weiss, Louis Capone[1], Dasher Abbandando et Allie Tannenbaum, et ils exploitaient leurs

1. Aucun lien de parenté avec Al Capone.

fiefs de Brownsville et d'East New York, dans Brooklyn, en dehors des périodes pendant lesquelles ils avaient un « contrat » à exécuter.

Si Benjamin « Bugsy » Siegel avait défini le principe et la terminologie, en revanche, Albert Anastasia, le Calabrais, avait raffiné le *modus operandi*. En partant de la méthode *made in Brooklyn*, il parvenait à exécuter des « contrats » qui étaient des chefs-d'œuvre de perfectionnisme. Rien n'était laissé au hasard. Avant de passer à l'action, le moindre détail était étudié, pendant des semaines, pendant des mois parfois, les habitudes de la victime, des membres de sa famille, de ses voisins, des amis avec qui il était en contact étaient disséquées, les moyens de fuite avec solutions de rechange étaient passés en revue, mis au point, peaufinés. L'arme à utiliser était de préférence une arme blanche : couteau, poignard, hache, pic à glace, ou, à la rigueur, un pistolet muni d'un silencieux.

Grâce à Albert Anastasia, la *Société Anonyme pour assassinats* s'orientait vers une technique impeccable, quelque peu éloignée de l'improvisation et de la hardiesse un peu téméraire déployées jusque là par Benjamin « Bugsy » Siegel, et, tout doucement, s'en allait jeter sur le nom de Brooklyn un voile d'infâmie.

Bugsy, lui, s'orientait vers les affaires. Franklin Delano Roosevelt avait été élu président des Etats-Unis et avait mis en place sa nouvelle politique, le New Deal, la nouvelle donne. La confiance était revenue. Les actions remontaient en Bourse. Meyer Lansky et Bugsy s'étaient empressés de revendre les paquets d'actions achetées pour une bouchée de pain lors de l'effondrement des cours à Wall Street quatre ans plus tôt.

Le bénéfice avait été pharamineux, mais, surtout, Meyer Lansky avait regardé Bugsy d'un autre œil.

Un œil rempli de respect.

Jusque là il l'avait considéré avant tout comme un tueur. Il découvrait un businessman.

Leurs rackets à New York et à Philadelphie étaient florissants. Pendant toute l'année 1933, Bugsy s'activa à leur donner encore plus d'ampleur. L'argent coulait à flots et tout le monde était heureux.

Cependant, cette année-là, Bugsy eut aussi à régler l'affaire Wagner.

Le 1er mars de l'année précédente, le fils de Charles Lindbergh, un des plus célèbres Américains du monde, celui qui en 1927 avait réussi à bord du *Spirit of Saint-Louis* la première traversée aérienne de l'Atlantique dans le sens ouest-est, était enlevé de son berceau pendant une absence de quelques minutes de sa nurse.

Abe Wagner était celui qui avait organisé ce kidnapping contre rançon[1].

L'enlèvement d'un enfant avait été très mal vu par les caïds new yorkais qui, presque tous, subissaient l'influence de leurs épouses. La fille de Bugsy, Millicent, avait à peu près l'âge du bébé Lindbergh qui avait été retrouvé mort quelques jours après le kidnapping et Esther ne la quittait plus des yeux de peur qu'elle ne soit elle aussi arrachée de son berceau.

Fou furieux, Bugsy envoya deux de ses hommes à la recherche d'Abe Wagner qui avait fui New York. Il s'agissait de Joseph Schaefer et de George Young. Après de longs mois de recherches, ils retrouvèrent Wagner entre Saint Paul et Minneapolis dans le Minnesota et l'exécutèrent dans un restaurant. Malheureusement pour les deux hommes, ils n'avaient pas opéré conformément aux chers principes de la méthode *made in Brooklyn* et ne s'étaient pas entourés de toutes les précautions d'usage. Ils furent arrêtés sur le champ.

Bugsy avait un principe dont il ne se départissait jamais : toujours prendre soin de ses hommes. Il fit des pieds et des mains pour les faire libérer, offrit des sommes d'argent considérables aux autorités locales, mais n'y parvint pas.

Et puis survint le mois de décembre 1933.

Vingt jours avant Noël, le 5, la prohibition était définitivement abolie. Personne ne fut surpris. On s'y attendait. Le *Vostead Act*, la loi néfaste qui avait permis au gangstérisme de devenir florissant aux Etats-Unis, n'était plus qu'un mauvais souvenir.

1. Un homme de main, Bruno Hauptmann, fut arrêté pour cet enlèvement. Jugé le 2 janvier 1935, il fut exécuté sur la chaise électrique le 3 avril 1936.

C'était le moment de se servir du trésor de guerre de vingt-sept millions de dollars pour procéder à une reconversion totale.

Au début de 1934, Johnny Torrio provoqua une réunion dans un hôtel de Manhattan des caïds new-yorkais et de ceux de l'Est des Etats-Unis. Johnny Torrio éprouvait une horreur physique de la violence et il était hanté par la crainte de la mort. La sienne, uniquement. Il avait tellement peur de mourir que des années auparavant, au temps où il était le maître incontesté des quartiers sud de Chicago et que la guerre faisait rage avec les quartiers nord tenus par les Irlandais de Dion O'Bannion et Bugs Moran, il avait, sans contrepartie, abandonné son empire à son lieutenant Al Capone et, avec tout l'argent amassé, il était reparti en Italie. Depuis, il était revenu et cherchait dans quels domaines investir son argent retransféré aux États-Unis.

– Les gars, commença Johnny Torrio devant un auditoire attentif et respectueux car l'homme n'était pas un concurrent et jouissait d'un prestige incontestable en raison de son intelligence et de son imagination, pourquoi ne formeriez-vous pas un syndicat à l'échelle nationale ? Mais un syndicat sans chef suprême. Chacun reste dans son territoire, y règne sans partage, on établit des règles, personne n'a le droit d'y venir lui chercher des poux dans la tête. Finies les guerres privées, les exterminations d'hommes de valeur, terminés les règlements de comptes qui attirent l'attention de la police, des journaux, de l'opinion publique, et qui vous font une publicité déplorable. On met sur pied un Conseil suprême qui réunit tous les chefs et qui règle les litiges. Chacun a droit à une voix et a son mot à dire. A la fin, on vote, et c'est la majorité qui l'emporte. Moi je siège à ce Conseil. Si le nombre des voix est impair, je suis hors du coup. S'il est pair, j'interviens dans un sens ou dans l'autre. Naturellement, il n'y a jamais de bulletins nuls. C'est toujours, oui ou non, noir ou blanc.

En ce qui concerne les « contrats », aucun chef d'importance ne pourra être éliminé sans le vote favorable du Conseil, et en ce qui concerne le menu fretin, rien ne pourra se faire sans l'accord du *boss* local dont dépend le type en cause. Et, dans tous les cas, le tueur viendra de l'extérieur. N'oubliez pas, en règle générale, qu'avec le système américain de la séparation des Etats, et à la condition que vous ne tombiez pas sous la loi fédérale, le procureur général d'un État ne peut pas vous poursuivre pour un crime commis en dehors de sa juridiction. C'est valable pour les « contrats », mais aussi pour les affaires en général. Et si vous parvenez à former un syndicat à l'échelle nationale, il vous faudra unifier vos contacts politiques, leur faire donner le maximum, afin d'être toujours au courant de ce qui se passe à Washington, au Sénat et à la Chambre des représentants, et même jusque dans la salle de bains du président, et savoir ainsi avant le grand public ce qui se mijote contre vous.

– Un chouette discours, avait approuvé Lucky Luciano.

– Plein de bon sens, avait renchéri Louis « Lepke » Buchalter.

– Mettons-nous tout de suite au travail ! s'était enthousiasmé Meyer Lansky.

Bugsy réfléchissait. Prudent, il demanda :

– Quel est ton intérêt dans l'affaire, Johnny ?

Immédiatement, les autres se raidirent. Question pertinente, devaient-ils penser.

– Je vais vous le dire tout de suite, les gars, s'empressa-t-il de répondre. J'ai plein de fric à gauche, comme vous le savez. Je veux le placer et je veux qu'il me rapporte. Mais en diversifiant les investissements. Et surtout, je ne veux pas d'accrocs. Pas de projecteurs sur mes affaires à cause d'une guerre des gangs qui éparpille les cadavres sur les trottoirs des grandes villes. Je mets un peu d'argent dans vos rackets, à chacun de vous, et je laisse courir. Je ne me mêle pas de la manière dont vous menez la barque. J'ai confiance. Vous avez tous fait vos preuves et vous n'avez pas besoin de moi pour vous donner des conseils. Moi, j'irai me dorer au soleil de Floride.

Bugsy sourit. Johnny Torrio était habile. Il savait comment parler à des gangsters de haute lignée dont l'orgueil et l'égocentrisme étaient démesurés. D'ailleurs, rassénérés, ils souriaient tous à nouveau.

– On va mettre aux voix, décida Franck Costello, afin de savoir si on est d'accord avec la proposition de Johnny. Les détails, on les verra plus tard.

Le vote fut unanime. La proposition de Johnny Torrio fut acceptée.

La réunion suivante destinée à mettre au point les détails devant présider à la mise sur pied de l'Organisation fut fixée à Kansas City un mois plus tard. Dans l'intervalle, Johnny Torrio fut chargé d'aller contacter les « seigneurs » des autres grandes villes américaines. Séduits par l'idée, ces derniers donnèrent aussi leur accord.

A Kansas City, à l'issue d'âpres et interminables discussions, de plaidoyers *pro domo* destinés à conserver pour soi-même des positions en litige, les « seigneurs » réunis là accouchèrent d'un traité délimitant les zones d'influence de chacun sur le territoire des États-Unis. Le nouvel organigramme était ainsi fixé :

Frank Costello	: Jeux à l'échelon national. Contacts avec les milieux politiciens.
Louis « Lepke » Buchalter	: Extorsions dans l'industrie, les syndicats ouvriers de New York, la meunerie, les boulangerie, les transports, les cinémas, la fourrure.
Charles « Lucky » Luciano	: Drogue et maisons de tolérance à l'échelon national.
Meyer Lansky et Benjamin « Bugsy » Siegel	: Cabarets, boîtes de nuit à New York et Philadelphie. Distilleries et four-

	nitures d'alcool légal dans l'Est des États-Unis. Meyer Lansky (seul) prospection de la zone des Caraïbes pour le compte du Syndicat. Benjamin Siegel (seul) ; exécuteur des hautes œuvres.
Albert Anastasia	: Contrôle des quais de Brooklyn. Exécuteur des basses œuvres.
Joey Adonis	: Contrôle des quais de Manhattan.
Abner « Longy » Zwillmann	: État du New Jersey.
Charles « King » Solomon	: État du Massachussetts.
Frank Ericson	: État de Floride.
Dandy Phil Kastel	: État de Louisiane.
Charly Fischetti (successeur d'Al Capone)	: Chicago et tout l'État d'Illinois.
Dutch Schultz	: Restaurants à New York et dans le New Jersey. Loteries clandestines.

D'autres « seigneurs » de moindre importance se partageraient le reste.

Bugsy était fou furieux. On lui avait réservé la part du

pauvre. Ses talents n'étaient pas reconnus, et, surtout, on l'avait nommé tueur-en-chef du Syndicat. Dans ce domaine, certes, ses talents étaient reconnus, mais pas dans celui qui avait trait à l'organisation et à la finance et c'était justement celui-là qui l'intéressait. Il n'avait nulle envie de rester première gâchette toute sa vie !

En outre, on avait attribué à Meyer Lansky seul, la prospection d'affaires nouvelles dans les Caraïbes. Cela signifiait que les profits éventuels d'une telle opération ne seraient pas partagés avec lui.

A la fin de la réunion du cartel, Bugsy faillit se mettre en colère et réclamer de plus grandes responsabilités, mais il se retint.

Dans le partage du gâteau, il existait une tranche qui n'avait été dévolue à personne.

La Californie du Sud...

CHAPITRE XII

En 1935, Bugsy Siegel eut trente ans : sa vie familiale était sans nuages. Esther, que la maternité avait épanouie, rayonnait entre son mari et ses deux filles, Millicent qui avait quatre ans, et Barbara qui en avait deux.

Après la réunion de Kansas City, Meyer Lansky avait rompu l'association avec Bugsy et avait repris la majorité des parts de leurs rackets. Ensuite, il avait fondé la société Molaska en se servant de son beau-père, Moïse Citron, comme couverture. La société Molaska rassemblait ses parts dans les distilleries et les fabriques de whisky. Ensuite, il s'était tourné vers Cuba et soutenait activement et financièrement un sergent ambitieux du nom de Fulgencio Batista y Zaldivar qui, l'année suivante, allait prendre le pouvoir après un coup d'État sanglant et régner sur Cuba jusqu'à ce que Fidel Castro l'en déloge en 1959. Dans l'intervalle, il concéderait par gratitude le monopole des jeux à Meyer Lansky dans toute l'île.

Ainsi abandonné mais s'en réjouissant car son côté loup solitaire reprenait le dessus, Bugsy prit le contrôle de la société Capitol Wine and Spirits, importateurs et distributeurs exclusifs de vins et d'alcools français.

Il entreprit aussitôt de promouvoir la qualité française, le label *made in France*, dans les cabarets et les boîtes de nuit new-yorkais. Il avait mis au point un slogan :

– Si vous avez une clientèle de classe, servez du vin et de l'Alcool, et de la classe, on ne la trouve qu'en France.

Naturellement, avec certains récalcitrants que cet argument ne convainquait pas, il convenait d'utiliser une publicité plus musclée...

Mais, l'un dans l'autre, Bugsy était maussade. Il souffrait de frustration. Certes, sa réussite était enviable, mais elle n'était pas à la hauteur de ses prévisions d'antan. Les autres, les Lucky Luciano, « Lepke » Buchalter, Frank Costello, détenaient des positions beaucoup plus élevées que la sienne, surtout depuis la mise en place du Syndicat, ce Syndicat que Bugsy commençait à vomir et dont il regrettait d'avoir voté la naissance.

Son seul sujet de satisfaction, c'était Patrick McGowan.

C'était un universitaire brillant qui s'ennuyait à Harvard, que les scrupules n'étouffaient pas, et qui rêvait de mener une vie luxueuse et sans soucis, si possible dans un pays chaud et ensoleillé.

Comme la Californie du Sud, par exemple.

Bugsy l'avait doté d'un viatique respectable et l'avait chargé d'aller prospecter Los Angeles et ses environs afin de découvrir s'il n'y existait pas quelque moyen d'y faire fortune rapidement et loin de l'emprise étouffante du Syndicat à New York.

Et les premiers rapports expédiés par McGowan se révélaient plus qu'encourageants...

Mais Bugsy n'allait pas tarder à se trouver en mesure de vérifier par lui-même ce que valait le climat de la Californie du Sud.

Le Syndicat avait mis sur pied une sorte de Cour suprême que l'on appelait la Cour Kangourou et qui prononçait les arrêts de mort à l'encontre de ceux et celles qui mettaient en danger l'Organisation. Cette Cour, composée des chefs de gangs, ne se réunissait que dans les cas très graves ou lorsqu'il s'agissait de personnes d'un rang élevé, soit dans la hiérarchie du Syndicat, soit de par leur position sociale.

Et voilà qu'elle venait de condamner à mort quatre hommes : les deux frères Joey et Pretty Amberg, Jake

Elliott et Frankie Tittelbaum. Or, tous les quatre étaient des hommes de Bugsy. Frankie Tittelbaum était le chef de groupe avec lequel Bugsy avait travaillé pour la première fois lors de l'attaque du cargo danois *Kristiansen* treize ans auparavant et qui, par dépit de voir Bugsy gravir les échelons de la hiérarchie plus vite que lui, était passé chez Lepke Buchalter avant de faire amende honorable et de venir travailler pour Miss Laneous.

Les quatre tueurs avaient été condamnés à mort par la Cour Kangourou pour avoir assassiné Hy Kasner, un associé d'Albert Anastasia. Ce dernier réclamait vengeance. La Cour Kangourou lui avait donné raison. Le principe établi par Johnny Torria était sacro-saint : plus de guerres privées, plus d'exécutions sans ordre de la Cour suprême. Bugsy avait eu beau défendre ses hommes avec acharnement, on ne l'avait pas suivi dans son plaidoyer.

L'un après l'autre, Joey Amberg, Frankie Tittelbaum, Jake Elliott et Pretty Amberg avaient été retrouvés et abattus par les hommes d'Albert Anastasia, l'exécuteur des basses œuvres, selon la méthode éprouvée *made in Brooklyn*.

Ensuite, était venu le tour de Dutch Schultz.

Condamné à mort par la Cour Kangourou parce qu'il voulait assassiner Thomas Dewey, le procureur spécial de l'Etat de New York chargé par le gouverneur de détruire l'emprise des gangs sur la ville. Dewey vouait à Schultz une haine féroce que l'autre lui rendait bien. Seulement, assassiner Dewey aurait provoqué des réactions en chaîne propres à détruire le Syndicat que l'on avait eu tant de mal à construire. La Cour Kangourou avait voté contre.. Dutch Schultz, lui, persistait dans son projet malgré le véto des Grands. La Cour Kangourou avait statué sur son cas. C'était lui qui devait mourir, et non Dewey.

Le 23 octobre 1935, Dutch Schultz était criblé de balles par Charlie « Bug » Workman, accompagné de Mendy Weiss et de Piggy, au palace Chophouse, un restaurant de Newark, New Jersey, en même temps que ses gardes du corps, Lulu Rosenkrantz, Ab Landau et Ab Berman.

Et, le mois suivant, la Cour Kangourou décidait que c'était au tour de Thelma Todd de « rendre ses billes », selon l'expression consacrée.

Thelma Todd était à l'époque une des actrices les plus cotées de Hollywood. Elle avait débuté dans la vie comme institutrice à Lowell, Massachussets, avant de faire une carrière fulgurante dans la cité du cinéma. Elle avait divorcé de son mari, le beau Pat Di Cicco, sur la demande de ce dernier, mais brûlait toujours d'amour pour lui. Dans l'intervalle, elle vivait avec le metteur en scène-producteur Roland West qui gérait pour elle un restaurant qui, bizarrement, était au nom de sa femme. Or, ce restaurant appartenait à Lucky Luciano qui s'en était trouvé ainsi dépossédé. Thelma Todd avait été longtemps un des prête-noms de Lucky Luciano pour certaines de ses affaires dispersées dans le pays.

Or, « doubler » Lucky Luciano équivalait à un arrêt de mort. Personne aux Etats-Unis n'aurait imaginé pouvoir le faire et s'en tirer à bon compte, sauf Thelma Todd qui, parce qu'elle était une star au firmament de Hollywood, imaginait qu'elle était intouchable.

C'était compter sans la Cour Kangourou qui, après le court réquisitoire de Lucky Luciano, prononça un verdict de mort.

Et le « contrat » fut confié à Bugsy Siegel parce que, pour l'exécuter, on avait besoin de quelqu'un de hautement qualifié et supérieurement intelligent en raison de la personnalité et du rang social de la « cible ». A l'évidence, ce n'étaient pas les Pittsburgh Phil et autres Happy Maione de la *Société Anonyme pour assassinats* d'Albert Anastasia qui pouvaient accomplir ce travail délicat.

Bugsy était vert de rage. Voilà que ça recommençait. Sa fonction d'exécuteur des hautes œuvres était une véritable tunique de Nessus qui lui collait à la peau ! Impossible de s'en défaire ! Et il n'existait aucune issue pour échapper à la corvée ! Refuser un « contrat » quand on était désigné par la Cour Kangourou pour l'exécuter équivalait à un suicide. La Cour suprême du Syndicat statuait sur le champ sur le sort à réserver au coupable et le verdict était immuable : la mort... Immuable et sans appel... Pas même question de revenir en arrière et d'accepter ! Il était trop tard. Le refus avait été enregistré et sanctionné.

Le seul point positif dans cette affaire était qu'il allait faire un voyage en Californie du Sud, là où se trouvait Thelma Todd...

Thelma Todd avait les yeux fixés sur Benjamin « Bugsy » Siegel. Sans vergogne, avec cette assurance que donne la certitude d'être une star adulée du monde entier, elle contemplait le beau visage aux traits réguliers, les magnifiques yeux bleus, le sourire éclatant dévoilant des dents d'une blancheur immaculée. L'homme était infiniment séduisant et, qui plus était, extrêmement sympathique. Il s'était présenté sous le nom de Peter Sherwood, un joli nom qui lui allait bien. En outre, il était merveilleusement bien habillé, très élégant. Sa peau avait encore le teint un peu pâle des New-Yorkais déjà plongés dans un rude hiver. N'était-on pas en décembre et décembre était un mois affreux à New York. Elle frissonnait à cette évocation. New York ressemblait tant au Massachusetts où elle avait été institutrice. Au point de vue climatique, s'entendait, naturellement.

Mais comment ce beau garçon, habillé sobrement, avec un goût sûr et discret, pouvait-il connaître un affreux gangster comme Lucky Luciano ? A l'écran, les gangsters étaient toujours laids. Edward G. Robinson en était le prototype. Pouvait-on imaginer quelqu'un de plus laid qu'Edward G. Robinson ? A part Samuel Goldwyn, bien entendu... Et aussi Bette Davis, en ce qui concernait les femmes... On la disait mangeuse d'hommes, mais n'était-ce pas normal avec cette bouche grande comme la gueule d'une baleine ?

– Charly est un garçon adorable, attaqua Bugsy. Il comprend les choses...

Les coupes à champagne étaient vides. Il s'empressa

de les remplir. Elle lui dédia un sourire radieux par dessus le bord de la sienne, ce sourire radieux qui faisait se pâmer les foules de spectateurs dans les salles obscures du monde entier.

– Je lui ai rendu assez de services ! s'insurgea brusquement l'actrice. Il peut bien me laisser le Sidewalk Café !

Bugsy eut une moue indulgente.

– Certes ! Mais le Sidewalk Café est un restaurant-cabaret de nuit particulièrement coté. La clientèle est composée de gens huppés, de producteurs et d'acteurs de cinéma qui viennent là parce que vous-même vous êtes dans le cinéma. Les prix sont à l'avenant. La valeur marchande du Sidewalk Café est considérable. Vous ne pouvez pas vous attendre à ce que Charly Lucky laisse tomber une source de revenus aussi profitable !

– Vous êtes avocat, Peter ? s'informa-t-elle.

Bugsy cligna des yeux sans répondre, mais Thelma Todd interpréta le geste comme une réponse affirmative.

– Ça ne rapporte pas autant que Charly pourrait l'imaginer ! fit-elle remarquer d'un ton âpre.

– Allons, allons ! rétorqua-t-il. C'est merveilleusement situé, sur la route côtière entre Malibu et Santa Monica. Comment rêver d'un meilleur emplacement ? De toute façon, si Charly l'a choisi, c'est que la position était stratégique, commercialement parlant, bien entendu.

Il s'interrompit, car le maître d'hôtel s'approchait, accompagnant le serveur qui poussait le chariot à plats.

– Pigeons à la Clamart avec jardinière de légumes, annonça le maître d'hôtel avec emphase et avec un accent français prononcé.

Lorsque ce dernier et le serveur se furent éloignés Bugsy reprit :

– Néanmoins, et comme je le disais tout à l'heure, Charly comprend les choses... Il est prêt à traiter et m'a envoyé en Californie dans ce but, comme je vous l'ai expliqué au téléphone.

Il commença à manger. Elle l'imita, mais du bout des lèvres.

– A traiter ?

– Charly veut vingt-cinq pour cent des bénéfices au lieu de soixante-quinze comme par le passé. C'est raisonnable, non ? Je pense que vous devriez accepter.

Elle grignotait une aile de pigeon, l'air absent.

Il insista :

– Ça vous convient ?

– Je ne suis pas seule en cause, fit-elle remarquer.

– Roland West ?

Elle hocha affirmativement la tête.

– Vous avez été bien imprudente d'autoriser que le Sidewalk Café soit placé au nom de sa femme. Elle s'appelle Jewell, n'est-ce pas ? Jewell West...

– Oui.

Elle abandonna l'aile de pigeon et s'attaqua avec enthousiasme aux petits pois et aux haricots de la jardinière de légumes.

– Vous n'aimez pas le pigeon ? s'inquiéta-t-il.

– Vous oubliez que je sors d'une réception chez Ida Lupino. Je n'ai pas très faim.

– Pourtant, vous engloutissez les petits pois et les haricots tout comme si vous mouriez de faim !

– J'adore les légumes.

– Qu'avez-vous décidé en ce qui concerne la proposition de Charly Lucky ?

Elle éluda :

– Je réfléchirai.

Elle vida d'un trait sa coupe de champagne et Bugsy s'empressa de la remplir. Une lueur qu'il connaissait bien dansait dans les yeux de la jeune femme. D'un ton brusque elle demanda :

– Etes-vous réellement un avocat ? Ou bien êtes-vous un gangster comme Charly ?

Il secoua la tête et posa sur l'actrice un regard parfaitement candide.

– Ni l'un ni l'autre, répondit-il.

– Qu'êtes-vous alors ?

– Un monsieur-bons-offices, tout simplement. J'aime que les gens vivent en paix. Dès qu'un litige survient entre deux ou plusieurs personnes, je me propose immédiatement pour aller l'arranger.

Elle leva les yeux au plafond comme si la réponse la dépassait.

– Vous êtes un garçon étrange... murmura-t-elle. Vous ne ressemblez pas aux gens d'ici, je veux dire à la faune qui gravite dans le cinéma...

Elle poussa un soupir et ajouta :

– Vous êtes très beau. Vous feriez un acteur sensationnel. Vous n'avez jamais pensé à faire du cinéma ?

– Non. De toute façon il faut connaître quelqu'un pour s'y faire introduire. Sinon, on végète.

Il évita de préciser qu'il connaissait de longue date George Raft, l'acteur qui montait en flèche. Elle n'avait pas besoin de le savoir, car le danger existait qu'elle se rue au téléphone et qu'elle demande à ce bon vieux George de se joindre à eux. Or, il était préférable de tenir George dans l'ignorance du fait qu'il se trouvait en Californie à deux pas de chez lui.

– Vous y connaissez quelqu'un, à présent...

Elle enfonçait le pieu avec un mouton de vingt tonnes, se dit-il, amusé.

– Vous feriez la pige à Clark Gable, à Gary Grant, à Robert Taylor et à bien d'autres !... poursuivait-elle avec excitation.

– Vous savez de quoi vous parlez. Vous êtes vous-même une très grande actrice. Savez-vous que j'ai vu tous vos films ? Tous sans exception !

– Vous êtes-vous inscrit à mon club de fans ? s'enquit-elle un peu ironiquement.

– J'y songerai...

– Peter...

Elle avançait sa main entre les coupes emplies de champagne et se saisissait de la sienne. Il posa sa fourchette et son couteau.

– Vous avez déjà terminé vos petits pois et vos haricots ? s'émerveilla-t-il.

– Je vous ai dit que j'aimais les légumes.

Elle dardait ses yeux dans les siens.

– Peter, je vous en supplie, implora-t-elle. Oublions tous les deux les affaires et Charly Luciano.

– Je suis d'accord.

– Après ce merveilleux dîner nous pourrions nous retrouver dans un coin tranquille... ?

– Où ?

– Euh... voyons... dans mon garage, par exemple ? Ecoutez. Voici ce que nous allons faire. La limousine que j'utilise est une voiture de location avec chauffeur. Naturellement, je dois l'emprunter pour rentrer chez moi. Vous, vous avez une voiture ?

– Oui.

– Parfait. Nous allons opérer de la manière suivante : Je rentre chez moi avec la limousine afin de ne pas exciter la curiosité du chauffeur. Je me fais déposer au garage, je renvoie le chauffeur et je vous attends. Vous laisserez votre voiture le long de la route. Le numéro de la propriété est le 17 531. Le nom de la propriété, à côté du Sidewalk Café, le Castillo del Mar. C'est facile à trouver. De toute façon, vous n'aurez qu'à suivre ma limousine à distance. Une fois entré et pour rejoindre le garage, vous verrez un escalier. Vous en grimperez les marches. Vous êtes en bonne forme physique ?

– Pourquoi ?

– Parce qu'il comporte très exactement deux cent soixante dix marches.

Bugsy sursauta.

– Deux cent soixante dix ?

– Cela vous fait-il peur de grimper deux cent soixante dix marches pour atteindre le septième ciel avec une star de Hollywood ? persifla-t-elle.

– Certainement pas ! protesta-t-il avec véhémence.

– Alors, c'est d'accord ?

– C'est d'accord.

« Le grand Jury a rendu un verdict de suicide dans l'affaire Thelma Todd, contredisant ainsi le coroner qui, lui, avait conclu à une mort accidentelle.

« On se souvient que la célèbre star de cinéma de

Hollywood avait été découverte morte dans la matinée du dimanche 15 décembre 1935. Son corps était affalé sur le volant de sa Packard, quelques gouttes de sang avaient séché sur son visage et ses vêtements étaient quelque peu en désordre. La voiture était parquée dans le box particulier réservé à la vedette dans le garage du Sidewalk Café qu'elle gérait conjointement avec Roland West, producteur et metteur en scène de cinéma.

« L'autopsie pratiquée le jour même devait démontrer que l'actrice avait succombé à un empoisonnement par l'oxyde de carbone aux première lueurs de l'aube du dimanche 15 décembre. Parmi les aliments découverts dans l'estomac on découvrit des petits pois et des haricots. Or, l'enquête de la police sur les faits et gestes de Thelma Todd la veille de sa mort, soit le samedi 14 décembre, révéla que la vedette avait assisté dans la soirée à une réception donnée par une autre star de cinéma, Ida Lupino, au Trocadéro.

« Au cours de cette réception, fut-il prouvé, on n'avait pas servi de petits pois et de haricots.

« En outre, avant de quitter le Trocadéro, Thelma Todd déclara à ses amis qu'elle ne rentrait pas directement chez elle, mais qu'elle allait rencontrer un « jeune homme » sans donner d'autres précisions.

« Où la star s'était-elle donc rendue cette nuit-là ? Et en quelle compagnie ?

« La police ne put le découvrir.

« Trois thèses s'affrontaient : meurtre, accident, suicide.

« La première n'a pas retenu l'attention des enquêteurs. Ni du grand jury, d'ailleurs.

« En revanche, la seconde avait beaucoup de partisans. En effet, cette nuit-là, Roland West, le compagnon de l'actrice était absent. Or, les clés de la résidence de Thelma Todd, le Castillo del Mar, n'ont pas été retrouvées dans son sac à main. Les avait-elle perdues et, ne pouvant rentrer chez elle, s'est-elle réfugiée dans sa Packard en en laissant tourner le moteur afin de combattre le froid de la nuit ? C'est une thèse séduisante et qui expliquerait l'intoxication accidentelle.

« Mais, finalement, c'est celle du suicide qu'a retenue le grand jury.

« Et son verdict est souverain, ce qui signifie que, si Thelma Todd a bien été assassinée, d'une manière, d'ailleurs, absolument diabolique, son meurtrier est à présent hors d'atteinte, à supposer en outre que quelqu'un ait réellement envie de le retrouver....

« Car, enfin, d'où venaient les haricots et les petits pois.... ? »

Benjamin « Bugsy » Siegel replia le journal en décochant mentalement un coup de chapeau au reporter qui avait rédigé l'article. Il avait fait là du bon travail. Un « papier » bien mitonné qui laissait le lecteur sur sa faim.

Que demandait-on de plus à un bon journaliste ?

CHAPITRE XIII

Louis « Lepke » Buchalter décocha un clin d'œil de connivence à Bugsy.

– Je vais t'en raconter une bien bonne, Benny. Y a un type qui vient me voir ici. Un ingénieur des mines. Il a un permis de recherches du gouvernement vénézuélien pour une zone où il a découvert du minerai. Il est sûr de son coup et il a besoin d'un million de dollars pour commencer l'exploitation. Qu'est-ce qu'il fait ? Il s'en va prospecter du côté des banques. Seulement, la seule chose qu'il obtienne, c'est un grand zéro. La First National City ou la Chase Manhattan, elles ne sont pas chaudes pour prêter de l'argent à un type qui veut l'investir dans un pays aussi peu sûr politiquement que le Vénézuéla. A ce moment-là, le type, il entend parler de moi. Donc, il vient me voir et m'expose son problème. Je passe quelques coups de téléphone, je vois qu'il est solvable, et je lui dis okay, qu'il attende dans le couloir, qu'il aura le fric dans une heure. Le type, il est tout émerveillé, il me remercie comme si je lui avais sauvé la vie, il me demande pourquoi je n'ouvrirais pas une banque, et à la fin de son blablabla, il devient inquiet et dit : « Mais, et les formalités, les papiers pour le répondant, pour la garantie ? » Moi, je le regarde bien dans les yeux et je lui lâche : « Pourquoi diable aurions-nous besoin de perdre du temps à accomplir des formalités, à faire des papiers ? Le répondant, la garantie du prêt, c'est votre propre vie, mon pote ! » Mon vieux Benny, tu aurais dû voir la tête du type !

Bugsy éclata de rire.

– Et la *vig*[1] a été de combien ?

– Quatre-vingt-mille dollars par semaine.

Bugsy émit un sifflement approbateur.

– Tu ne t'emmerdes pas.

– Comme tu dis. et toi, tes affaires, ça marche ? Entre parenthèses, chapeau pour le coup de Thelma Todd. Du sur mesures.

Bugsy s'était renfrogné.

– Il y a l'histoire Tony Fabrizzo qui ressort. Mon alibi de l'hôpital est en train de s'envoler en fumée. Un truc qui date de quatre ans !

Lepke Buchalter hocha la tête avec sympathie.

– C'est ce foutu Thomas Dewey qui nous mène la vie dure. Je me demande si Dutch Schultz n'avait pas raison finalement. On aurait dû buter Dewey plutôt que Schultz. Dire que moi j'ai voté contre la mort pour Dewey.

– Et qu'est-ce qui est arrivé ? renchérit Bugsy. Charly Lucky est en prison. Il vient d'attraper de trente à cinquante ans de taule ! Il n'en sortira jamais, le pauvre Lucky ! L'air est malsain à New York !

Il observait attentivement l'effet de ses paroles sur Lepke Buchalter. Le front de celui que les journaux allaient appeler sous peu le « tsar du crime » était plissé, soucieux.

– C'est Dewey qui a expédié Charly Lucky, ragea soudain Lepke. Et il risque de nous avoir tous, les uns après les autres ! Tous, tu m'entends ? Il a avec lui une équipe d'incorruptibles, tout comme au temps de Chicago quand ils essayaient de faire tomber Al. Et ils y sont parvenus ! Et où est Al maintenant ?

– A Alcatraz, termina Bugsy.

Il prit son inspiration et lâcha :

– Il faut se reconvertir, Lepke. J'y songe depuis longtemps. J'ai procédé à une étude très sérieuse d'un coin où aucun de nous n'a jamais mis les pieds.

1 Abréviation de *vigorish*, mot d'argot américain signifiant : intérêt.

– Lequel ? s'informa aussitôt Buchalter.

– La Californie du Sud, Los Angeles, Hollywood, tout ça... Il y a des millions de dollars à prendre là-bas et personne n'y a pensé !...

Il rectifia avec orgueil :

– Sauf moi.

Buchalter paraissait intéressé. Il demanda :

– Comment tu vois la chose ?

Bugsy se trémoussa d'aise dans son fauteuil.

– Comme je le disais à l'instant, j'ai fait une étude extrêmement sérieuse, je ne parle pas en l'air.

Il se saisit de sa serviette en magnifique cuir de Russie et l'ouvrit. Il en sortit un épais dossier et le déposa sur le bureau de Lepke.

– Consulte-le, Lepke. A tête reposée et passe-moi un coup de fil quand tu auras terminé. Tu me diras ce que tu en penses. Si c'est okay avec toi, j'aurai besoin de ton soutien pour soumettre l'affaire au Syndicat.

Il se leva et quitta la pièce.

Bugsy posa le canon de son colt 32 sur le front de George Raft qui venait d'ouvrir la porte de sa luxueuse chambre à l'hôtel Waldorf Astoria.

– Je suis venu chercher les cent dollars que tu m'as empruntés il y a dix-huit ans et que tu ne m'as jamais rendus ! annonça-t-il, la mine farouche, et en tordant le coin de la bouche comme le faisait George Raft dans ses rôles de gangster à l'écran, dans *Scarface* ou dans *Invisible Stripes*.

Les yeux fous de terreur, l'acteur hoquetait en reculant à l'intérieur de la chambre. Bugsy éclata de rire et rengaina son arme.

– Okay, George, ricana-t-il, ce n'est pas Edward G. Robinson, Humphrey Bogart, James Cagney ou Barton Mc Lane que tu as devant toi, mais un vrai gangster ! Avec une arme qui n'est pas chargée à blanc ! Ça ne fait pas le même effet, hein ?

– Tu es... tu es complètement dingue !... bégaya la

vedette de Hollywood. Pas étonnant qu'on te surnomme Bugsy !...

Le regard de Benjamin Siegel se vida instantanément de toute expression.

– George, martela-t-il d'une voix glaciale, tu es un ami, même si on ne s'est pas vus depuis des années. Alors, tu m'appelles Ben ou Benny, ou si tu as des complexes, Monsieur Siegel, mais certainement pas Bugsy. Tiens-toi le pour dit. Que je n'entende jamais plus ce nom dans ta bouche.

Il accompagna ses paroles d'un geste expressif en direction du holster où il avait rengainé son colt.

– Tu es peut-être un caïd à Hollywood, devant une caméra, George, ajouta-t-il du même ton, mais ici, à New York, ta vie ne vaut pas plus cher que celle d'un clochard de Bowery...

Livide, l'acteur se laissa tomber dans un fauteuil. A une vitesse stupéfiante, le visage de Benjamin Siegel s'était métamorphosé.

– Okay, George, on a eu des mots, mais c'est terminé. On va parler affaires...

George Raft sursauta.

– Affaires ?

Bugsy le rassura d'un geste.

– Affaires, mais pas d'argent. Ta dette de cent dollars qui, depuis, a fait des petits, tu vas la rembourser d'une autre manière qu'en numéraire. Pas de fric, non. De l'influence, c'est ce dont j'ai besoin.

Il lut l'incompréhension dans le regard de l'acteur. Patiemment, il expliqua :

– J'ai l'intention d'aller m'établir en Californie du Sud, et quel meilleur endroit choisir que Hollywood ? Un climat idéal, des gens agréables à vivre, le luxe à tous les échelons, des résidences paradisiaques, le rêve à la chaîne, et de l'argent à gogo. Tout à fait ce qui me convient. Seulement, pour profiter au maximum des avantages qu'offre Hollywood, il faut être introduit dans les cercles les plus fermés. Qui peut donc m'introduire dans ces cercles-là sinon un acteur coté, à la renommée mondiale ?

Il eut un geste magnanime.

– Je t'ai choisi, toi, George Raft, pour ce rôle qui te changera agréablement de ceux que tu joues habituellement à l'écran. J'espère que tu saisis tout l'honneur que je te fais ?

L'acteur reprenait de l'assurance.

– Que comptes-tu faire à Hollywood ? s'informa-t-il avec intérêt.

Bugsy éluda.

– Je verrai sur place.

– Tu as des ennuis ici ? insista l'inoubliable interprète de *Scarface.* J'ai lu dans les journeaux que ton vieil ami Lucky Luciano avait été enfermé pour trente ans à Dannemora.

– De trente à cinquante ans, rectifia Bugsy. Et Dannemora est le dernier des endroits au monde où Lucky va se plaire. Le pénitencier est situé près de la frontière canadienne et les détenus l'appellent la « Sibérie ». Lucky n'a pas eu de chance. Il est tombé sur Thomas Dewey, un procureur féroce, impitoyable, incorruptible. Il l'a fait arrêter à Hot Springs dans l'Arkansas et extrader ici, à New York, sous l'inculpation de contrainte à la prostitution. Lucky n'y a pas cru. Il était persuadé que l'accusation s'effondrerait d'elle-même. Il était trop sûr de lui. Ces derniers temps, d'ailleurs, ce vieux Lucky se croyait un peu trop le *capo di capi* de New York. Il est tombé de haut. Dewey s'est montré plus vicieux que lui. D'un magasin à épouvantails il a sorti quelques échantillons d'anciennes putes rongées par l'alcool et la drogue qui toutes ont témoigné contre Lucky en échange de la promesse qu'elles pourraient en prison continuer à assouvir leurs vices. Les avocats de Lucky étaient naïfs. Ils sont tombés dans le piège tendu par Dewey. Ce n'est pas à moi qu'une chose pareille serait arrivée !...

Il se redressa avec orgueil.

– Pas à Benjamin Siegel !

Mal à l'aise, George Raft se taisait. Au bout d'un moment, il remarqua :

– On n'a encore jamais vu un gangster évoluer dans les cercles de Hollywood !

Bugsy esquissa un sourire narquois.

– Je vais te dire trois choses, George, contra-t-il.

D'abord, tu ne sais pas du tout si on a vu ou non un gangster évoluer dans les cercles de Hollywood. Ensuite, même si cela était, ce n'est pas une raison suffisante pour qu'on n'en voie pas un jour ! Enfin, tu ne devrais pas faire la fine gueule. N'oublie pas que tu es né à Hell's Kitchen. C'était plein de gangsters là-bas. Toi-même, d'ailleurs, entre deux leçons pour devenir acteur, n'as-tu pas un peu tâté du *bootlegging*[1] ?

– Messieurs, voici ma conclusion...

Benjamin « Bugsy » Siegel se tenait bien droit, l'œil un peu hautain, très sûr de lui, tout à fait dans l'attitude d'un grand patron présidant le conseil d'administration de sa société.

Son regard se promena sur les assistants à la réunion, Louis « Lepke » Buchalter, Frank Costello, Meyer Lansky, Abner « Longy » Zwillmann du New Jersey, Charly Fischetti de Chicago, Albert Anastasia de Brooklyn, Joe Adonis de Manhattan, Dandy Phil Kastel de Louisiane, Frank Ericson de Floride, Charlie « King » Solomon du Massachusetts, et encore les deux frères Mangano, Philip et Vincent, Joe Profaci, Gaetano Gagliano...

– ... L'industrie cinématographique offre des débouchés formidables qui, à l'heure actuelle, restent inexploités par nous. Il y a là une anomalie. En outre, la Californie du Sud, et avec elle, Los Angeles, est en pleine expansion. Avec les bruits de guerre qui courent de ci de là, des usines d'aviation s'installent en Californie, ou bien s'agrandissent, comme Boeing et Douglas Aircraft.

1 En 1961 Hollywood fit un film sur la vie de George Raft largement inspiré par ce dernier et intitulé *The George Raft Story* (Mise en scène : Joseph M. Newman. Avec Ray Danton dans le rôle de Raft et Neville Brand dans celui de Capone). Ce film racontait, entre autres choses, la jeunesse « aventureuse » de l'acteur et ses relations avec Bugsy Siegel. On y voyait même un affrontement direct entre Raft et Al Capone au sujet du film *Scarface*, alors qu'à la sortie du film, Al Capone était en prison depuis deux ans !...

Cela suppose de nouveaux salaires offerts et, par conséquent, une plus grande prospérité pour la population californienne, de plus grandes ressources qui devront bien être dépensées quelque part. Pourquoi pas dans les loisirs ? Le jeu, par exemple. Les courses de chevaux... Il y a là une manne en perspective qui nous échappe. Nous devons absolument nous placer en bonne position dès à présent.

La Californie est un terrain vierge. A nous de lui prendre son pucelage !

Lepke Buchalter approuvait énergiquement de la tête.

– Je suis pour ! lança-t-il à la cantonade.

– Moi aussi ! ajouta précipitamment Meyer Lansky qui devinait que, si la proposition était acceptée à la majorité du Conseil, ce serait Bugsy qui serait désigné, et cette nomination pour le poste de représentant du Syndicat en Californie le débarrasserait d'un associé qu'il commençait à trouver par trop ambitieux et encombrant.

– C'est pas idiot... bougonnait Joe Adonis. Tout ce fichu pognon qui se trimballe sans qu'un gars un peu astucieux lui mette la main dessus...

Albert Anastasia, qui était l'exécuteur des basses œuvres du Syndicat et qui convoitait la fonction d'exécuteur des hautes œuvres que détenait Bugsy Siegel, raisonnait dans son for intérieur très exactement comme Meyer Lansky. Il approuva chaudement.

– On ne peut pas laisser échapper tout ce fric !... intervint-il de sa voix rauque.

– La Californie est loin. Personne n'a jamais eu l'idée d'y mettre les pieds. Pourquoi ne pas faire un essai ? suggérait Frank Costello.

– Moi, ça ne me gêne pas, ricana Frank Ericson. La Californie est à l'opposé de la Floride, de toute manière !

– Je connais bien la Californie, intervint Abner « Longy » Zwillmann. Benny a raison. C'est un coin dont on devrait s'occuper !

Ils retenaient tous un sourire ironique. Il était de notoriété publique qu'Abner « Longy » Zwillmann protégeait la star la plus célèbre de Hollywood : Jean Harlow. Il en était même amoureux fou, au point d'avoir fait une offre publique d'achat des poils du pubis de l'actrice lorsque ceux-ci avaient été rasés préalablement à une opération de l'appendicite subie par la vedette.

– Pourquoi qu'on mettrait pas aux voix ? rocailla Charly Fischetti, le successeur d'Al Capone à Chicago, ça éviterait de perdre du temps à écouter l'avis de chacun !

La proposition de Benjamin « Bugsy » Siegel fut adoptée à l'unanimité, moins une voix, celle de Dandy Phil Kastel qui régnait sur la Louisiane. Le jeu était sa spécialité et la Louisiane n'était pas tellement loin de la Californie, estimait-il. Sans rien en dire à personne, il avait déjà poussé une pointe de ce côté-là, à travers le Texas, le Nouveau-Mexique et l'Arizona. Aussi voyait-il d'un mauvais œil l'initiative prise par Bugsy Siegel. Mais il dut se conformer à la décision générale.

Lorsque le vote fut acquis, Charlie « King » Solomon, de Boston, lança :

– Mais qui va prendre la direction des opérations en Californie ?

Un peu inquiet, Bugsy jeta un regard rapide du côté de Lepke Buchalter. Ce dernier, comme il l'avait promis, appuya aussitôt sa candidature :

– Benny a eu l'idée de la chose. C'est normal que la direction des opérations lui revienne. Bien sûr, ce ne serait pas le cas si Benny n'était pas qualifié pour le job. Mais personne ici ne peut prétendre que Benny n'a pas fait ses preuves. De plus, dans la répartition des territoires, il n'a pas toujours eu la part qu'il méritait. Je suis toujours d'avis de réparer une injustice. De plus, on n'a plus besoin de lui ici pour les « contrats » difficiles. Albert et les gars de Brooklyn ont fait leurs preuves, eux aussi. Ils sont capables de prendre la relève sans que Benny soit dans les parages.

Albert Anastasia rayonnait. Perfidement, il enfonça un autre clou :

– Et puis Benny a des ennuis avec son alibi pour le « contrat » Tony Fabrizzo. Le coup de l'hôpital est éventé et l'alibi est en train de s'envoler en bulles d'air !

– C'est vrai, appuya Meyer Lansky. L'air devient

irrespirable pour Bugsy à New York. Il devrait aller prendre des vacances en Californie.

Bugsy Siegel restait froid et calme. Les choses s'engageaient merveilleusement bien, estimait-t-il, même si les intentions de ceux qui approuvaient sa nomination n'étaient pas entièrement désintéressées.

Toujours mesuré, débonnaire, Frank Costello commença à parler et chacun l'écouta respectueusement, sachant que ses paroles étaient toujours empreintes de la sagesse la plus extrême.

– Benny me semble le plus qualifié de nous tous pour d'autres raisons aussi, annonça-t-il de sa voix dans laquelle perçaient encore des traces d'accent calabrais. Il est beau, il plaît aux femmes, il s'habille merveilleusement bien, il a acquis d'excellentes manières grâce à Arnold Rothstein, à Big French Lemange et à sa femme Esther. De plus, il lit des ouvrages sérieux et il parle comme un gars sorti de Harvard. Qui d'autre pourrait plaire comme lui aux producteurs et aux vedettes de Hollywood ? Je vote pour Benny.

Les deux premiers à voter pour Bugsy après Frank Costello furent Meyer Lansky et Albert Anastasia... Les autres suivirent comme un seul homme, à l'exception de Dandy Phil Kastel qui, jusqu'au bout, avait entretenu l'espoir que ce serait lui qui serait désigné pour occuper le poste, et il s'apprêtait justement à poser sa candidature lorsque Lepke Buchalter lui avait coupé l'herbe sous le pied.

Bugsy triomphait mais il n'en laissa rien paraître. Il se força au calme et ne se départit pas de sa froideur.

– Il reste une question à régler, fit remarquer Joe Adonis. Celle des parts.

Que les autres prennent des parts dans les opérations californiennes qu'il allait monter ne plaisait pas du tout à Bugsy. Certes, il acceptait qu'ils financent son installation, mais c'était tout. Pas d'immixtion dans ses affaires !

Cependant, sur ce point, il n'obtint pas gain de cause. Un viatique d'un million de dollars fut voté, afin que le train soit mis sur rails, la part de chacun fut comptabilisée dans le grand livre secret du Syndicat, et la scéance fut levée.

Dans le brouhaha des conversations d'après-conseil, Abner « Longy » Zwillmann s'approcha de Bugsy. Il commença par lui tapoter familièrement l'épaule en le félicitant :

– Bien joué, Benny. Tu vas être ton maître en Californie. Tu t'es débrouillé comme un crack.

Bugsy sourit de plaisir. Il aimait bien « Longy », et savait que ses compliments étaient sincères.

– Tu auras besoin d'introductions, là-bas à Hollywood, poursuivait Zwillmann, l'air rêveur. J'y ai justement une amie...

– Ah ! oui ? Qui ? fit Bugsy, faussement candide.

– Jean Harlow.

Bugsy feignit d'être stupéfié.

– Tu la connais ?

Zwillmann se rengorgea.

– C'est ma petite amie. C'est moi qui l'ai lancée à Hollywood. Sans moi elle ne serait qu'une figurante sans talent avec un affreux accent de Kansas City[1] qui la ferait prendre pour une péquenaude. C'est moi qui l'ai financée, qui ai tout payé pendant qu'elle crevait de faim entre sa mère et son beau-père, Marino Bello. Marino Bello avait travaillé pour nous, c'est comme ça d'ailleurs que j'ai connu sa belle-fille. En tout cas, si les studios ont fini par lui faire faire des bouts d'essai, c'est bien parce que papa Longy a semé les billets de banque sous ses chaussures à hauts talons !

– Alors, elle n'a rien à te refuser, conclut Bugsy en parvenant à poser sur son visage un masque d'admiration extasiée.

Zwillmann sourit avec fierté.

– Comme tu dis...

Une pensée soudaine lui frappa l'esprit.

– En réalité, Benny, le véritable précurseur de la prospection à Hollywood, ce n'est pas toi, mais bien moi ! ...

1 Jean Harlow, de son vrai nom Harlean Carpentier était née à Kansas City, Missouri, le 3 mars 1911.

Bugsy sourit mais ne fit pas de commentaires.

– Donc, tu connais Jean Harlow ? reprit-il.

– Tu parles ! Et je m'en vais lui passer un coup de fil ce soir même. Qu'elle te dorlotte et qu'elle t'introduise dans ce qui se fait de mieux à Hollywood ! ...

CHAPITRE XIV

Benjamin « Bugsy » Siegel débarqua à Hollywood au début de 1937. Il avait trente et un ans. Il était seul. La première chose qu'il fit fut de rechercher une résidence. Il en découvrit une sur les hauteurs de Holmby Hills. Elle était absolument somptueuse, comportait trente-cinq pièces, avec plusieurs piscines dont une était tellement grande qu'elle le fit s'exclamer :

– On dirait le grand Lac Salé !

Une des salles de bains lui inspira immédiatement une passion folle. Elle était aussi vaste que la moitié du hall de Grand Central Station à New York et était entièrement construite en marbre marron.

La résidence coûtait deux cent cinquante mille dollars. Il l'acheta sur le champ et paya *cash* en s'amusant des yeux ronds de l'agent immobilier, écarquillés sur la mallette ouverte sur les genoux de Bugsy et débordante de billets de banque.

Le temps de louer les services d'un décorateur, le meilleur décorateur de Hollywood, celui qui était la coqueluche de Gary Cooper, de Clark Gable, de George Raft et de Jean Harlow, et qu'il rémunéra avec munificence afin de l'inciter à travailler à une vitesse météorique, et la villa de trente-cinq pièces était prête à accueillir Esther et leurs deux filles, Millicent et Barbara.

La villa de Holmby Hills était la face émergée de l'iceberg. Parallèlement, Bugsy avait discrètement fait l'acquisition d'une autre villa beaucoup plus modeste, située dans Laurel Canyon Boulevard qui relie Ventura Boulevard à Sunset Boulevard, et qu'il avait fait aménager par un autre décorateur, moins connu que le premier, mais aussi beaucoup moins cher.

C'était là qu'il avait établi son quartier général. La première personne qu'il y convoqua fut Jack I. Dragna, alias Anthony Rizzotti. C'était un survivant des Vêpres Siciliennes de 1931 qui avaient vu l'élimination des « Pépés Moustaches » de la bande de Salvatore Maranzano. Pour échapper à un sort fatal, il s'était réfugié en Californie où il était parvenu à bâtir à Hollywood un petit royaume uniquement axé sur le jeu. Depuis 1931, il s'était réconcilié avec « New York », mais évitait d'y remettre les pieds tant sa sagesse était grande.

– Les grands chefs ne t'en veulent pas, Jack, attaqua Bugsy. D'ailleurs, le seul qui aurait pu avoir des crosses contre toi, c'est Charly Lucky et Charly Lucky est à Dannemora où il crève de froid sous les bourrasques du blizzard qui souffle du Canada. Les autres, Meyer, Joey A, Lepke, Oncle Frank[1] ou Double A[2] n'ont aucune raison de t'en vouloir. Au contraire. Ils savent que tu te débrouilles pas mal ici, à ton échelon, bien sûr. On a donc décidé de t'intégrer. Tu vas participer à nos opérations. Désormais, tu fais partie de l'Organisation. Et, à ce sujet, j'ai une bonne nouvelle à t'annoncer. Tu es mon lieutenant numéro un. A partir de maintenant, c'est moi qui commande en Californie. Tous les ordres viendront de moi. Tout passera par moi. Quant à tes hommes, tu me feras un topo sur eux. Ceux qui sont valables, on les intégrera. Les autres, il faudra qu'ils s'étouffent ou qu'ils émigrent ailleurs. Sinon, Brooklyn les mettra au pas.

Jack Dragna fit la grimace. Il avait entendu parler de Brooklyn, de Double A et de ses tueurs à gages à l'efficacité sans failles. Ils arrivaient par le premier avion, exécutaient le « contrat » et, la « cible » une fois expédiée dans un monde réputé meilleur sans que personne n'en sache rien d'ailleurs, repartaient comme ils étaient

1 Frank Costello.
2 Surnom d'Albert Anastasia, à cause de ses initiales.

venus. C'était un homme très intelligent, taciturne, à l'apparence terne qui haïssait la lumière et préférait travailler dans l'ombre. Il était plus âgé que Bugsy et les épreuves innombrables traversées depuis son enfance misérable à Brooklin avaient glacé son regard d'un voile impénétrable. Son visage était laid et le seul qualificatif que l'on s'accordait généralement à accoler à sa personne était « sinistre ». Mais son intelligence était vive, particulièrement lorsqu'il s'agissait de jauger des hommes qui appartenaient au même monde que lui. Tout de suite, il avait reconnu en Bugsy, dont l'énergie filtrait par chaque pore de la peau, celui qui pouvait l'arracher à la médiocrité dans laquelle il végétait et lui faire gravir les échelons de la hiérarchie dans ce que l'on nommait avec respect sur la Côte Ouest le Syndicat.

En outre, la réputation de Benjamin Siegel (ne jamais l'appeler Bugsy, souviens-toi, se disait-il) était quand même parvenue jusqu'à lui. N'était-il pas celui qui avait présidé à l'élimination des « Pépés Moustaches » ?

– Okay, j'accepte, répondit-il, toujours laconique.

– Rappelle-toi, Jack, clama Bugsy dans un élan d'enthousiasme, nous allons faire de grandes choses ici en Californie ! Le coin est bourré de dollars. Une bonne partie va tomber dans nos poches !

Cette première étape franchie, Bugsy alla trouver George Raft.

– Tu vas donner une soirée, ordonna-t-il. Avec tout le gratin de Hollywood. En l'honneur de ton meilleur ami, Benjamin Siegel, tout droit en provenance de New York et qui a décidé de s'établir ici. Attention ! Pas une surboum pour *teenagers* ! La crème de Hollywood ! Des producteurs, des vedettes, mâles et femelles, des metteurs en scène ! Je veux Cecil B. De Mille. Ah ! oui !... On m'a dit que Louis Armstrong se promène dans le coin. Engage-le à n'importe quel prix. Compris ?

– Sûr. Rien de plus facile, assura George Raft. Si je dis à Louis de venir, il viendra.

– Parfait. Un de ses grands succès, c'est *When the Saints go marchin'in.* J'arriverai un peu en retard, mais quand je ferai mon apparition, je veux qu'il entonne, lui-même, de sa voix éraillée, *When Benny goes marchin'in* sur l'air de *When the Saints*. Ça fera un effet bœuf.

L'acteur faillit hoqueter de surprise.

– Tu ne crois pas que tu exagères, Benny ? tenta-t-il timidement de faire remarquer.

– Louis Armstrong joue de la trompette, n'est-ce pas ? répliqua Bugsy. Et les trompettes de la renommée, tu as entendu parler ?

Le jour de la réception donnée par George Raft, Bugsy arriva avec deux heures de retard. Au bras de Jean Harlow, à la stupéfaction générale. Comme prévu, Louis Armstrong entonna *When Benny goes marchin'in* et poursuivit avec des paroles de son improvisation :

Ev'ryone wants to be with him
Oh ! When Benny goes marchin'in
Oh ! When Benny goes smilin'in
Ev'ryone wants to smile with him...

Le succès fut prodigieux. Il y avait là Gary Cooper, Clark Gable, Tyrone Power, Errol Flynn, Wallace Beery, les Marx Brothers, Edward G. Robinson, Samuel Goldwyn, Robert Taylor, Marion Davies, Carole Lombard, Lupe Velez, Carole Landis, Stan Laurel et Oliver Hardy, Ramon Novarro, Cecil B. De Mille, Jeannette Mc Donald, Maurice Chevalier, Dick Powell, Walt Disney, Joan Crawford, Constance Bennett, Linda Darnell, et bien d'autres acteurs, actrices, producteurs et metteurs en scène.

D'abord, Bugsy avait fait son entrée au bras de Jean Harlow. A l'époque, elle représentait le sexe dans toute sa splendeur. On assurait que la fameuse scène de *Red Dust* où, aux trois-quarts nue, elle se livrait à une lutte épique avec Clark Gable, faisait monter la température de dix degrés dans les salles de cinéma où le film était projeté. Ses cheveux platinés étaient célèbres jusqu'au fin fond de la Papouasie. Elle avait un corps de déesse, savait adopter des poses lascives dans ses films, des moues faussement mutines, et il se dégageait de toute sa personne une sexualité provocante. Le revers de la médaille, c'étaient son visage assez banal, sa voix vulgaire et son absence de talent.

Douze ans plus tard, Marilyn Monroe prendrait modèle sur elle, la copie valant l'original...

Jean Harlow était sans doute, en ce début de l'année 1937, l'actrice la plus adulée du monde. Les plus grands acteurs masculins de Hollywood l'avaient tenue dans leurs bras, de Clark Gable à Cary Grant en passant par Robert Taylor, Franchot Tone, James Cagney et Spencer Tracy. Ses films étaient des succès au box-office : *Red Dust, Public Enemy, Girl from Missouri, China Seas, Hold your man*, et bien d'autres. En outre, en ce qui concernait plus particulièrement l'étroite société hollywodienne, elle était de celles qui avaient défrayé la rubrique scandaleuse de la cité de la pellicule. Le jour même de son mariage avec Paul Bern et à l'issue de la nuit de noces elle avait dû appeler un ami à l'aide par téléphone. L'époux s'était révélé un affreux sadique, totalement impuissant, qui au lieu de remplir son devoir conjugal s'était acharné à frapper sa femme pendant des heures au point de manquer la tuer. Lorsqu'elle était sortie de cette séance cauchemardesque, son corps était couvert de bleus, d'hématomes qui avaient nécessité son hospitalisation et l'avaient empêchée de tourner pendant plusieurs mois. Dix semaines après cette nuit de noces hors du commun, le 5 septembre 1932, Paul Bern était découvert tout nu dans la chambre à coucher de l'actrice, entièrement tapissée de blanc. Une balle de calibre 38 lui avait fait sauter la tête.

A peu près à cette date, Abner « Longy » Zwillmann avait fait un voyage-éclair en Californie à partir de sa base de Newark dans le New Jersey. Il était accompagné de deux garçons au fort accent de Brooklyn, Pittsburgh Phil et Dasher Abbandando...

Le lendemain de la mort de Paul Bern, on retrouvait son ex-femme, Dorothy Milette, noyée dans la Sacramento River...

Tout le monde pensa que c'était Dorothy Milette qui avait assassiné son ex-mari avant de se suicider...

Le scandale avait été énorme. Mais, contrairement à d'autres du même genre survenus dans le passé, celui-ci n'avait provoqué aucun dommage à la carrière cinématographique de Jean Harlow qui, lorsque les producteurs se montraient réticents à son égard, se voyait remise en selle par l'argent expédié du New Jersey par Abner « Longy » Zwillmann.

Après un autre bref mariage avec le caméraman vedette de la Métro Goldwyn Mayer, Hal Rosson, Jean Harlow avait partagé un temps la vie frénétique de Howard Hughes avant de se lancer dans une quête effrénée du plaisir avec les mâles beaux et forts qui pullulaient à Hollywood, en donnant libre cours à sa nymphomanie. Comme disait Joan Crawford : « Elle n'a aucun talent sur l'écran, mais, en revanche, elle sait déboutonner les braguettes ».

L'entrée de Benjamin Siegel en compagnie de Jean Harlow à la réception donnée par George Raft provoqua donc la sensation. L'actrice, en général, ne se commettait pas avec des vagabonds. En outre, bien que le monde cinématographique de Hollywood soit un monde clos, le nom de Benjamin Siegel était quand même parvenu jusqu'aux oreilles des gens qui étaient réunis là. De plus, le nouveau venu était merveilleusement beau, ceci uniquement aux yeux des femmes présentes, superbement habillé, son sourire était radieux, ses manières gracieuses et raffinées et, pour finir, c'était un **vrai gangster** !

Et les épidermes picotaient d'excitation sous les smokings et les robes de soirée...

Un vrai gangster !

Depuis *Little Caesar* avec Edward G. Robinson, Douglas Fairbanks Junior et Glenda Farrell, sorti en 1931, le film de gangsters se portait bien à Hollywood. Certains acteurs s'étaient fait une spécialité du genre. Le numéro un pour cette catégorie de rôles était James Cagney, suivi par Edward G. Robinson (*Little Caesar*), (*The Whole town's Talking*), (*Toute la ville en parle*) George Raft (*Scarface*), (*You and Me, Casier judiciaire*) Paul Muni (*Scarface*), (*I'm a fugitive from a chain gang, Je suis un évadé*), Humphrey Bogart (*Angels with dirty faces, les anges aux figures sales*), (*The Roaring Twenties*). James Cagney, lui, détenait la palme, avec *The Roaring Twenties, Public Enemy Angels with dirty faces, G-Men.*

En tout, depuis 1931, la Paramount, la Warner Bros, la Columbia, la Metro-Goldwyn-Mayer, la Twentieth-Century Fox, United Artists, Universal et les Sam Goldwyn Productions, les huit grandes firmes cinématographiques de Hollywood de l'époque, avaient produit plus de cent films de gangsters, soit environ vingt par an. Dans leur majorité, ces films racontaient des faits réels légèrement ou largement romancés et mettaient en scène des personnages ayant existé et dont certains avaient été les amis de Benjamin Siegel. Il y avait eu des films sur Al Capone, sur Charles Lucky Luciano, sur Bugs Moran, sur Dion O'Bannion, sur Big Bill Dwyer, sur Vincent « Mad Dog » Coll, sur Joe-le-Patron, sur Valenti, sur Salvatore Maranzano.

Et voilà qu'un VRAI GANGSTER, en chair et en os, un ami de Lucky Luciano, de Meyer Lansky, de Frankie Costello, de Louis « Lepke » Buchalter, qui défrayaient la chronique des journaux, dont on disait qu'il avait un nombre incalculable de meurtres à son crédit, daignait honorer de sa présence une soirée à Hollywood ! Les croupes féminines à la soirée donnée par George Raft en frétillaient d'aise...

Par ailleurs, un autre élément jouait en faveur de Benjamin Siegel.

Il était juif.

Hollywood comptait une importante colonie juive. D'abord, dans leur immense majorité, les producteurs. De Samuel Goldwyn à William Fox, en passant par Louis B. Mayer, les frères Warner, Darryl F. Zanuck, Carl Laemmle, David Selznick, Adolph Zukor, Harry et Jack Cohn, Irving Thalberg, les frères Schenck. Ensuite, les metteurs en scène. Fritz Lang, Billy Wilder, William Wyler, Anatol Litvak, Ernst Lubitsch, Edward Dmytryk. Et, enfin, les acteurs, Edward G. Robinson, Paul Muni, Charlie Chaplin, Paulette Goddard, Luise Rainer, Douglas Fairbanks Junior, les Marx Brothers, Al Jolson, Jackie Coogan, Eddie Cantor, Melwyn Douglas, le compositeur Irving Berlin, et beaucoup de scénaristes et de dialoguistes.

Benjamin « Bugsy » Siegel le savait et il tablait sur son appartenance ethnique pour faire avancer ses pions sur l'échiquier, alors que lui-même ne prêtait aucune attention à ses origines raciales, et se moquait éperdument que quelqu'un fût juif, irlandais ou italien.

La soirée fut un succès, un événement dont Hollywood parla longtemps. Ils étaient éclipsés les acteurs spécialisés dans les rôles de gangsters et dont certains, par un courant effet de mimétisme, transplantaient dans la vie réelle les mimiques et les maniérismes de ceux qu'ils singeaient à l'écran.

Bugsy rayonnait. Il dansa avec Jean Harlow au son de la trompette de Louis Armstrong, avec Joan Crawford, avec Constance Benett, avec Carole Lombard, avec Lupe Velez, avec Jeannette Mc Donald, avec les plus belles actrices que comptait Hollywood à l'époque. Il dansa pendant des heures en se disant qu'il découvrait une vie nouvelle et que Hollywood était réellement l'endroit qui lui convenait le mieux au monde.

A l'issue de la soirée il ne rentra pas dans sa résidence de trente-cinq pièces où l'attendait Esther endormie. Il raccompagna Jean Harlow jusqu'à sa somptueuse villa. Il l'aida à sortir de la flamboyante Cadillac dont il avait fait l'acquisition dès son arrivée à Hollywood, et leurs pas crissèrent sur le fin gravier de l'allée jusqu'à ce que l'actrice s'arrête, lui saisisse spontanément la main en la broyant entre ses doigts et en murmurant :

– Je ne regrette pas que Longy m'ait demandé de m'occuper de toi, Ben.

– Le plaisir est partagé, répliqua-t-il en lui dédiant son sourire le plus charmeur.

Elle hésita.

– J'espère qu'il y aura d'autres soirées comme celle-ci... avança-t-elle.

– Pourquoi pas cette nuit, ou, plutôt ce qu'il en reste ? proposa-t-il hardiment.

Elle tourna la tête vers la villa. Un rideau bougeait au premier étage, derrière une fenêtre éclairée.

– Ma mère vit ici, avec moi... Il y aussi mon beau-père. Ce n'est pas très facile...

– Vraiment ?

Il lui serra les doigts qui retenaient sa main et l'entraîna vers la Cadillac.

– Où allons-nous ? s'inquiéta-t-elle.

– Je possède une petite résidence très discrète dans Laurel Canyon Boulevard. C'est là que nous allons.

Elle ne se défendit pas et le suivit. Plus tard, elle blottit impulsivement sa tête contre son épaule pendant qu'il conduisait et murmura, excitée :

– J'ai toujours eu envie de faire l'amour avec un vrai gangster !...

– Et Longy ? remarqua-t-il ironiquement.

CHAPITRE XV

– Ecoute-moi bien, Jack. Voici comment je vois les choses à Hollywood...

Jack Dragna se cala dans son fauteuil, croisa les mains sur ses genoux et plissa les yeux avec attention.

– ... On peut diviser les gens qui travaillent dans l'industrie cinématographique à Hollywood en trois catégories, poursuivit Bugsy. Première catégorie : les producteurs, les metteurs en scène, certains scénaristes et dialoguistes, et les acteurs et actrices à hauts salaires, sous contrat avec une firme. Seconde catégorie : les acteurs de moindre importance sans contrat et les techniciens, perchmen, électriciens, accessoiristes, caméramen, etc... syndiqués au sein de l'I.A.T.S.E.[1]. Les deux leaders de ce syndicat sont William Bioff et George Browne, et tous les deux touchent de l'argent des studios afin qu'il n'y ait jamais de grèves. Troisième catégorie : les figurants. Eux ne sont pas syndiqués. Notre objectif numéro un va être de les réunir tous dans un syndicat dont nous prendrons le contrôle...

Jack Dragna se permit un sourire. Il voyait où son nouveau patron voulait en venir. Quant à Bugsy, lui, il avait en mémoire la manière prestigieuse dont Louis « Lepke » Buchalter avait pris le contrôle à New York des syndicats de camionneurs, de confectionneurs, de boulangers, de meuniers, de maroquiniers et autres.

1. International Alliance of Theatrical and Stage Employees.

N'avait-il pas appris le métier en observant les faits et gestes, la technique époustouflante du grand maître en la matière, celui que les journaux appelaient le « tsar du crime », le plus grand gangster des États-Unis, celui qui s'était révélé aussi son protecteur et son financier ?

A l'époque, les figurants étaient inscrits au Central Casting[1] ou sur les listes des chefs de figuration des différents studios. Complètement inorganisés, ils formaient un troupeau misérable qui avait établi ses pénates dans les quartiers les plus sordides de Hollywood, loin des studios et des résidences somptueuses de Beverly Hills afin de ne pas insulter à la joie de vivre déployée quotidiennement par les monstres sacrés de la capitale du cinéma. Ils étaient payés deux dollars cinquante pour une journée de travail, alors que les grands acteurs sous contrat percevaient plusieurs milliers de dollars par semaine. Dans les westerns, dans les productions à grand spectacle, où beaucoup de scènes étaient dangereuses, la crainte de l'accident fatal, jamais indemnisé, constituait leur lot journalier.

Ils étaient venus de tous les coins de l'Amérique, portés par un immense espoir. Ils appartenaient tous aux couches les plus modestes de la population. Ouvriers agricoles ou d'usines, débardeurs, cow-boys, serveuses de restaurant, danseuses de beuglants, vendeuses de chez Woolworth[2], ouvrières en chômage, épouses en rupture de liens matrimoniaux, évadés et évadées des maisons de correction et des orphelinats, marins sans embarquement... Ils rêvaient tous d'égaler Clark Gable, l'ancien bûcheron, ou Marion Davies, l'ancienne chorus-girl que le magnat de la presse, William Randolph Hearst, avait mise dans ses meubles. Certains étaient là depuis l'époque du muet. Les années s'étaient écoulées, leurs cheveux avaient blanchi, le crépi dans leur chambre misérable s'était écaillé et leurs illusions étaient tombées, mais ils restaient ne sachant où aller. Beaucoup s'étaient

1. Organisme qui centralisait les demandes des studios en matière de figuration.

2. Equivalent américain de Prisunic.

lassés dans l'intervalle et étaient repartis, amers et déçus. D'autres avaient noyé dans l'alcool et dans la drogue à bon marché leur rancœur contre ce qu'ils considéraient comme un crime de lèse-majesté à l'égard de leur talent supposé. Beaucoup de filles, les plus jolies, avaient accueilli d'une oreille complaisante les propositions de vieux messieurs, et aussi celles de proxénètes à l'affût de proies faciles.

Mais le flux et le reflux étaient incessants. Hollywood exerçait un tel pouvoir d'attraction sur les masses que les départs étaient compensés par les arrivées de chair fraîche.

– Notre objectif numéro deux, continuait Bugsy, ce sera l'I.A.T.S.E. et le racket que William Bioff et George Browne ont mis au point. Il va falloir qu'ils partagent le gâteau. A ce sujet, d'ailleurs...

Il rafla sur son bureau une feuille de papier et la parcourut rapidement.

– Ce sont les noms de tes bonshommes, expliqua-t-il. Ils sont à virer aux trois-quarts. Occupe-t-en. Ce sont des clowns et je ne veux pas de clowns dans mon organisation.

Jack Dragna haussa des épaules fatalistes.

– Hollywood n'est pas New-York, fit-il remarquer de sa voix calme. La main-d'œuvre est difficile à trouver.

Bugsy hocha la tête.

– Tu as raison. On va l'importer.

– Et après les objectifs numéros un et deux ? s'informa Dragna avec curiosité.

Bugsy eut un sourire énigmatique.

– La dernière grève qui ait eu lieu à Hollywood, déclara-t-il d'un ton neutre remonte au 13 Mars 1933. Elle affectait le personnel administratif et technique des studios...

Il connaissait par cœur le contenu des rapports détaillés que lui avait fourni Patrick McGowan, le transfuge de Harvard qui, d'ailleurs, continuait de travailler pour lui, ce dont Bugsy était fier. Qui d'autre que lui avait eu l'idée d'engager un universitaire pour le seconder ? Ni Louis « Lepke » Buchalter, ni Lucky Luciano, ni Meyer Lansky, ni Frank Costello, malgré toutes leurs qualités !

Incontestablement, il était le plus fort de tous !

– D'accord, je vire les trois quarts de mes gars, admit Jack Dragna. Mais quand est-ce que ceux de New York vont arriver ? s'inquiéta-t-il. Pour faire tout ce qui est prévu, il faut du personnel !

– Tu l'auras, promit Bugsy.

Le 7 juin 1937, la nouvelle foudroya Hollywood et, après Hollywood, le monde entier. Jean Harlow, la star chérie, adulée de tous, était morte.

Elle avait commencé le tournage de *Saratoga* avec Clark Gable lorsqu'elle s'évanouit dans les bras de l'acteur alors qu'elle jouait une scène. Gable la transporta immédiatement chez elle et lui intima l'ordre de se reposer. Quelques jours plus tard, elle mourait d'une crise d'urémie.

Elle avait vingt-six ans.

Incognito parmi la foule innombrable qui se pressait au cimetière, le bord de leur borsalino rabattu sur les yeux, il y avait Abner « Longy » Zwillmann et Benjamin Siegel. Des larmes coulaient sur les joues du premier. Le second se détournait, gêné.

– C'est idiot de chialer pour une môme, s'excusa le tsar du New Jersey. Mais, quand même, c'était une chouette gosse...

Le soir même, il reprenait l'avion pour Newark en laissant à Bugsy une équipe composée de quelques uns de ses meilleurs hommes.

Une semaine plus tard, ce dernier rencontrait la comtesse Dorothy Dendice Taylor Di Frasso. C'était une Américaine de la meilleure société qui, après deux mariages anglo-saxons avec les nommés Dendice et Taylor avait épousé un Latin, le comte Di Frasso, un aristocrate italien dont les quartiers de noblesse remontaient à l'origine des temps. Le descendant des Césars avait disparu de la circulation et la comtesse se trouvait esseulée à Hollywood. Elle aperçut Benjamin Siegel à une soirée donnée par l'un des Marx Brothers et, immédiatement, elle en tomba éperdument amoureuse. A l'instant où se perpétrait ce coup de foudre, Bugsy était en train de danser avec Constance Bennett, la star la mieux payée du monde, car on disait qu'elle gagnait trente mille dollars par semaine. En outre, et ce qui ne gâtait rien, elle était très belle. Ses cheveux avaient des reflets irisés, sa peau était satinée, son regard lumineux et limpide, ses jambes parfaitement galbées et sa démarche ressemblait à celle d'une déesse. Bugsy avait déjà passé quelques nuits embrasées dans la somptueuse demeure de la vedette, située dans Carolwood Drive, où l'acteur mexicain Gilbert Roland n'avait pas encore transporté ses pénates comme il devait le faire quelque temps plus tard.

Sans vergogne, la comtesse Di Frasso attrapa le bras de la star, la décrocha de l'épaule de Bugsy et roucoula :

– Connie, mon chou, tu me laisses faire une danse avec ce superbe Apollon ?

L'aristocrate américano-italienne avait en âge une bonne douzaine d'années de plus que Bugsy, et, en beauté pure, elle était loin de valoir Constance Bennett et les autres vedettes qui évoluaient là, à cette soirée. Néanmoins Bugsy fut flatté de l'attention qu'elle lui portait. Sans doute la comtesse était-elle décadente selon les bonnes traditions de la noblesse romaine et, partant, éprouvait-elle une excitation dépravée à flotter entre les bras d'un gangster réputé dangereux dont on disait que l'assassinat commandité était la pâture quotidienne. Mais Bugsy se souciait peu de ses motivations. Pour lui, dont l'enfance s'était déroulée dans les quartiers sordides de Williamsburg à Brooklyn, de Hell's Kitchen et du Lower East Side, se glisser entre des draps aristocratiques représentait une promotion sociale telle que la différence d'âge entre la comtesse et lui en était gommée. D'autant que Dorothy Di Frasso conservait de très beaux restes, mais surtout, il se dégageait de sa personne une classe naturelle, une aisance, un raffinement de manières et de langage, que ne possédait aucune des stars présentes qui, malgré leur immense beauté, restaient ce qu'elles étaient à l'origine : des barmaids, des serveuses de restaurant, des danseuses de burlesques, des chanteuses de beuglants, sophistiquées à l'extrême par le génie des agents de publicité de la Metro-Goldwyn-Mayer ou de la Warner Bros, élevées au rang d'idoles et étroitement cloîtrées dans les artifices du *star-system.*

– Il existe un film produit par Hollywood qui m'a beaucoup plu, attaqua d'emblée la comtesse dès qu'elle eut remplacé Constance Bennett entre les bras de Bugsy. Le titre était *Vingt mille ans sous les verrous*[1] ... Combien en avez-vous passé vous-même à Sing-Sing, à Alcatraz ou ailleurs ?

Bugsy éclata de rire.

– Aucun.

Elle haussa un sourcil étonné.

– Vraiment ?

– Si l'on excepte un stage de quatre ans dans une maison de correction.

– Est-ce qu'une maison de correction ne ressemble pas à une prison, tout comme un film de gangsters à un autre film de gangsters ?

– C'est vrai, vous n'avez pas tort. Une maison de correction ressemble presque à une prison.

– Vous voyez bien ! triompha-t-elle. Ensuite ?

– Ensuite quoi ?

– Combien de fois êtes-vous retourné en prison ?

– Aucune. J'ai été condamné une fois à cent dollars d'amende pour paris clandestins[2]. C'est tout. Maintenant vous savez tout de mon casier judiciaire.

Elle fit la moue.

– Pas très excitant... J'espérais que vous alliez m'annoncer que vous aviez passé les trois quarts de votre vie dans un pénitencier.

Il sourit.

– La valeur d'un gangster ne se mesure pas au nombre d'années qu'il a passées en prison, chère comtesse,

1. Titre original *20 000 Years in Sing-Sing* (1932) avec Bette Davis et Spencer Tracy.

2. Cette condamnation est intervenue le 28 février 1930 à Miami. A cette occasion, Benjamin Siegel avait sorti de sa poche un énorme rouleau de billets de banque et avait payé cash l'amende.

débita-t-il, sentencieux. Je dirais même que plus il a passé de temps en prison, moins il a de la valeur. Les grands gangsters ne vont jamais en prison.

– Et Lucky Luciano ? objecta-t-elle. N'était-il pas un grand gangster quand il était libre ? Et Al Capone ?

Un rictus un peu méprisant tordit le coin de la bouche de Bugsy.

– Certes, tous deux étaient grands, mais avec une lacune.

– Laquelle ?

– Celle de ne pas voir le danger arriver. Peut-être leur manquait-il un septième ou un huitième sens, numérotez-le comme vous voulez.

Sarcastique, elle lança :

– Ca ne vous arriverait pas à vous ?

Il feignit un profond étonnement.

– Mais moi je ne suis pas un gangster ! protesta-t-il avec une véhémence propre à emporter la conviction. Ce n'est pas parce que j'ai fait des bêtises quand j'étais gosse que je suis devenu un gangster ! Chère comtesse, je suis un homme d'affaires honnête, scrupuleusement honnête, respectable et respecté !

L'orchestre terminait la rumba, mais sans discontinuer, attaquait *Smoke gets in your eyes,* le grand succès de *Roberta,* l'un des films de Fred Astaire et Ginger Rogers. Elle se serra plus étroitement dans ses bras.

– Quelles affaires ? s'informa-t-elle.

– Importation de vins et spiritueux français. La société Capitol Wine and Spirits...

Il haussa le ton et claironna :

– Si vous voulez une clientèle de classe, servez du vin et de l'alcool de classe, et la classe, on ne la trouve qu'en France !

– Et en Italie, ajouta-t-elle malicieusement.

– Je ne connais pas.

– Et la France, vous connaissez ?

Il se racla la gorge et avoua à contrecœur car il ne tenait pas à parler de son voyage de noces en Europe avec Esther :

– Non.

La main de la comtesse effleura la nuque de Bugsy.

– Je dois faire un voyage en Europe l'année prochaine, peut–être serait-ce là pour vous une occasion unique de découvrir ces adorables pays que vous ne connaissez pas ?

– Pourquoi pas ? insinua-t-il.

– Je connais énormément de monde, poursuivit-elle. Mussolini, le comte Ciano, le duc et la duchesse de Windsor, ces pauvres chéris viennent juste de se marier[1] et je suis sûre qu'ils meurent d'envie de me revoir ! Savez-vous que je suis reçue chez presque toutes les têtes couronnées d'Europe ?

Bugsy sentit un frisson d'excitation lui zigzaguer le long de l'échine. Des têtes couronnées ! ... C'était quand même autre chose que la fréquentation de Louis « Lepke » Buchalter, de Frankie Costello et de Meyer Lansky, sans parler de Lucky Luciano et d'Abner « Longy » Zwillmann ! Et de toute façon, cela se situait encore plus haut que les stars de Hollywood, qu'elles s'appellent George Raft, Jean Harlow ou Constance Bennett !

Cette fois, ce fut lui qui étreignit plus étroitement la comtesse Dorothy Dendice Taylor Di Frasso.

– La vieille Europe est un peu décadente, poursuivait cette dernière pendant que le saxo-ténor égrenait langoureusement les notes de *Smoke gets in your eyes*, et les bruits de guerre, de casques et de bottes se font de moins en moins sourds, mais elle conserve néanmoins un charme désuet qui devrait malgré tout attirer un Américain-type de votre genre.

La guerre était un sujet pour lequel Bugsy ne se sentait guère d'inclination. De toute façon, elle lui rappelait fâcheusement la guerre des gangs qui avait fleuri à New York au cours des années vingt. Aussi éluda-t-il rapidement.

– Je sens que je vais aimer l'Europe en votre compagnie ... assura-t-il avec sincérité.

– J'ai quelques résidences ... euh... secondaires... qui vous plairont sûrement... appuya-t-elle, tentatrice.

1. Après avoir abdiqué le 11 décembre 1936, le roi Edouard VIII d'angleterre était devenu duc de Windsor et avait épousé Mrs. Simpson le 3 juin 1937.

– Et quand prévoyez-vous ce voyage en Europe ? voulut-il savoir.

– Nous en parlerons plus longuement lorsque vous viendrez me voir chez moi... J'espère que votre épouse Esther n'y verra aucune objection ?

CHAPITRE XVI

Esther n'avait aucune objection. En réalité, elle se satisfaisait pleinement de sa nouvelle vie. L'idéal climat californien, la somptueuse demeure de trente-cinq pièces de Holmy Hills, ses deux adorables filles qui grandissaient, Millicent et Barbara, qui avaient déjà respectivement six et quatre ans, l'armée de domestiques et de jardiniers philippins et japonais dont elle avait à diriger le travail en un anglais qu'elle s'efforçait de rendre rudimentaire pour mieux se faire comprendre, constituaient tout son univers et elle se sentait infiniment heureuse. De temps en temps, elle assistait à quelques réceptions mais, en général, Bugsy évitait de l'emmener à celles où elle risquait de rencontrer Constance Bennett et la comtesse Di Frasso. Un autre élément du bonheur d'Esther était la certitude que son mari avait abandonné toute entreprise criminelle par le fait même qu'il se trouvait éloigné de New York et de ses amis dangereux, tels Meyer Lansky, Frank Costello et autres « Lepke ».

En quoi elle se trompait souverainement.

L'alibi de Bugsy en la matière était l'extension de ses activités au sein de la Capitol Wine and Spirits. En réalité, vers la fin de 1937, Jack Dragna était parvenu à grouper près de quatre-vingt-dix pour cent des figurants qui traînaient dans Hollywood, au sein du syndicat qu'il avait mis sur pied.

Certes, cette tâche ne s'était pas accomplie sans

mal. Mais Bugsy était toujours derrière lui, l'appuyant sans cesse, lui donnant des conseils issus de sa propre expérience d'observateur des méthodes Buchalter, surveillant chaque stade des progrès. Une bonne moitié des figurants s'était montrée réticente malgré l'appât des avantages qu'on leur faisait miroiter. Il avait fallu travailler dur dans cette direction, se montrer convaincant. Quelques récalcitrants, les plus durs, les meneurs, avaient été expulsés de Hollywood par les gros bras de Dragna assistés des hommes de main importés de New York ou du New Jersey. Lorsque le chiffre de quatre-vingt-dix pour cent avait été atteint, Bugsy avait stoppé le recrutement.

– Pourquoi ? s'était étonné Dragna.

– Tu as entendu parler de l'Union soviétique ? avait répliqué Bugsy.

– Euh... oui... et alors ?

– C'est un pays dans lequel, avait expliqué Bugsy, le parti en place enregistre quatre-vingt-dix neuf virgule quatre-vingt-dix neuf pour cent des suffrages quand il y a une élection. Personne ne croit à la valeur de ces élections. C'est la même chose pour nous. Si les figurants appartiennent tous à notre syndicat, on sentira le coup fourré. Donc, il faut laisser un déchet. Dix pour cent. Quand l'océan Pacifique se retire de la plage de Santa Monica, est-ce qu'il ne laisse pas des saloperies sur le sable ? Nos saloperies à nous, ce sont les dix pour cent de figurants non-syndiqués chez nous.

Dragna l'avait regardé, bouche bée.

– Pas idiot... avait-il admiré.

Bugsy s'était redressé avec orgueil.

– Voilà ce que c'est que d'être intelligent ! Crois-moi, Jack, tu ne te repentiras pas de travailler avec moi ! Ils ont tous leur carte ?

– Tous.

– Ils ont payé leur cotisation ?

– Avec difficulté, mais ils ont payé. Nous sommes à jour.

– Okay. Occupe-toi de me faire une liste de tous les films à grand spectacle que les studios s'apprêtent à tourner. Tu sais, le genre *Ben-Hur* ou *Naissance d'une nation*. Avec les noms du studio, du producteur, du metteur en scène et des acteurs, naturellement.

En janvier 1938, Bugsy fit une visite à William Bioff et à George Brown, les deux dirigeants syndicaux de l'I.A.T.S.E. Tous les deux étaient originaires de Chicago et s'étaient associés pour entamer une carrière de racketteurs dans le syndicat des volaillers et celui des bouchers de viande cachère de la « cité des vents ». Ensuite, ils avaient pris le contrôle du local 2 de l'I.A.T.S.E. à laquelle étaient affiliés les projectionnistes des salles de cinéma. A l'époque, les salles de projections appartenaient dans leur majorité aux grandes firmes cinématographiques ou à des producteurs de Hollywood, la seule exception notable étant la Columbia dirigée par Harry Cohn, le génie autocrate personnalisé récemment par Robert de Niro dans *The Last Tycoon* (*Le dernier Nabab*).

Bioff et Browne, *B and B* comme on les appelait à Hollywood, en ordonnant une grève générale des projectionnistes pouvaient ainsi paralyser toutes les salles des Etats-Unis. Les propriétaires de ces dernières l'avaient compris instantanément et avaient payé rubis sur l'ongle les sommes d'argent exigées par les deux racketteurs.

De Chicago, les deux compères avaient émigré à Hollywood où ils avaient pris le contrôle de l'I.A.T.S.E. locale et l'avaient transformée en plateforme pour un racket de plus grande envergure par l'intermédiaire des techniciens des studios et des acteurs de second plan.

Lorsqu'il pénétra dans leur bureau, Bugsy était accompagné d'un Québecois du nom de François Levesque, qui se faisait appeler du nom à consonance plus américaine de Frank Lewek ou Leeveck, d'un des hommes fournis par Longy Zwillmann, un Irlandais qui avait travaillé avec Big Bill Dwyer, Pete Monahan, et d'un ancien du gang de Big French Lemange, un autre Irlandais du nom de Paul Kelly. Frank Leeveck parlait à peine anglais. En revanche, il plaçait à trente pas une balle de calibre 38 dans la tête d'une épingle à nourrice.

Les deux Irlandais le suivaient à une très courte encolure sur ce plan-là.

Bugsy s'assit dans un moelleux fauteuil en cuir et adressa un sourire charmeur à *B and B*.

– Mon nom est Siegel, annonça-t-il du ton de quelqu'un qui se présente dans une réception mondaine. Benjamin Siegel...

William Bioff se précipita immédiatement en avant, la main tendue en un geste d'accueil chaleureux.

– Hello, Benny ! clama-t-il avec excitation, tout comme s'il retrouvait un condisciple perdu de vue depuis de longues années.

La crosse du pistolet de Paul Kelly frappa durement la main tendue.

– Nous, on appelle le patron **Monsieur Siegel**, aboya-t-il. Pourquoi t'en ferais pas autant ?

Bugsy ne s'était pas départi de son sourire radieux. Il calma Paul Kelly.

– L'incident est clos, Paul. Laisse tomber.

Il regarda autour de lui.

– Ça rapporte votre racket, on dirait, remarqua-t-il, faussement admiratif. Deux millions de dollars par an, c'est bien ça ? Toutes les firmes crachent au bassinet. De la Paramount à la Twentieth Century Fox en passant par la Warner Bros. A partir d'aujourd'hui, c'est moi qui prends le relais. Une objection quelconque ? Parlez, n'ayez pas peur, l'Amérique est une démocratie, la parole est libre. Vous avez donc le droit d'exprimer votre opinion. Par conséquent, je répète ma question : une objection quelconque ?

Les deux racketteurs étaient livides.

– Non, balbutia le premier.

– Non, fit en écho le second.

– Alors la cause est entendue, conclut Bugsy avec une hochement de tête approbateur. Naturellement, vos rackets de salles de cinéma en dehors de Hollywood ne m'intéressent pas. Vous pouvez les continuer. Mais Hollywood, pour vous désormais, c'est fermé comme un guichet de paris après le départ de la course.

Il se leva et regarda à nouveau autour de lui.

– Le mobilier me plait. N'emportez rien.

Il s'avança jusqu'au coffre-fort.

– Ah !... n'oubliez pas de me donner tout de suite la combinaison et les clés. C'est le genre de détails qu'on oublie après coup, et ensuite on est obligé de faire appel à un cambrioleur professionnel pour lui demander d'ouvrir le coffre... Sous surveillance, naturellement...

Depuis son arrivée, Bugsy avait donné quelques réceptions intimes dans sa résidence de Holmby Hills. Intimes, c'est-à-dire rien comparé à ce qui se faisait habituellement à Hollywood où le faste et le nombre étaient rois. Il y avait invité George Raft, Jean Harlow avant sa mort, et quelques autres artistes ainsi que des producteurs, des metteurs en scène et des auteurs que George Raft lui avait fait connaître.

A chaque fois Esther était l'hôtesse et elle s'en était toujours merveilleusement sortie.

Ce jour-là, les choses était différentes.

Aidé par la comtesse Di Frasso qui avait pris Esther sous sa coupe, il organisa une des plus somptueuses réceptions que Hollywood eut jamais connues.

– Ce sera Versailles au temps de Louis XIV, avait dit l'aristocrate américano-italienne.

C'est par camions entiers que les fleurs furent livrées. Une demi-douzaine de traiteurs furent convoqués. C'est la Capitol Wine and Spirits, la société dans laquelle Bugsy avait toujours des intérêts à New York qui fournit le champagne.

– Du Taittinger, avait précisé la comtesse. Mon cher Benny, puisque tu insistes sur la classe, le seul champagne de classe, c'est le Taittinger. Je ne bois que celui-là.

C'est à compter de cette date que Benjamin « Bugsy » Siegel ne but plus que du Taittinger. Jusqu'à la fin de sa vie, et partout où il irait désormais, il refuserait dédaigneusement toute autre marque de champagne qu'on lui proposerait.

On fit venir deux orchestres. Celui de Glenn Miller,

l'inoubliable créateur d'*In the Mood*, et celui de Jimmy Dorsey. On loua les services de Billie Holliday, la grande chanteuse de blues et de jazz. Bugsy aurait aussi aimé avoir Bessie Smith, mais elle venait de mourir. Cinq cents invitations avaient été lancées. Uniquement au gratin de Hollywood. Benjamin « Bugsy » Siegel allait faire son entrée officielle dans la gentry de la capitale du cinéma.

Toujours un peu sarcastique, la comtesse Dorothy Di Frasso lui avait susurré :

– Ça va être le bal du débutant !...

Esther était toute émoustillé à l'idée de recevoir la *High Society* de Hollywood. Bugsy, lui, restait froid et impassible. Cette réception avait été mûrement pensée. Elle était donnée dans un but bien précis... qui n'avait rien à voir avec le désir de voir producteurs, acteurs et autres, se gobergers à ses dépens !...

Dès que la soirée battit son plein, Bugsy s'approcha de Jack Warner, le grand boss de Warner Bros, et l'attira à l'écart.

– Jack, je sais que vous allez faire *Robin Hood*[1]. Metteur en scène : Michael Curtiz. Acteurs principaux : Errol Flynn et Olivia de Havilland.

Le producteur faillit s'étrangler. Personne ne l'appelait Jack, sinon ses frères, producteurs comme lui à la Warner Bros, et ses amis intimes.

– Qu'est-ce que... commença-t-il.

Bugsy le coupa tout net.

– Jack, écoutez-moi. J'essaie de vous rendre service. Vous ne le savez peut-être pas, mais vos analystes se sont trompés lorsqu'ils ont établi le budget de production pour *Robin Hood*.

Jack Warner écarquilla les yeux.

– Trompés ?

– Ils ont oublié un poste, expliqua Bugsy platement.

– Bon sang, lequel ?

– Les figurants.

– Qu'est-ce que vous me racontez là ?

– Supposez, poursuivit Bugsy patiemment avec,

1. Titre français : *Robin des bois*.

collé sur ses lèvres son éternel sourire faussement candide, que le scénario et les dialogues de *Robin Hood* soient définitivement au point, tous les décors sont en place, les éclairages sont réglés, chacun connaît son rôle par cœur, Errol Flynn serre Olivia de Havilland dans ses bras, le « clack-man » crie « Scène numéro un, première prise », Michael Curtiz hurle « Moteur ! », et... tous les figurants quittent le plateau...

– On en recrute d'autres, rétorqua Jack Warner d'un ton glacial.

– Impossible, répliqua Bugsy avec un sourire élargi. Ils sont tous syndiqués ou presque, et par conséquent, ils sont solidaires les uns des autres.

Il toussota légèrement.

– C'est moi qui contrôle leur syndicat, précisa-t-il ingénument. Et... malgré tous mes efforts, croyez-le bien, je n'ai pu empêcher que leurs piquets de grève soient composés de durs, plus ou moins repris de justice, qui manient la matraque à bout plombé avec autant d'efficacité que Michael Curtiz manœuvre sa caméra...

Il toussota une seconde fois.

– Ce poste que vos analystes ont oublié d'inclure dans le budget production de *Robin Hood* s'élève à cent mille dollars.

Jack Warner explosa.

– Vous m'en avez déjà soutiré autant par l'intermédiaire de l'I.A.T.S.E. ! Vous croyez que je vais me laisser racketter ainsi sans réagir ?

Bugsy toujours souriant lui donna une tape affectueuse sur l'épaule.

– Je suis certain que *Robin Hood* va faire un film formidable. Bien sûr, il coûtera cent mille dollars de plus que prévu, mais vous en récupérerez une partie auprès des assurances.

– Comment ça ? s'étonna le producteur.

– Vous irez les trouver et vous leur expliquerez que vous êtes certain que le tournage se déroulera sans un seul jour de grève et, quand le film sera terminé, vous leur réclamerez un bonus sur la police d'assurance particulière qui couvre le film.

Il recula d'un pas.

– Je passerai demain à votre bureau. Pas de chèque. En *cash*, s'il vous plaît, Jack.

Bugsy s'éloigna. Quand Errol Flynn eut terminé de danser avec Jeannette McDonald, il l'attira à l'écart et lui présenta un coupe de Taittinger.

– Errol, attaqua-t-il avec une moue délicieuse au coin des lèvres, je crois bien que je vais vous mettre à l'amende de vingt-cinq mille dollars...

Le champagne refusa de passer le gosier de l'acteur et jaillit hors de la bouche.

– Pardon ?

– ... A cause des figurants de *Robin Hood*... continua Bugsy.

– Des figurants ? Qu'est-ce que j'en ai à foutre des figurants de *Robin Hood* ? protesta Errol Flynn avec sa brutalité de langage coutumière.

– Ils refusent de travailler avec vous.

– Hein ?

- Vous les agacez avec vos grands airs, paraît-il. Bien sûr, je n'en crois pas un mot. Vous êtes le plus adorable des acteurs de Hollywood, et si ça ne tenait qu'à moi... Seulement, voilà... les figurants sont syndiqués et c'est moi le président du syndicat. C'est une situation bien embarrassante... cornélienne, comme dit la comtesse Di Frasso. Je crois qu'avec vingt-cinq mille dollars, je parviendrai à les apaiser. Pour vous, ce n'est tout de même pas un gros sacrifice. Après les succès de *Captain Blood*, de *The Charge of the light brigade*, vous êtes devenu une étoile internationale, et ce nouveau film va vous rapporter un bon paquet. Si vous n'en passez pas par là, plus aucun figurant ne voudra jamais plus travailler avec vous et comme votre spécialité, c'est justement le film à grande figuration, les studios se lasseront de vous, vedette internationale ou pas. Vous serez lessivé, mon vieux. Qu'est-ce que vous ferez alors ? Vous irez planter du tabac[1] ?

De rage, Errol Flynn écrasa la coupe de champagne sous son talon, puis il serra les poings. Son tempérament bagarreur reprenait le dessus.

1. Allusion à un des premiers métiers d'Errol Flynn.

– Je vais vous casser la gueule, mon vieux, éructa-t-il, furieux.

Bugsy ne bougea pas.

– Ce n'est plus vingt-cinq mille, mais trente-cinq mille dollars qu'il me faut pour apaiser les figurants... se contenta-t-il de déclarer d'un ton neutre.

Il retrouvait là le vieux réflexe, comme au temps où, en compagnie de Moey Sedway, il extorquait de l'argent au vieil Abraham Brotkiewicz, le fruitier de Hester Street.

Les deux hommes s'affrontaient du regard, mais la lucidité revint très vite dans l'esprit de l'acteur. On racontait tellement de choses sur les activités de Benjamin « Bugsy » Siegel à New York... Des choses extrêmement déplaisantes... On disait aussi qu'il était très malsain de lui résister... Quelle était donc cette expression utilisée par Humphrey Bogart au sujet de Siegel... ? Ah ! oui !... Bogey racontait qu'à New York Siegel avait l'habitude de « tailler des costards en ciment »...

Bugsy s'était éloigné. Il revenait, une coupe pleine de Taittinger à la main. Il la tendit à l'acteur.

– Sans rancune, Errol ?

Il toussota.

– Je passerai demain ramasser les trente-cinq mille dollars pour le compte des figurants. En *cash*, naturellement, Errol. Ah ! oui !... j'oubliais !...Comme c'est idiot de ma part !... Vous me préparerez aussi une attestation manuscrite et signée de votre main précisant que ces trente-cinq mille dollars constituent un prêt, au cas où le fisc me poserait des questions à ce sujet. En contrepartie, évidemment, vous comprendrez aisément que je ne puisse vous donner de reçu, puisque ce prêt ne sera jamais remboursable !...

Après en avoir terminé avec Flynn, Bugsy s'occupa de William Fox, le boss de la Twentieth Century Fox, puis d'Irving Thalberg de la Metro-Goldwyn-Mayer, des frères Nicolas et Joseph Schenk, de Clark Gable, de Gary Cooper, de Tyrone Power et de Joan Crawford. A chaque fois, la technique et l'argumentation étaient les mêmes. Bugsy avait en tête la liste complète des productions en préparation ou en début de tournage dans les studios, avec les noms des metteurs en scène et ceux des vedettes les plus importantes. Enfin, vint le tour de Samuel Goldwyn, le patron des Samuel Goldwyn Productions[1]. Celui-ci était connu pour ce que Hollywood appelait des « goldwynismes ». Du genre :

« Un accord verbal ne vaut pas le papier sur lequel il est écrit »

« Il faut prendre le taureau par les dents »

« Pour la scène du film où on voit des fermiers, il faudra acheter des instruments oratoires »

Pour le décor d'un film dont l'action se situait à Paris, il avait commandé :

– Je veux qu'on me construise des péripatéticiennes ! Dans les rues de Paris, il y a toujours des péripatéticiennes. Ne me bluffez pas, j'en ai vu sur les cartes postales !

– Construire des péripatéticiennes ? avait hoqueté le metteur en scène.

– Vous ne savez pas ce que c'est ? avait hurlé Samuel Goldwyn, en se prenant la tête à deux mains. Comment ai-je pu engager un ignare pareil au salaire de dix mille dollars par semaine ? Moi je ne suis pas allé à Harvard ou à Yale, je suis né dans le ghetto de Varsovie et je ne suis allé à l'école que jusqu'à l'âge de douze ans, mais par le Christ, je sais ce que c'est qu'une péripatéticienne ! Une péripatéticienne, par le Christ, c'est une pissotière ! Le mot vient du nom d'un empereur romain, l'empereur Péripatéticien, qui disait que l'argent n'a pas d'odeur, même s'il provient d'une péripatéticienne !

Il y avait d'autres « goldwynismes » qu'on se répétait de bouche à oreille à Hollywood :

« Il était né dans un orphelinat... »

1. Et non de la Metro-Goldwyn-Mayer comme on le croit souvent. Lorsque la fusion entre Metropolitan, Louis B.Mayer et la Goldwyn Pictures Corporation intervint pour former la Metro-Goldwyn-Mayer, Samuel Goldwyn, fondateur de la Goldwyn P.C. avec les frères Selwyn avait déjà vendu ses parts dans cette société à ses deux associés. Dans l'intervalle, Samuel Goldwyn avait légalement changé son nom de Goldfisch en Goldwyn et produisait des films sous son nouveau patronyme, ce qui entraîna un procès qu'il gagna.

« Mon cheval était en train de gagner la course quand son caddy est tombé »

« Je vais vous répondre en deux mots : im possible »

« Les danses modernes sont démodées » ou bien « Celui qui va chez un psychiatre devrait se faire examiner la tête ».

Samuel Goldwyn écouta attentivement Bugsy lorsque ce dernier lui débita son exposé, puis il lâcha :

– En somme, si je comprends bien, Mr. Signal...

– Siegel, rectifia Bugsy.

– Si je comprends bien, Mr. Signal, poursuivit Sam Goldwyn sans prendre garde à l'interruption, vous voulez prendre mon argent sans rien me donner en échange ?

– C'est inexact, Mr. Goldwyn.

– Vraiment ? Que me donnez-vous donc en échange ?

– La paix de l'esprit.

– Supposez que je fasse venir à Hollywood tous les chômeurs, tous les miséreux de New York, de Chicago et d'ailleurs pour travailler dans mes studios en doublant leur salaire ? Ça ficherait votre syndicat en l'air, non ?

– Et les piquets de grève, Mr. Goldwyn ? Et vos acteurs qui ne pourraient plus sortir de leurs superbes villas sans trouver les pneus de leurs Rolls-Royce crevés ? Et vos décors qui brûleraient parce qu'un technicien, malencontreusement, a laissé tomber une allumette enflammée sur un tas de sciure de bois ? Et les costumes d'époque mangés aux mites par des projections d'acide sulfurique ? Et les rouleaux de pellicule exposés à la lumière ? Et les caméras qui prennent feu à cause d'un court-circuit ? Est-ce cela que vous appelez la paix de l'esprit, monsieur Goldwyn ?

Le producteur se racla le fond de la gorge.

– Vous voulez que je vous dise, monsieur Signal ?

– Oui ?

– Vous êtes encore plus dégueulasse que le pire des acteurs que j'ai sous contrat et, par le Christ, j'en ai une ribambelle ! Vous êtes comme la gangrène sur une jambe de bois !

C'était un autre « goldwynisme » qui eut fait se pâmer de rire tout Hollywood, mais Bugsy fut le seul à l'entendre.

Lorsque la réception se termina, à l'aube, Benjamin « Bugsy » Siegel avait gagné un million de dollars...

CHAPITRE XVII

Dès le début de 1938, Benjamin « Bugsy » Siegel prit le contrôle des jeux à Redondo Beach et des courses de chevaux à Agua Caliente, par l'intermédiaire de Jack Dragna qui, avant de se joindre à lui, avait justement le jeu pour spécialité. Ensuite, ce fut le cynodrome de Culver City qui tomba sous sa coupe. Dès son arrivée à Hollywood l'année précédente, il avait racheté à bas prix une flotte de vieux rafiots et, tout le long de 1937, il s'était occupé à les faire aménager luxueusement. Ancrés à la perpendiculaire de Los Angeles, au-delà de la limite des eaux territoriales, ils ne tombaient pas sous le coup des lois californiennes et le jeu pouvait être pratiqué à leur bord de façon intensive. Les joueurs s'embarquaient sur des vedettes rapides stationnées dans les petites bourgades de la côte, de part et d'autre de Los Angeles, et s'en allaient à bord des faux paquebots perdre leur argent à la roulette, au poker, au blackjack, au craps, au trente et quarante, au baccara, au chemin de fer et autres jeux de hasard déployés là pour assouvir leur vice.

Un joueur décavé était autorisé à continuer à jouer à crédit. A condition de signer une reconnaissance de dette assortie d'un intérêt de quinze pour cent par jour, ce qui en une semaine doublait le montant de la dette.

Il était infiniment sage, et fortement conseillé, d'honorer sa signature et de rembourser sa dette dans un délai maximum de quinze jours. Certains avaient oublié ce sain précepte et, très vite, leurs noms étaient apparus dans la rubrique nécrologique du *Los Angeles Times.* Celle-ci, agrandie photographiquement, était placardée à plusieurs exemplaires le long de l'échelle de coupée des bateaux-casinos, que gravissaient les arrivants à leur descente de la vedette rapide, et remettait agréablement en mémoire les inconvénients de l'amnésie.

Il existait cependant plusieurs catégories de joueurs qu'on espérait voir s'endetter sans qu'il leur soit besoin d'avoir à rembourser leurs dettes et sans qu'il leur soit tenu grief de cette carence. Tout dépendait de leur appartenance professionnelle. Jockeys, entraîneurs, lads du milieu des courses de chevaux, ainsi que les officiels, commissaires aux courses, vétérinaires, contrôleurs, caissiers, calculateurs des rapports, constituaient la première catégorie. Ensuite, venaient les politiciens, assez rares, d'ailleurs, car trop rusés pour donner prise au chantage. Puis, les policiers. Certaines parties étaient truquées afin d'endetter la victime désignée. Si elle était incapable de rembourser sa dette, on lui proposait de travailler en « contractuel » pour le compte de Bugsy Siegel.

Dès 1938, ce dernier eut donc à sa dévotion nombre de policiers et de professionnels des courses. Ces derniers lui permettaient « d'arranger » les rencontres hippiques les plus intéressantes, c'est-à-dire celles auxquelles participaient un maximum de chevaux.

La formule de pari de Bugsy était immuable : un couplé avec pour gagnant un cheval modeste mais déjà connu, et pour second, un tocard sur lequel son propre jockey, en temps normal, n'aurait pas parié un *cent.*

Pour permettre l'arrivée à bon port des deux chevaux choisis, toutes les manœuvres étaient bonnes et faciles à opérer grâce aux complicités déjà en place. On administrait des soporifiques aux favoris, des excitants aux futurs gagnants, et les jockeys achetés retenaient les autres. En cas d'analyses d'urine des gagnants, les éprouvettes étaient remplacées par d'autres contenant des urines « propres ». Grâce, en outre, à la masse des partants la cote ne se trouvait guère modifiée par les importants paris que prenait Bugsy.

Tous les rackets qu'il avait lancés rapportaient beaucoup d'argent. Le syndicat national du crime se rappela à son bon souvenir en lui expédiant Carlo Gambino, le collecteur désigné par le Consortium[1], un homme à l'apparence terne de paysan sicilien, mal habillé, avec un visage chafouin, un nez long et roublard et des yeux petits et rusés. Il ne payait vraiment pas de mine et Bugsy, en le voyant, fit la grimace.

Où diable le Syndicat était-il allé chercher ce bouseux ? récrimina-t-il en son for intérieur. Mais Carlo Gambino appartenait à l'ancienne famille de Lucky Luciano que Frank Costello « administrait » par intérim, et il avait toute la confiance de ce dernier. Par conséquent, lui, Bugsy n'avait aucune objection à élever.

Le commis-voyageur du Syndicat ramassa les deux millions de dollars que lui remit Bugsy, délivra en échange un reçu en termes codés et s'en repartit pour New York.

– Ma petite Marion, allez vous placer en deçà de cette ligne tracée à la craie, mais sans poser vos talons dessus. Parfait. Tournez la tête vers la droite. Pas trop ! C'est ça. Attention ! Vous parlerez sans bouger le menton. C'est important. Sinon, ça fait des ombres. Votre décolleté descend trop bas. Maquilleuse !... Mon chou, relevez donc le devant de la robe de Miss Davies et n'oubliez pas d'utiliser du fil de couleur neutre ! Qu'il ne brille surtout pas !... Dépêchons... à ... Là... C'est fini, mon chou ?... Okay. On va rouler. Eh ! non !... Reste là, mon chou !... Marion, ma grande, vous suez encore !... Ça devient vraiment impossible !... Make-up pour Miss Davies !... Vite, les enfants, accélérons pour la prise quatre !... Bon, ça y

1 Carlo Gambino est mort en octobre 1976. En près de quarante ans, il a atteint le sommet de la hiérarchie dans la Mafia américaine au point d'être considéré comme le *capo di capi,* le chef des chefs. Son ascension a été marquée par l'élimination d'Albert Anastasia, dont il était le second, le 25 octobre 1957 au Park Sheraton Hotel à Manhattan, et celle de Joe Colombo le 28 juin 1971 à Colombus Circle, également à Manhattan.

est, mon chou ?... Parfait. On va rouler, les gosses. Marion, mon ange, pour l'amour de Dieu et du cinéma, ne me sortez plus une sacrée goutte de sueur, sinon, on n'en finira jamais. Attention ! Silence sur le plateau, on tourne ! Moteur ! Roule, Jake !... Noooooooooon !... Coupez, bon sang !... Marion, ma toute belle, ne posez pas les pieds sur cette foutue ligne tracée à la craie ! Et ne bougez pas votre fichu menton ! Jouez, soyez sensible, adorable, charmante comme toujours, mais ne bougez surtout pas ce Bon Dieu de menton ! Ça fait des ombres !...

Fasciné, Benjamin « Bugsy » Siegel assistait au tournage d'un film dont la vedette était Marion Davies. L'actrice lui avait été présentée par George Raft avec qui elle avait précédemment tourné *All of Me*. Sa carrière cinématographique devait beaucoup à une intervention extérieure. Si Jean Harlow avait dû sa réussite à l'appui d'Abner « Longy » Zwillmann, Marion Davies devait la sienne à William Randolph Hearst, le magnat de la presse, qui était de trente ans son aîné, et par ailleurs marié et père de famille[1].

A l'époque, la fortune de William Randolph Hearst était évaluée à deux cent millions de dollars. Contrairement à l'éthique des milliardaires de sa génération, type John D. Rockefeller, qui thésaurisaient millions de dollars après millions de dollars en finançant des œuvres de bienfaisance destinées à se faire pardonner par le Tout-Puissant leur richesse, Hearst entendait profiter de sa fortune sur terre et nulle part ailleurs. Dans un ranch de cent dix mille hectares, à San Simeon en Californie, il avait fait bâtir une demeure de cent cinquante pièces avec divers édifices secondaires, et une profusion de pièces d'eau, de jardins et de terrasses.

Le tout avait coûté quarante millions de dollars. Avec le mauvais goût qui caractérisait les milliardaires américains issus du grand boom écnonomique du XIXe siècle et du début du XXe, Hearst avait dans sa nouvelle

1 Sa petite-fille, Patricia Hearst, devait défrayer la chronique en 1974 après son étrange enlèvement. Elle était accusée d'être complice de ses ravisseurs.

propriété, et de façon ahurissante, mélangé les styles les plus hétérogènes. Tours crénelées médiévales, minarets, coupoles mauresques, colonnades grecques et atriums romains, renaissance italienne, mosaïques de Cordoue, tapisseries byzantines, grilles andalouses, temples aztèques et incas, auxquels s'ajoutaient de fabuleuses collections des plus hétéroclites allant des œuvres de Picasso à d'admirables pièces d'orfèvrerie signées Benvenuto Cellini en passant par des antiquités égyptiennes et de vieilles croûtes sans valeur acquises auprès de rapins sans talent de Montmartre par les commis-voyageurs en art expédiés par Hearst dans tous les coins du monde[1].

C'était dans ce capharnaüm géant et dément que vivait Marion Davies, sans jamais, à l'admiration générale, effleurer la dépression nerveuse. C'était aussi là que Benjamin « Bugsy » Siegel allait lui rendre visite très souvent.

En effet, l'actrice était esseulée et sa solitude était notablement amplifiée par la magnitude de l'endroit où elle résidait. A l'époque Hearst traversait d'énormes difficultés. Déjà le krach de Wall Street en 1929 avait plongé son empire dans le marasme et il s'était même trouvé dans l'obligation d'amputer son ranch de San Simeon de la moitié de sa superficie. Près de dix ans plus tard, les effets du krach ne s'étaient pas encore complètement dissipés et, maintenant, il se voyait forcé de vendre son groupement de journaux, American Newspapers Incorporated, à un trust de banquiers. Les tractations avec les acheteurs le maintenaient éloigné de l'élue de son cœur qui, pour se consoler et aussi damer le pion à Constance Bennet et à la comtesse Di Frasso, avait jeté son dévolu sur le beau Bugsy.

Très flatté dans son orgueil par ses succès auprès des vedettes féminines de Hollywood, ce dernier sentait monter en lui une vocation de « scoreur ». Sur un petit carnet glissé dans la poche intérieure de sa veste, il notait les noms de ses « victimes » : Thelma Todd, Jean

1 La demeure de Hearst à San Simeon a été donnée par ses héritiers à l'État de Californie qui l'a classée monument national.

Harlow, Constance Bennett, Dorothy Di Frasso, Marion Davies...

Dorothy Di Frasso n'était pas une actrice de cinéma, mais comme sa classe était supérieure à celle des vedettes, Bugsy l'avait incluse dans sa liste.

Cependant, en ce qui concernait ses relations avec Marion Davies, le plaisir de coucher avec une très grande vedette n'était pas seul en cause. Récemment, il avait obtenu des renseignements très particuliers sur une affaire de meurtre qui s'était déroulée quatorze ans plus tôt. Ces renseignements lui avaient été transmis par Patrick Mc Gowan, l'ancien universitaire de Harvard, dont le talent de fouineur était incomparable. Bugsy entendait les exploiter. Après tout, il rackettait les vedettes masculines de Hollywood. Pourquoi pas les vedettes féminines aussi ? Surtout lorsqu'elles étaient plus qu'immensément riches comme Marion Davies...

Ce soir-là, il dîna avec elle à San Simeon après qu'elle eut terminé son travail quotidien au studio. Un dîner en tête à tête, à la table où s'étaient assis avant lui Joseph P. Kennedy, le père du futur président des États-Unis, Winston Churchill, Albert Einstein, Herbert Hoover, l'ancien président des États-Unis, Lord Mountbatten, Charles Lindbergh et le roi de Siam.

En 1938, l'actrice avait environ quarante ans. Elle en paraissait tout juste trente. Elle était très belle et il flottait autour de sa personne une atmosphère de gaieté et de fantaisie, accentuée par son exubérance qui prenait la plupart du temps son origine dans le penchant naturel qu'elle éprouvait pour l'alcool, ce qui la rendait aussi capricieuse et fantasque. Elle était affligée d'un léger bégaiement qui obligeait ses dialoguistes à pondre des répliques commençant par des syllabes sur lesquelles elle n'avait aucune chance de trébucher. Elle aimait sincèrement William Randolph Hearst mais avait mis au point avec lui un *gentleman's agreement* qui l'autorisait à avoir des aventures avec d'autres hommes, à condition qu'elles soient brèves et sans lendemain. D'un point de vue professionnel, c'était une très grande actrice, sinon la plus grande de Hollywood, mais l'attention constante que portait à sa carrière son « protecteur », par ailleurs producteur de cinéma au sein de la Cosmopolitan, entravait son élan vers des sommets plus élevés, car si Hearst était un génie dans le domaine journalistique, son flair était plus que contestable en matière de cinéma.

Marion Davies avait déjà beaucoup bu (du vin italien, son préféré) lorsqu'elle demanda à Bugsy :

– On t'accuse d'être un tueur, Ben, c'est vrai ?

Du tac au tac, il répliqua :

– On t'accuse d'avoir couvert un assassinat, Marion, c'est vrai ?

Elle sursauta, son verre heurta le chandelier en argent et un peu de vin se répandit sur la superbe nappe brodée.

– Pa... pardon ? bégaya-t-elle.

Bugsy se cala à son aise sur la chaise à haut dossier. Il commença par mentir :

– L'historiographie du crime m'a toujours fasciné...

Le mot *historiographie* lui avait été appris par la comtesse Di Frasso.

– J'aime faire des recherches... J'en ai fait sur le crime à Hollywood... Il y a déjà longtemps que tu es ici, mais peut-être ne te souviens-tu pas de toutes les affaires criminelles qui ont défrayé la chronique de cette bonne ville et, plus loin, de tous les États-Unis... Prends l'affaire Arbuckle, par exemple...

Fatty Arbuckle était une étoile mondiale du muet en 1921, un des plus grands comiques de l'écran. Un jour de cette année-là, il a donné une réception monstre qui a tourné à l'orgie. Il en a profité pour entraîner une jeune starlette, Virginia Rappe, dans une chambre et la violer... Tu me diras qu'elle avait un nom prédestiné[1] ... Quand il a été incapable de continuer, il a utilisé le col d'une bouteille de champagne... Virginia est morte à l'hôpital. Après trois jugements successifs et des sommes folles distribuées par les producteurs, Fatty a été acquitté. Mais sa carrière a été complètement ruinée. Il ne s'en est jamais remis et il est mort alcoolique il y a cinq ans.

Passons à William Desmond Taylor, metteur en scène à la Paramount, tué à coups de pistolet chez lui dans la nuit du 1er février 1922. C'était un véritable Casanova

1 *To rape*, en anglais : violer.

et il entretenait au moins une demi-douzaine de liaisons à la fois. Trois actrices de cinéma pouvaient l'avoir assassiné : Edna Purviance, Mabel Normand et Mary Miles Minter, mais aucune ne fut inculpée. Il est vrai que le diagnostic du coroner était : *mort par arrêt du cœur consécutif à une embolie.* Est-ce qu'habituellement les embolies sont provoquées par deux balles de calibre 38 tirées dans le dos ? Bien sûr, les trois actrices ne se sont jamais relevées du scandale.

Il y a trois ans, on a eu à déplorer la mort de Thelma Todd...

Bugsy estimait qu'il pouvait mentionner cette affaire sans risque de jouer avec le feu. Au contraire, n'était-ce pas habile ?

— ... disparue dans des circonstances plus que mystérieuses. Le grand jury a rapporté un verdict de suicide, mais qui a cru au suicide ?

Et puis, voici quatorze ans de cela, le meurtre qui te concerne plus particulièrement, Marion... Celui du producteur-metteur en scène Thomas Ince... dont justement on célébrait le quarante-troisième anniversaire à bord du yacht de Hearst, l'*Oneida.* D'habitude, pour un anniversaire, ce sont les bouchons de champagne qui pètent, pas les canons de pistolets !... En tout cas, Thomas Ince s'est retrouvé mort à l'hôpital après que l'*Oneida* soit revenu en hâte au port le plus proche. Tous les journaux contrôlés par Hearst ont publié qu'Ince était mort d'une indigestion.

Et là, naturellement, on peut se poser une autre question : est-ce qu'une balle dans le crâne provoque une indigestion ?

Bien sûr, l'enquête serait difficile à rouvrir maintenant, puisque l'on s'est empressé de sortir le cadavre de la morgue de l'hôpital et de le transporter au plus proche crematorium afin de l'y incinérer. Et tous les invités à bord de l'*Oneida,* dont toi, et aussi tes deux sœurs Ethel et Reine, témoignèrent qu'Ince était mort d'une indigestion provoquée par une trop grande absorption de nourriture et d'alcool.

Il n'y eut pas d'enquête officielle et l'affaire fut étouffée.

– C'é... c'était la vé... vérité... bégaya l'actrice. Tom est mort d'une indigestion.

Bugsy prit une cigarette dans le superbe coffret en argent ouvragé, l'alluma à la flamme du lourd briquet en or massif que lui avait offert la comtesse Di Frasso, souffla une bouffée de fumée, et sa main plongea à l'intérieur de sa veste. Il en sortit une enveloppe et, à travers la table, il l'expédia à Marion Davies. Elle atterrit sur l'assiette à dessert.

– Elle contient une photographie, expliqua-t-il d'un ton neutre. Cette photographie a été prise à la morgue de l'hôpital. Elle montre le visage de Thomas Ince. Avec le trou au milieu du front. La pellicule et les autres épreuves ont été rachetées à celui qui a pris le cliché, à l'époque. Rachetées un très bon prix. Cinq mille dollars. Mais cinq mille dollars ne durent pas quatorze ans. L'intéressé est complètement sans le sou aujourd'hui. Cette photographie vaut de l'or de nos jours. William Randolph Hearst qui éprouve en ce moment d'énormes difficultés avec ses journaux n'aimerait sûrement pas qu'elle paraisse dans la presse. Il est en train de vendre l'American Newspapers Incorporated et il doit éviter toute mauvaise publicité. La publication de cette photographie lui porterait un tort considérable...

Marion Davies était livide. Elle emplit son verre de vin italien à ras bord, en vida le contenu d'un trait et demanda :

– Com... combien ?

Bugsy eut un geste désinvolte.

– Cinq cent mille dollars. Sous forme de prêt, bien entendu, et avec attestation à l'appui. Attestation manuscrite et signée de ta main, ma chère Marion...

– D'ac... d'accord...

Benjamin « Bugsy » Siegel ne fut plus jamais invité à San Simeon après ce jour-là.

sy Siegel : le merveilleux
ire qui faisait sombrer les
rs des stars de Hollywood.
Photo United-Press

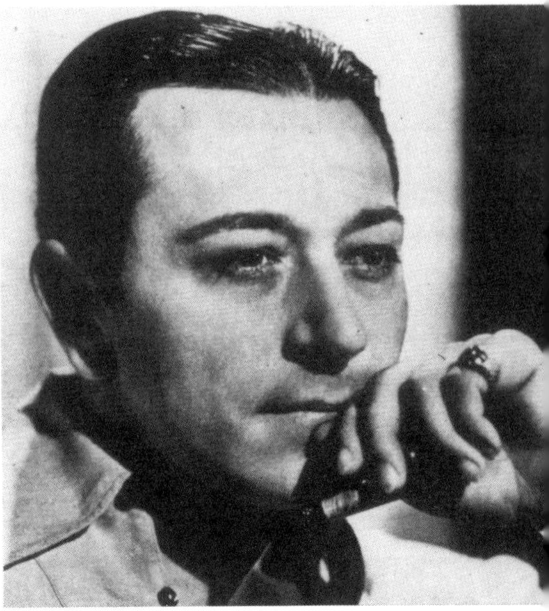

George Raft, le grand acteur de Hollywood, spécialiste des rôles de gangster depuis *Scarface*. Ami fidèle de Bugsy Siegel depuis leur enfance dans les quartiers misérables de New York.

Photo United-Press Information Service

Virginia Hill, l'amie des gangsters de l'Amérique, et, plus particulièrement de « Bugsy », dont elle partagea la vie durant quatre ans. Elle allait récupérer aux quatre coins des Etats-Unis l'argent qui provenait des activités du *Syndicat du crime*.

Photo Keystone

Comtesse Dorothy Dendice
lor DiFrasso, une aristocrate
enne d'origine américaine, à
ite — ici en compagnie de
·lène Dietrich et Charles
ver, tomba éperdument
oureuse de Bugsy et l'intro-
sit dans les cercles les plus
pés et aristocratiques de
lywood.

Photo Keystone

Abner « Longy » Zwillmann, le gangster qui régnait sur l'Etat du New Jersey. Il « finançait » la carrière cinématographique de Jean Harlow et était follement amoureux d'elle.

Photo Keystone

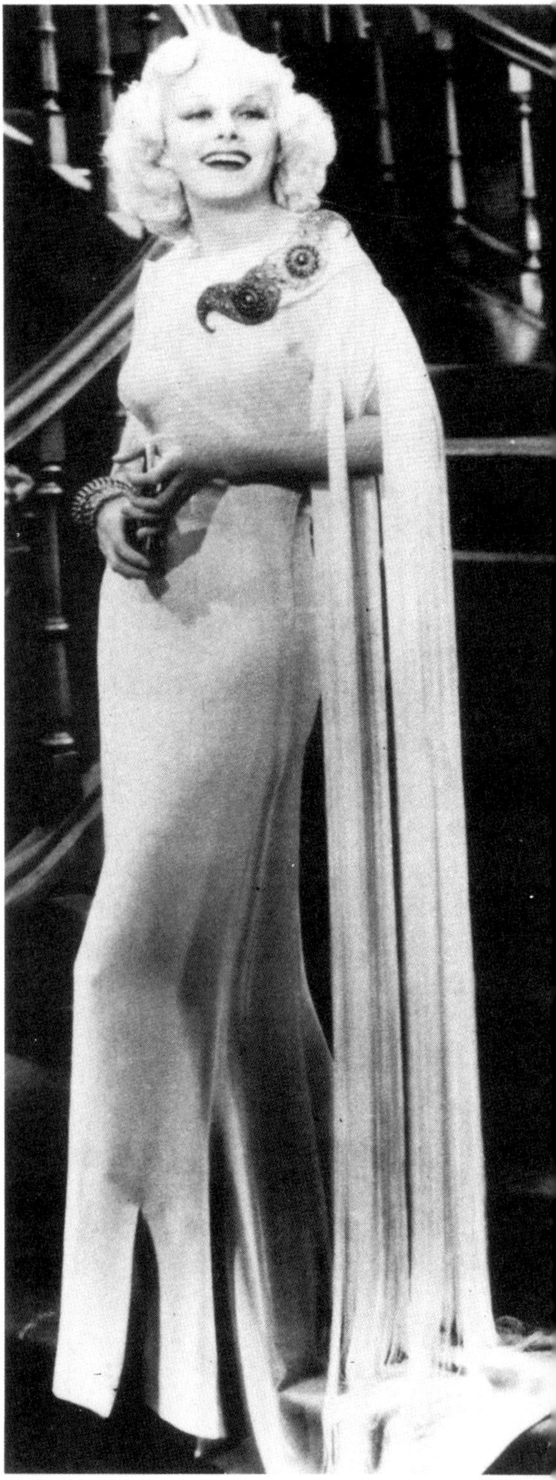

Jean Harlow, la vamp la plus célèbre des années trente, sur laquelle, quelque douze ans plus tard, Marilyn Monroe devait prendre modèle. Ce fut elle, en compagnie de George Raft, qui introduisit Bugsy Siegel dans la haute société de Hollywood.

Photo United Press Information Service

ux tueurs du Syndicat du me. A gauche : Abe « Kid vist » Reles, celui par qui le ndale arriva. Ses révélations cassantes sur le *Syndicat du me* aux Etats-Unis provoquèrent de nombreuses arrestations. Photographié ici lors de sa reddition à la police en compagnie de Irving Goldstein. Celui-ci, dont la ressemblance avec Edward G. Robinson était frappante, prétendait que c'était cette ressemblance même, qui était à l'origine du succès de l'acteur dans les rôles de gangster de cinéma.

Photo Keystone

Harry « Big Greenie » Gree
berg, un des lieutenants
Louis « Lepke » Buchalter. S
menaces de cracher le morce
à la police lui coûtèrent la v
Ce fut Bugsy qui fut chargé
faire taire à jamais le délate
en puissance.
Photo Keysto

Meyer Lanski, l'empereur
jeu, l'ami de Bugsy Sie
pendant de longues anné
Son nom fut cité comme un c
instigateurs de l'assassinat
Président John-F.-Kennedy.
Photo Keystc

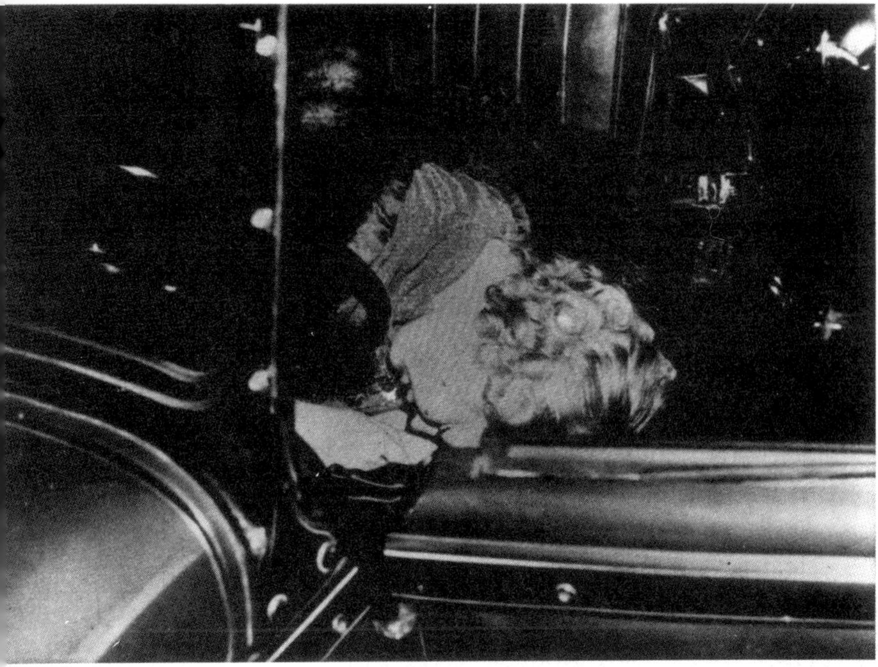

écouverte du cadavre de helma Todd, « asphyxiée par s gaz d'échappement de sa ackard ». L'enquête conclut à n suicide...

Photo Keystone

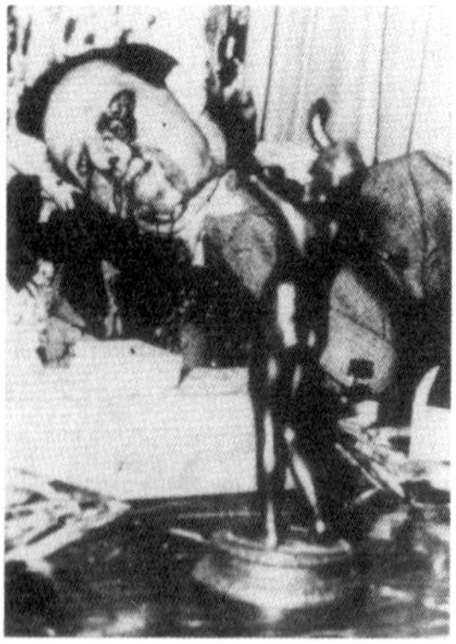

Bugsy Siegel quelques minutes après son assassinat.
Photo United-Press

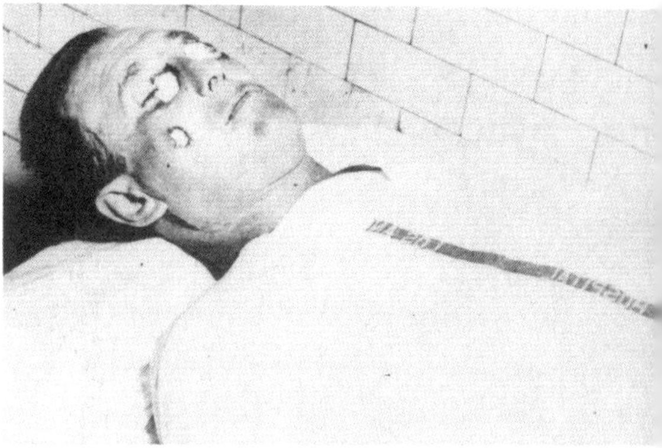

Bugsy Siegel, le visage lavé et rafistolé là où les balles ont frappé, celles d'un tueur à gages du *Syndicat du crime,* agissant sur l'instigation de Lucky Luciano.
Photo United-Press

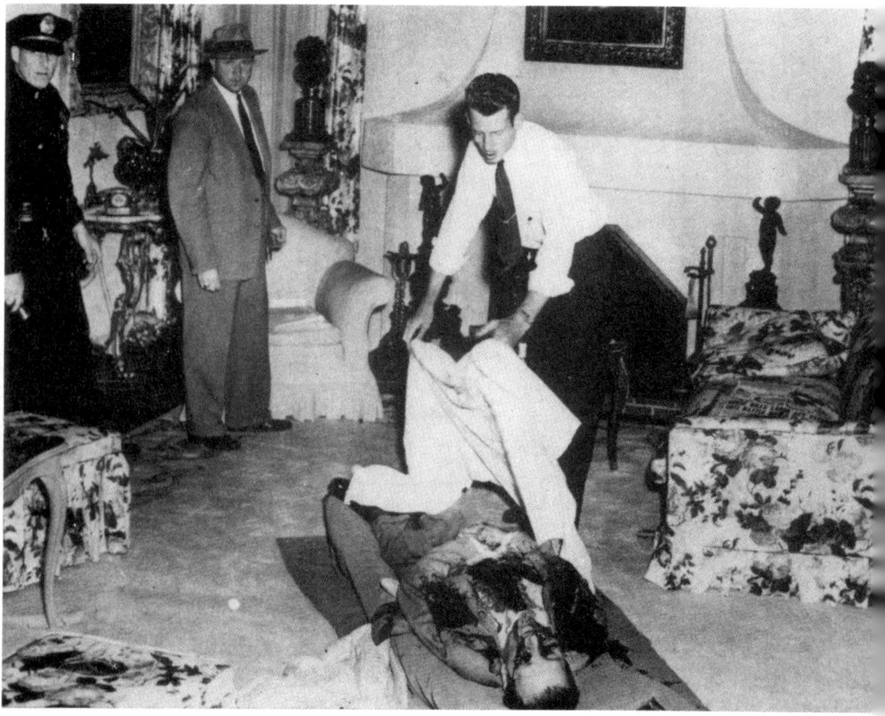

Bugsy Siegel allongé sur u brancard...
Photo United-Pres

CHAPITRE XVIII

Avant de s'embarquer pour l'Europe avec la comtesse Di Frasso au printemps de 1938, Benjamin « Bugsy » Siegel avait prudemment sollicité du syndicat du crime l'autorisation de faire le voyage. Avec la nouvelle organisation mise en place depuis 1934, les initiatives individuelles non sanctionnées par l'okay du consortium suprême étaient fortement déconseillées.

La demande de Bugsy fut agréée par Frankie Costello, « Longy » Zwillman, « Lepke » Buchalter, Frank Ericson et Charlie Fischetti. Cinq voix suffisaient.

En ce qui concernait Esther, son épouse, Bugsy n'avait sollicité aucune autorisation. Il l'avait placée devant le fait accompli, sans cependant lui préciser qu'il effectuait le voyage en compagnie de l'aristocrate américano-italienne, la raison invoquée étant la nécessité impérieuse dans laquelle il se trouvait d'aller régler en Europe des affaires urgentes relatives à la société Capitol Wine and Spirits, son affaire d'importation et de distribution de vins et spiritueux français qui tournait toute seule à New York avec, à sa tête, un businessman intelligent fourni par « Lepke » Buchalter.

Dorothy Di Frasso n'envisageait pas de traverser l'Atlantique autrement qu'à bord du *Normandie*, le prestigieux paquebot français détenteur, depuis l'année précédente, du record de vitesse de traversée dit « ruban bleu » en trois jours, vingt-deux heures et sept minutes. Ils se prirent donc chacun une cabine de première classe et commença pour eux un voyage enchanteur.

Dorothy Di Frasso avait annoncé sa venue à tous ses amis européens. Déjà on préparait sa chambre et celle de Bugsy.

La traversée se déroula dans une ambiance de fête. Le *Normandie* était le plus beau, le plus rapide et le plus moderne de tous les paquebots en service dans le monde. C'était l'orgueil et le plus beau fleuron de la marine marchande française. La traversée de l'Atlantique à son bord constituait une expérience fort recherchée par la riche clientèle d'oisifs, de milliardaires, qui faisaient habituellement l'aller et retour entre l'Amérique et l'Europe.

Bugsy apprécia fort l'ambiance qui régnait sur le paquebot[1].

Dès que le couple eut posé le pied en France, Bugsy eut l'impression de vivre un conte de fées. Dorothy Di Frasso avait dit la vérité. Elle connaissait beaucoup de monde et uniquement du beau monde. Ils furent reçus par le duc et la duchesse de Windsor, par Maurice Chevalier, par l'Aga Khan, par le roi d'Espagne en exil Alphonse XIII, par le prince Wilhelm, fils du Kronprinz de Prusse, par le roi Carol de Roumanie, par le grand-duc Cyrille, héritier de la couronne impériale de Russie, par beaucoup d'autres encore.

Chaque matin en se rasant Bugsy contemplait son visage avec orgueil dans le miroir au-dessus du lavabo. Lui, dont l'enfance misérable avait eu pour cadre le Lower East Side de New York, un des quartiers les plus sordides que l'on pouvait trouver dans le monde, à égalité avec les casbahs d'Afrique du Nord et les bidonvilles de Calcutta ou de Shangaï, côtoyait à présent des têtes couronnées ou qui l'avaient été, les grands de ce monde, ceux dont le rhume le plus

1. Quatre ans plus tard, se souvenant de la délicieuse traversée effectuée à bord du *Normandie*, Benjamin Siegel se fâcha violemment contre Albert Anastasia et son frère qui avaient fait incendier le paquebot français dans le port de New York le 9 février 1942. Les États-Unis étaient alors en guerre et l'opération était destinée à faire accepter par le gouvernement fédéral une collaboration avec le syndicat du crime en vue de faire pièce à d'autres sabotages du même ordre perpétrés par les forces de l'Axe.

Ceci en échange de la libération de Lucky Luciano de la prison de Dannemora.

bénin faisait la première page des journaux.

En compagnie de son mentor, il visita la France, la Suisse, l'Allemagne, le Portugal, la Grande-Bretagne, la Belgique, la Hollande. Il évita l'Espagne où faisait rage la guerre civile, et l'Autriche où venait d'être proclamé l'*Anschluss* et où l'ambiance était loin d'être aux festivités. Bugsy insista pour que la comtesse l'emmenât dans les musées, car il tenait à parfaire sa culture générale. Partout où il passait il écoutait très attentivement ce que disaient les gens et s'abstenait, lui-même, de parler. Si on voulait s'instruire, avait-il découvert, la première des vertus consistait à écouter et non à parler comme avaient malheureusement tendance à le faire tous ceux qu'il avait connus jusque là. Les amis de Dorothy Di Frasso avaient beaucoup à lui apprendre. Bugsy était donc tout ouïe.

Le français était la langue internationale utilisée par tous ceux qu'il côtoyait au cours de son périple européen, la langue culturelle, celle de la bonne société, le véhicule indispensable des idées et de l'intelligence. Avec stupeur il découvrit que c'étaient les épiciers, les marchands, et les hommes d'argent qui parlaient anglais.

Pas l'aristocratie.

Bugsy se mit donc à apprendre le français avec frénésie, et avec l'aide de la comtesse. En un temps record, il s'exprima dans cette langue plus que convenablement.

Restait à visiter l'Italie, la patrie d'adoption de Dorothy Di Frasso.

Pendant des semaines, Bugsy se prélassa en compagnie de cette dernière dans des lits d'époque, inconfortables mais précieux, installés au centre de chambres somptueuses dans des palais chargés d'histoire, à Venise, à Florence et à Rome.

Indépendamment de son titre de noblesse, Dorothy Di Frasso voyait s'ouvrir devant elle les portes les plus fermées grâce surtout à sa fortune considérable estimée en 1938 à quelques quinze millions de dollars. Un jour, elle et Bugsy furent invités au palais du Quirinal, résidence des rois d'Italie, à une réception donnée par Benito Mussolini entouré de son gendre, le comte Ciano, et de tous les dignitaires du régime. Bugsy fut ébloui par les toilettes somptueuses que portaient les femmes. Nulle part aux États-Unis il n'avait vu un tel goût ni une telle élégance.

Naturellement, Bugsy fut présenté au maître de l'Italie et à son gendre. Un aparté les réunit même tous les trois pendant deux minutes et Bugsy fut fasciné par la personnalité du Duce.

– On me dit que vous êtes une des grandes figures du crime américain ? attaqua Mussolini, ses yeux inquisiteurs braqués dans ceux de Bugsy.

Ce dernier esquissa un pâle sourire.

– L'Amérique est un vaste pays, une terre vierge, où toutes les vocations peuvent s'épanouir... répondit-il avec prudence. Je ne suis pas un criminel, Duce, mais un opportuniste. Certaines lois sont mauvaises et le public les accepte mal, comme par exemple celle sur la prohibition de l'alcool avant son abolition. C'est à une certaine catégorie d'hommes comme moi, suffisamment hardis, de fournir ce que réclame le public, alcool, jeux ou autres, et que ne consentent pas les législateurs appartenant à des époques définitivement révolues. Il faut balayer l'immobilisme. C'est d'ailleurs ce que vous avez fait dans votre propre pays, Duce, et c'est la raison pour laquelle l'Italie est devenue une grande nation sous votre gouvernement.

Bugsy était assez satisfait de l'habileté de son petit discours, qu'il avait débité sans tomber dans la basse, flatterie.

Mussolini passa le braquet supérieur :

– Que pensez-vous de la Mafia, monsieur Siegel ?

Bugsy sentit qu'il se trouvait à la lisière de sables mouvants. Il s'en tira par une pirouette :

– Les seuls *mafiosi* que j'ai jamais rencontrés vivaient à New York. C'étaient de vieux paysans tout habillés de noir, avec de grosses moustaches et un chapeau tout cabossé éternellement vissé sur la tête. Ils ne m'ont pas paru dangereux.

Le Duce eut un hochement de tête qui, apparemment, n'avait aucune signification. Il tourna les talons en lançant par dessus son épaule :

– Bonsoir, monsieur Siegel. Profitez de cette soirée.

Il y a de fort jolies femmes. Vous les aimez, je crois.

Le comte Ciano, lui, était resté. Il se pencha à l'oreille de Benjamin Siegel et murmura :

– Restez chez vous demain après-midi, monsieur Siegel. Vous y recevrez une visite intéressante...

Intrigué, Bugsy fit comme on le lui avait demandé et, le lendemain, il ne bougea pas du palais romain dans lequel le couple avait pris ses quartiers. La comtesse, elle, avait disparu comme par enchantement.

L'homme qui fut introduit au salon vers les quatre heures de l'après-midi, après la sieste traditionnelle, paraissait âgé, mais il se dégageait de sa personne une force et une énergie qui chargèrent immédiatement d'électricité l'atmosphère de la pièce.

Il se présenta :

– Arturo Bocchini. Je suis le chef de l'O.V.R.A.

L'O.V.R.A. était la police secrète politique du régime fasciste italien. C'était elle qui en 1924 avait perpétré l'assassinat du leader socialiste et opposant politique Matteotti.

Intérieurement, Bugsy fit la grimace en ayant la prescience que l'entretien n'annonçait rien de bon pour lui.

– Que puis-je faire pour vous ? demanda-t-il, avec son sourire charmeur plaqué sur ses lèvres, comme de coutume, afin d'amadouer le visiteur.

– Je ne perdrai pas mon temps en vaines paroles, monsieur Siegel, attaqua d'emblée Bocchini. Le consulat-général italien à Los Angeles, avant de vous délivrer votre visa, a procédé à une enquête sur votre compte. Vous êtes un tueur. Un tueur de haut niveau, mais un tueur quand même. C'est justement ce dont j'ai besoin.

Bugsy sentit un frisson désagréable lui parcourir l'échine. Voilà que ça recommençait ! Jamais il ne se débarrasserait de cette étiquette !

– Expliquez-vous, répliqua-t-il d'un ton sec, sans acquiescer et sans nier.

– Notre Duce poursuit depuis quelques années une œuvre d'assainissement en Sicile : l'élimination de la Mafia, cette gangrène qui ronge l'île depuis des siècles. Personne avant notre Duce n'a osé s'attaquer au cancer, si bien que cette organisation malfaisante a pu prospérer tout à son aise en exploitant la population déjà misérable de Sicile. Mais les résultats déjà enregistrés par le fascisme sont formidables[1]. Cependant, ces résultats, ne concernent que les troupes et les cadres moyens. Les gros bonnets restent en place. Certains sont même des dignitaires du régime bénéficiant de puissantes protections. Néanmoins leur action est entravée par le fait que leurs ressources financières sont coupées puisque les rackets traditionnels de la Mafia ont été complètement éliminés. C'est ici qu'intervient un certain Vito Genovese...

Bugsy sursauta. Est-ce qu'on lui demandait d'aller tuer Vito Genovese, l'ancien lieutenant de Lucky Luciano, qui, pour fuir une inculpation d'assassinat, avait quitté les États-Unis pour regagner son pays natal ?

– ... Il a été suffisamment astucieux pour s'assurer des appuis politiques importants après son retour des États-Unis, poursuivait Bocchini. Certains membres de notre régime sont inconscients et manquent de lucidité. Ils font de l'à-peu-près, de la politique à courte vue. Vito Genovese est ainsi devenu le lien entre les criminels de la Mafia établis aux États-Unis et ceux restés ici. Dans votre pays, la Mafia a profité de la faiblesse traditionnelle des démocraties pour s'enrichir sans vergogne dans le Crime. Elle y est immensément riche et puissante. De sa prison de Clinton[2] Lucky Luciano continue de donner des ordres et de diriger son empire de vice et de corruption. Mais comme elle a une tradition bien ancrée : celle de ne jamais laisser tomber les amis, elle alimente en sommes fabuleuses les amis restés au « vieux pays », et recela, par l'intermédiaire de Vito Genovese. Le but recherché ? Saper les bases du régime fasciste afin de le

1. Lors d'une de ses visites en Sicile, Mussolini avait pu constater de visu l'emprise de la Mafia sur l'île, qui réduisait la population à une misère noire. Il nomma aussitôt préfet de Sicile Cesare Mori, un homme énergique et incorruptible, qui, avec l'aide des carabiniers et des Chemises Noires fascistes, entreprit de nettoyer l'île de ses *mafiosi*. La tâche était ardue tant les racines de ces derniers étaient profondes, mais le Duce avait donné carte blanche à Mori. Sans s'embarrasser de légalisme, il fit condamner à mort, aux travaux forcés, ou déporter aux îles Lipari, des milliers de *mafiosi*. Mais il fut muté lorsqu'il s'attaqua aux gros bonnets.

2. Nom officiel de la prison de Dannemora.

faire crouler et instaurer un régime démocratique avec l'aide de nos ennemis, la France et l'Angleterre. Dans un régime démocratique, escomptent-ils en se fiant sur l'exemple des États-Unis, la Mafia serait à nouveau forte et florissante.

Accablé, Bugsy grogna :

– J'ai compris. Vous voulez que je descende Vito Genovese.

Un sourire méprisant fleurit sur les lèvres d'Arthur Bocchini.

– Pas du tout, répondit-il. Cela, mes hommes peuvent le faire à n'importe quel moment.

– Alors ?

– Ceux que je veux voir éliminés ce sont les chefs *mafiosi* aux États-Unis...

Bugsy se raidit. Très lentement, avec mille précautions tout comme s'il s'agissait d'un précieux manuscrit de la mer Morte, Arturo Bocchini sortit une feuille de papier de sa poche et la déplia avant de la tendre à son interlocuteur.

– Voici la liste des gens à faire disparaître de la surface de la terre. Pour chacun d'eux vous toucherez cent mille dollars. Payables aux États-Unis ou dans quelque autre endroit que vous désirerez. La somme dépasse de loin ce que l'on paie d'habitude pour ce genre de travail, mais il faut avouer que votre tâche sera de moins en moins aisée au fur et à mesure que vous avancerez en besogne, car les futures victimes se méfieront de plus en plus en voyant leurs compagnons abattus et soupçonneront un complot, ce qui les incitera à prendre des précautions inhabituelles et votre campagne d'épuration n'en sera pas facilitée.

Bugsy consultait la liste avec un effroi grandissant. A tout seigneur tout honneur : le premier nom était celui de Charly Lucky Luciano. Venaient ensuite les autres Siciliens, Gaetano Gagliano, Joe Profaci, Joe Bonanno, Philip et Vincent Mangano, tous ceux-là de New York, Joseph dit Adonis, Frank Coppola, les Fischetti de Chicago et bien d'autres.

En tout, vingt noms. Un « contrat » de deux millions de dollars ! Insensé ! Les gangsters non-Siciliens mais italiens ne figuraient pas sur la liste. Pas de Frank Costello, pas d'Al Capone dans sa prison d'Alcatraz, pas d'Albert Anastasia. Les Juifs et les Irlandais et les autres n'y figuraient pas non plus. Pas de Frank Ericson, pas de « Longy » Zwillmann, pas de « Lepke » Buchalter, pas de Meyer Lansky, pas de « Dandy » Phil Kastel ou d'Owney Madden. Rien que des Siciliens.

Les yeux baissés sur la liste, Bugsy réfléchissait intensément. Quel était le rôle joué par la comtesse Di Frasso dans cette affaire ? Celui de l'hameçon ? Était-elle une agente de Mussolini aux États-Unis ? Ses relations mondaines lui permettaient-elles la cueillette de renseignements qu'elle communiquait au Duce ou à Ciano ? Et lorsqu'elle avait jeté son dévolu sur lui agissait-elle sur ordre ? Le voyage en Europe n'était-il qu'un prétexte pour l'amener ici devant Arturo Bocchini afin de se voir soumettre cette offre démente ?

Il releva les yeux et fixa le chef de l'O.V.R.A.

– Alors, qu'en pensez-vous ? s'impatienta ce dernier.

Bugsy haussa les épaules.

– Ce n'est pas irréalisable, mais...

– Vous acceptez ? coupa Bocchini.

– Je vous ai déjà dit que je ne suis pas un tueur, mais je connais des gens qui le sont. Je pourrais peut-être leur en parler. De toute façon, il faut que je réfléchisse. Je ne peux pas me décider aussi vite. Disons, demain ici à la même heure ?

– D'accord, grogna Bocchini en se levant après avoir repris sa liste des mains de Bugsy.

Dès qu'il fut sorti, ce dernier n'attendit pas le retour de la comtesse Di Frasso. Il abandonna tous ses bagages, se contentant de prendre son argent avec lui, et, par une fenêtre, il sauta dans le jardin, gagna une porte dérobée et quitta le palais romain. A la gare il prit un train pour Naples où il arriva à l'heure prévue. C'était un des slogans du régime fasciste : **avec Mussolini les trains arrivent désormais à l'heure !**

Vito Genovese vivait à Naples. Bugsy savait comment le contacter. En fait, d'ailleurs, il avait un message verbal à lui communiquer de la part de Lucky Luciano, message qui lui avait été transmis par l'entremise de Frank

Costello avant son départ des États-Unis.

Genovese le prit en charge, écouta attentivement le texte du message et la relation que lui fit Bugsy de sa conversation avec Arturo Bocchini, et s'occupa de faire gagner clandestinement la France à Bugsy en l'expédiant à bord d'une vedette ultra-rapide embarquer hors des eaux territoriales italiennes sur un cargo français qui faisait la ligne Tunis-Marseille.

Bugsy ne s'attarda ni en France ni dans un autre pays européen. A Paris il prit le premier avion à destination de New York où il renouvela sa garde-robe. A Paris, cependant, il avait eu le temps de lire dans un journal américain un long article qui lui donna une autre idée pour faire de l'argent à bon compte...

A New York, en dehors des préoccupations relatives à sa garde-robe, il s'occupa de faire convoquer le conseil suprême du Syndicat devant lequel il exposa l'étrange proposition qu'on lui avait faite à Rome. Il évita néanmoins de livrer les soupçons qu'il nourrissait à l'égard de la comtesse Di Frasso, car il prévoyait, s'il l'avait fait, qu'un « contrat » serait immédiatement délivré pour abattre l'aristocrate américano-italienne. Et, malgré leur différence d'âge, Bugsy restait très attaché à Dorothy Di Frasso...

Celle-ci, d'ailleurs, quand elle eut regagné Hollywood, lui jura ses grands dieux qu'elle n'était pour rien dans l'affaire de Rome...

CHAPITRE XIX

Esther sentait que son mari se détachait d'elle, mais lorsqu'elle abordait ce sujet avec lui elle se heurtait à un mur. Il adorait ses deux filles, Millicent et Barbara, et sans doute aimait-il aussi profondément sa femme, mais la vie nouvelle qui s'était offerte à lui depuis son arrivée à Hollywood l'avait complètement transformé et sa fidélité conjugale, intacte pendant plusieurs années, avait volé en éclats au contact des stars de Hollywood qui comptaient parmi les plus belles femmes du monde. Il estimait qu'Esther n'avait pas à se plaindre, qu'elle disposait de tout l'argent qu'elle voulait, et qu'elle menait une vie merveilleuse, exempte de tout souci. Quant à lui, il apparaissait de moins en moins souvent à sa résidence de Holmby Hills.

Dès son retour à Hollywood il entreprit de concrétiser l'idée qu'il avait eue à Paris en lisant l'article de journal.

A l'époque la guerre civile entre républicains et nationalistes faisait rage en Espagne. Errol Flynn, avec sa fougue habituelle, était parti là-bas s'engager dans les rangs des gouvernementaux. L'article de journal prétendait qu'il ne s'était pas embarqué sans biscuits et qu'il avait dans ses valises un million de dollars collectés auprès des vedettes de Hollywood. Naturellement, cela était faux. Mais l'idée était bonne à exploiter, s'était dit Bugsy. Il entreprit donc une vaste collecte auprès des Hollywoodiens connus pour leurs opinions libérales ou de gauche. Pour la plupart, ils étaient juifs, ce qui donna à Bugsy un argument supplémentaire. La lutte du peuple républicain espagnol était leur lutte, prétendit-il, puisqu'il combattait le fascisme et, partant, le nazisme, ce nazisme qui faisait tant de mal aux Juifs d'Allemagne. Et Bugsy concluait, la larme à l'œil :

– Alors, Sammy, est-ce que toi tu ne vas pas verser ton obole à une cause aussi juste ? Quand tu verses vingt-cinq mille dollars tu t'évites peut-être d'être un jour transformé en savonnette ! Moi aussi je suis juif, et c'est comme ça que je réagirais !

Le montant de la collecte dépassa le million de dollars et ils crachèrent tous au bassinet, d'Edward G. Robinson à Melwyn Douglas, en passant par Samuel Goldwyn et Jack Warner.

Evidemment, il n'atteignit jamais l'Espagne. Bugsy se moquait éperdument des républicains espagnols et de leur cause. Quant à Hitler, il avait sur lui l'opinion qu'avait Al Capone de Napoléon 1er et qu'il formulait ainsi :

– Quelle différence existe-t-il entre Napoléon et moi ? Aucune. C'est le plus grand racketteur de tous les temps. C'est inimaginable ce qu'il a pu piquer dans toute l'Europe. Pas seulement des territoires, mais aussi des butins fabuleux. Dès qu'il prenait une ville, il la mettait au pillage. Quand un roi avait perdu la guerre, il lui faisait payer cher sa défaite. Ce n'est pas le plus beau des rackets, ça ? Et moi, qu'est-ce que je fais d'autre ? Si, quand même, il y a une différence entre Napoléon et moi, c'est que lui il avait toute l'Europe, alors que moi, je n'ai que Chicago...

Ensuite, en l'espace de trois mois, Bugsy mit sur pied un vaste réseau destiné à s'introduire dans un circuit qu'il avait négligé jusque là. Celui du silence tarifé.

Pour l'année 1937 seulement, les studios avaient payé la somme fantastique de soixante quinze millions de dollars afin que ne soient pas ternies les images de marque de leurs vedettes qui, conformément aux impératifs du *star-system*, devaient apparaître aux yeux du public comme de pures colombes aux préoccupations célestes, aux besoins évanescents, flottant avec légèreté dans un monde irréel, et dont, comme les anges, on ne savait si elles avaient un sexe. Depuis quelques années un vent de pureté soufflait donc sur Hollywood et les studios se donnaient un mal fou afin que soient tuées dans l'œuf toutes les allusions à un procès en recherche de paternité, à une liaison scandaleuse, à un adultère, à une arrestation pour conduite en état d'ivresse, voire à un meurtre, qui auraient eu pour protagoniste une de leurs chères vedettes, chères à tous les points de vue, d'ailleurs.

Les soixante quinze millions de dollars en 1937 avaient servi à jeter un voile pudique sur des affaires qui auraient gravement porté dommage au label immaculé des idoles du public cinématographique.

Parallèlement, on incitait des vedettes qui vivaient en concubinage à régulariser leur situation : Clark Gable et Carole Lombard, George Raft et Virginia Pine, Constance Bennett et Gilbert Roland, Robert Taylor et Barbara Stanwyck, Charlie Chaplin et Paulette Goddard, et beaucoup d'autres moins connus.

Bugsy s'intégra dans le circuit et il se tailla une place de choix dans ce qu'il appela le *mudpit*[1]. Il conservait toujours sa manière feutrée pour approcher les producteurs, mais ses exigences étaient un peu moins arrondies aux angles, car le temps du mépris était arrivé pour lui. La fréquentation des têtes couronnées d'Europe avait, dans son esprit, fait rétrograder d'un cran la société hollywoodienne qui lui avait paru présenter tant de charmes et de prestige lors de son arrivée dans la capitale du cinéma l'année précédente.

Comparés au roi Carol de Roumanie, au duc de Windsor, à l'Aga Khan, au roi même en exil Alphonse XIII, qu'étaient donc les producteurs de Hollywood ? Rien. Sam Goldwyn était un ancien gantier, Jack Warner, un ancien tailleur, Adolph Zukor, un ancien fourreur, et Louis B. Mayer, un ancien ferrailleur. Quant aux stars, leur standing n'était pas plus reluisant. Clark Gable avait été bûcheron, Errol Flynn, planteur de tabac, David Niven, matelot de pont, Lupe Velez, vendeuse à Mexico-

1 Puits à boue.

City, Marion Davies, danseuse, Carole Landis, chanteuse d'orchestre.

Bugsy les considérait, à présent, d'un œil nouveau beaucoup plus hautain.

Cette année-là, il s'attaqua aussi à *Autant en emporte le vent* dont le budget de production engloutissait des millions de dollars et qui employait des milliers de figurants. C'est que Carlo Gambino faisait des apparitions de plus en plus fréquentes et pompait généreusement dans ses réserves...

Allongé à l'ombre d'un parasol, sur le bord de sa piscine aux proportions gigantesques, son corps merveilleusement bronzé mollement étendu sur un transatlantique, Benjamin « Bugsy » Siegel faisait le point.

Dans le domaine professionnel, ses affaires étaient florissantes. Les courses de chevaux, de chiens, les paris clandestins, sa flottille de bateaux-casinos, l'I.A.T.S.E., le syndicat des figurants et les « prêts personnels » consentis par les producteurs et les vedettes de Hollywood, lui assuraient des revenus plus que confortables dont, malheureusement, ses « parrains » du syndicat du crime s'attribuaient la part du lion, ce qui le mettait en rage.

Il se consola en songeant à sa vie personnelle qui, elle, le comblait de joie et d'orgueil. Le monde cinématographique de Hollywood était sous son joug et les actrices se traînaient à ses pieds. La liste des noms sur son petit calepin s'allongeait sans cesse. A Jean Harlow, Constance Bennett, Marion Davies, il avait ajouté Carole Lombard lors d'une brouille d'une semaine de la star avec Clark Gable, son futur mari, Joan Crawford, Carole Landis, celle qu'on appelait le « fourneau-à-sexe », et Lupe Velez. Mais cette dernière, une Mexicaine volcanique, n'avait pas profité longtemps des faveurs de Bugsy. Elle avait la triste habitude de ne jamais se laver et, un jour, Bugsy, écœuré à la vue de ses mains noires de crasse, lui avait lancé :

– Enlève donc tes gants !

Un vase à fleurs pesant plusieurs livres et contenant un demi-gallon d'eau et six douzaines de roses avait volé dans sa direction, propulsé avec une force incroyable par l'irascible Mexicaine, et Bugsy s'était enfui à tout jamais.

Avec Carole Lombard, c'était le langage ordurier de la star qui l'avait choqué. Depuis qu'il fréquentait la bonne société, Bugsy mettait un point d'honneur à parler un anglais châtié, un langage correct épuré des locutions populaires de Brooklyn ou du Lower East Side, en s'astreignant à adopter l'accent chic de Boston (sauf lorsqu'il avait affaire à des gangsters, afin d'éviter d'être taxé de mépris à leur égard et d'en subir les conséquences à brève échéance, l'*underworld* n'appréciant guère les snobs) Carole Lombard, elle adorait les phrases du genre : « Va te faire foutre, enfoiré ! », « Si tu savais comme tu me fais chier, pauvre con ! » ou « Pousse ton cul que je m'asseoie ! ».

Bugsy avait poussé un soupir de soulagement quand elle avait décidé de retourner chez Clark Gable. En partant, elle lui avait malgré tout décoché une flèche de Parthe :

– T'as beau avoir le bout du nœud coupé comme tous les enfants de salaud de youpins, comme baiseur, t'arrives pas aux poils des couilles de Clark !

Bugsy s'était contenté d'éclater de rire. Pendant une semaine, Carole avait été tout de même une fille adorable et pleine de fantaisie !

Carole Landis, « le fourneau-à-sexe », n'avait jamais oublié qu'elle avait été chanteuse d'orchestre et son grand plaisir, pendant des heures, c'était d'accompagner de paroles un morceau de musique instrumentale enregistré sur disque et joué sur un gramophone archaïque dont le coffre de bois était méticuleusement astiqué tous les matins par la vieille servante originaire d'Alabama, et ce, sur les instructions expresses de la star.

Ainsi, pendant des heures, Bugsy avait écouté *Honeysucklerose, Stormy Weather, Ramona, Bei mir bist du schön, Tea for two* et autres succès. Carole Landis souffrait d'être considérée uniquement comme un fourneau à sexe et aurait voulu devenir une vedette de comédie musicale comme Ginger Rogers ou Jeannette Mc Donald. Mais la loi des studios était impitoyable. Une fois qu'on était catalogué dans un emploi, on y restait jusqu'à la fin de ses jours sauf chance extraordinaire. Ainsi en était-il des « gangsters » James Cagney, George Raft, Edward G. Robinson et Humphrey Bogart, des « cow-boys » John Wayne, Gary Cooper et « Hopalong » Cassidy, du héros de cape et d'épée Errol Flynn, de la danseuse Ginger Rogers, de l'ingénue Deanna Durbin, de la « garce » Bette Davis et de la « vamp » Greta Garbo.

Carole Landis avait été cataloguée comme un « fourneau-à-sexe » et elle resterait un « fourneau-à-sexe » jusqu'à la fin de ses jours...

A la liste sur le calepin, il fallait aussi ajouter une jeune vedette dont l'étoile montait au firmament de Hollywood : Linda Darnell. Bugsy l'avait soufflée à Howard Hughes et la lui avait rendue. Howard Hughes lui avait été présenté par George Raft dont le premier grand succès avait été *Scarface* produit par la firme R.K.O. dont le patron était Howard Hughes.

Bugsy aimait bien Howard Hughes qui était le playboy le plus célèbre de Hollywood. Certes, ce dernier lui faisait concurrence, mais, dans ce domaine, il y avait de la place pour tout le monde à Hollywood, d'autant que la spécialité du milliardaire texan était avant tout les starlettes inconnues qu'il lançait en leur procurant un rôle à la R.K.O., telles Marion Marsh, Jean Harlow (avec la complicité de « Longy » Zwillmann) Linda Darnell, Lana Turner, Ava Gardner, Katharine Hepburn et Ginger Rogers. Son flair pour le talent était fantastique car toutes celles qu'il lançait devenaient de grandes vedettes.

Bugsy admirait en lui son côté sportif.

Propriétaire des usines d'aviation Hughes Aircraft Corporation, le Texan dessinait lui-même les plans d'avions révolutionnaires soit militaires soit commerciaux dont il ne laissait à aucun pilote d'essai le soin de prendre les commandes une fois construits. Sa responsabilité, estimait-il, couvrait non seulement le stade de la conception mais aussi celui de la mise en vol. Ainsi, en 1935, il s'était envolé de Santa Ana près de Los Angeles et avait battu le record de vitesse du Français Delmotte :

563 km/h contre 500, ce qui lui avait valu d'être proclamé « l'aviateur de l'année ». Trois ans plus tard, au mois de juillet 1938, il s'envolait de l'aérodrome de Floyd Bennett à New York et bouclait le tour du monde en 91h41mn, pulvérisant ainsi le record mondial. New York lui avait fait une parade monstre et il avait remonté Broadway sous une pluis de confettis en déchaînant de la part de la foule un enthousiasme encore plus grand que celui qui avait salué le retour de Lindbergh.

Bugsy adorait dîner chez Hughes et l'entendre conter ses exploits sportifs.

Une milliardaire qu'il fréquentait aussi était Barbara Hutton chez qui l'avait amené Dorothy di Frasso. L'héritière des magasins à prix unique Woolworth, qui allait épouser l'acteur Cary Grant deux ans plus tard, était considérée comme la femme la plus riche du monde. Elle était, malgré sa fortune, extrêmement sympathique, avec un sens profond de l'humour, et Bugsy l'aimait beaucoup. Un jour, elle lui avait demandé :

– Avec votre physique de jeune premier et tous les succès féminins que vous comptez, vous devriez être acteur. Vous seriez dans la note.

Bugsy avait souri avec indulgence et avait répondu d'une voix très douce :

– Il est faux de croire que tous les acteurs sont des don Juan. Regardez le plus fameux d'entre-eux, le don Juan des don Juan sur l'écran au temps du muet. Le grand Rudolph Valentino ! Il était pour ainsi dire impuissant et ses deux épouses successives étaient des lesbiennes ! Et puis, dans un autre domaine maintenant, est-ce que tous les acteurs réussissent ? Ou durent longtemps ? Qui peut le savoir ? Pas eux, en tout cas, ni même les producteurs ! Et encore moins le public si versatile ! Qui se souvient encore de John Bowers[1], une grande vedette à une certaine époque, qui tomba dans l'oubli et un jour décida de se suicider en nageant aussi loin qu'il pouvait au large de la côte ? Et, toujours, qui

1 C'est la vie de John Bowers qui servit de thème central dans les trois versions successives du film *Une étoile est née*.

se souvient de George Hill, de James Murray, de Lou Tellegen, d'autres vedettes célèbres à un moment ? Vous avez entendu parler du suicide de Lou Tellegen ?

– Non, avait répondu la milliardaire.

– Quand il a découvert qu'il n'était plus une star en 1935, il a vidé sur le sol toutes les coupures de presse de ses albums, s'est assis au milieu, s'est ouvert la poitrine avec des ciseaux en or, et il s'est arraché le cœur !...

En dehors de ses dîners chez les milliardaires, Bugsy fréquentait tous les endroits à la mode. Il était de bon ton de se montrer au Cotton Club à Culver City le dimanche soir, au Cocoanut Grove le lundi, au Club Montmartre le mardi, au Roosevelt Hotel le mercredi, au Brown Derby le jeudi, et le vendredi et le samedi, soit au Clover Club soit au Ciro's.

Un endroit qui amusait beaucoup Bugsy était le Mae's. C'était la maison de rendez-vous la plus somptueuse, la plus sophistiquée et la plus chère du monde, dix fois plus chère que la plus chère des maisons closes de la terre.

Elle appartenait au réseau Lucky Luciano, géré en son « absence » par Frank Costello.

Elle était dirigée par une tenancière à la taille et à la poitrine généreuses, qui se faisait appeler Mae. Ceci par référence à la célèbre actrice Mae West, car la tenancière ressemblait comme une sœur à Mae West. Elle parlait comme elle, s'habillait comme elle, avait adopté toutes ses mimiques et ses tics et était capable de citer des centaines de répliques de ses films.

Elle était réellement Mae West !

Et ses « filles » étaient au diapason. Il y avait là « Barbara Stanwyck », « Irène Dunne », « Greta Garbo », « Carole Lombard », « Claudette Colbert », « Marlène Dietrich », « Ginger Rogers », « Janet Gaynor », « Olivia de Havilland », d'autres encore. Elles ressemblaient de façon stupéfiante aux stars dont elle jouait merveilleusement le rôle, elles avaient les mêmes voix, les mêmes maniérismes et connaissaient par cœur des répliques de leurs films. Des dizaines de milliers de dollars avaient été investis dans leur recrutement et dans leur formation. « Claudette Colbert », par exemple, était une demi-mondaine de Paris qu'on avait fait venir à grands frais de France et à qui il avait fallu commencer par enseigner l'anglais, sans lui faire perdre son accent français, comme la vraie Claudette Colbert. « Marlène Dietrich » n'était pas allemande mais suédoise. C'était la seule qui commettait parfois des fautes. Quand elle avalait son verre d'un seul trait, elle avait tendance, au préalable, à dire « *Skol* » au lieu de « *Prosit* ».

On venait chez Mae's de tous les coins d'Amérique, à condition, bien sûr, que l'on ait les moyens de payer les tarifs vertigineux pratiqués là. Mais si c'était le cas, alors le banquier new-yorkais, le pétrolier texan ou le constructeur d'automobiles de Detroit passait une nuit merveilleuse et mémorable avec la star de ses rêves dans le décor somptueux d'une chambre reconstituée sur le modèle d'une scène tirée d'un des films de la vedette.

Un des producteurs de Hollywood, marié à une star célèbre, venait passer là toutes ses nuits quand sa femme était absente. Après des centaines de nuits passées avec le double de son épouse, il jurait avec la plus entière bonne foi et la plus grande sincérité qu'il n'avait jamais trompé sa femme.

Dans Mae's, Bugsy, reconnaissait tout le talent et toute l'imagination de Lucky Luciano qui savait tirer profit des moindres faiblesses humaines.

Oui, ce jour-là, allongé sur le transatlantique, sous le parasol au bord de sa piscine de Holmby Hills, Bugsy se sentait infiniment heureux. Il avait pleinement réussi sa percée dans Hollywood...

Le majordome philippin vint le tirer de sa rêverie béate.

– On vous demande, monsieur Siegel.

– Qui ?

– La personne ne veut pas dire son nom.

Intrigué, Bugsy se leva, enfila un peignoir de bain et réintégra la maison. Dans le hall il buta contre le visiteur. En le reconnaissant il fit intérieurement la grimace. C'était Mendy Weiss, le second lieutenant de Louis « Lepke » Buchalter, celui plus spécialement chargé des liquidations en tous genres lorsque l'appel à l'exécuteur des hautes œuvres du Syndicat, Albert Anastasia, ne se faisait pas impérieusement sentir.

– Salut, Benny, croassa le visiteur.

– Salut, Mendy. Que se passe-t-il.

Mendy Weiss fit signe à Bugsy de le suivre au dehors. Lorsqu'il fut certain que nulle oreille ne les écoutait, il lâcha :

– Un « contrat ». C'est important. Directement ordonné par le *boss*.

Bugsy sursauta. Voilà que ça recommençait ! On ne le laisserait donc jamais tranquille ?

– Et Double A. ? protesta-t-il.

– Lepke a dit : « Donne le contrat à Benny. La Californie, c'est son territoire. On n'a pas à y mettre les pieds sans son accord. » Voilà... le message est délivré...

Bugsy sentit sa poitrine se gonfler d'orgueil. Enfin, on reconnaissait que la Californie était son territoire, tout comme la Louisiane était celui de « Dandy » Phil Kastel et le New Jersey celui de « Longy » Zwillmann. Il était l'égal des Grands !

Sa rancœur s'évanouit.

– Quelle est la « cible » ? demanda-t-il.

– Big Greenie.

CHAPITRE XX

Contrairement à ce qu'il pensait, les ennuis commencèrent pour Benjamin « Bugsy » Siegel après la visite de Mendy Weiss.

Ceux de Louis « Lepke » Buchalter avaient commencé deux ans plus tôt.

Depuis 1933, un grand jury fédéral poursuivait cent cinquante huit personnes pour violation de la loi anti trust dans le domaine de l'industrie de la fourrure que contrôlait « Lepke » à New York. Parmi ces cent cinquante huit personnes figuraient « Lepke » et Gurrah Shapiro. Après diverses péripéties, une condamnation à trois mille dollars d'amende suivie d'un appel, d'une annulation, d'une autre condamnation, d'un reappel, toutes choses qui avaient duré quatre ans, « Lepke » avait senti en 1937 qu'une déplaisante odeur de roussi flottait pour lui dans les couloirs de la Justice fédérale surtout lorsqu'il avait appris que le juge qu'il « arrosait » généreusement venait d'être révoqué.

Aussi avait-il décidé de prendre le maquis, en laissant à ses deux lieutenants, Paul Berger et Mendy Weiss, le soin de veiller sur ses affaires, mais en continuant de dispenser ses ordres à partir de la retraite sûr que lui avait fournie Albert Anastasia dans une maison discrète de Brooklyn, dans le quartier de Flatbush, tenue par la veuve d'un gangster assassiné, et où venaient lui rendre visite clandestinement les chefs du Syndicat comme Frank Costello ou « Longy » Zwillman, ou encore Benjamin « Bugsy » Siegel avant et après son voyage en Europe avec la comtesse di Frasso.

Mais la police fédérale et celle de l'État de New York avaient alors lancé la plus gigantesque chasse à l'homme qu'on ait jamais connue sur le territoire des États-Unis. Une brigade spéciale fut créée pour le retrouver. Des centaines de milliers d'affiches promettant une récompense de vingt-cinq mille dollars furent placardées sur tous les murs du pays.

Un des dictions favoris de « Lepke » était : « Toute enquête se casse la gueule quand les flics n'ont pas de témoins sous la main. »

Il ordonna alors à certains de ses lieutenants de prendre le maquis et de s'y terrer jusqu'à ce que les choses redeviennent normales.

L'un de ceux-là était Harry Greenberg, dit « Big Greenie », qui se faisait appeler aussi Harry Gottesman, George Harry Schacter, Harry Schober, et était âgé de quarante-huit ans.

« Big Greenie » s'enfuit au Canada.

Un gangster en « cavale » voit ses réserves de fonds s'amenuiser très vite. « Big Greenie » n'avait pas fait exception à la règle. Aussi, de Montréal, écrivit-il à « Lepke » une courte lettre ainsi rédigée :

« J'espère, les gars, que vous ne m'oubliez pas. Ça vaudrait mieux pour vous. »

Par ce qu'elle impliquait de révélations possibles à la police, la deuxième phrase avait signé l'arrêt de mort de « Big Greenie », car un autre des dictons favoris de « Lepke » était : « Quel est le témoin qui peut témoigner contre vous en justice s'il est mort ? »

Au bout d'un certain temps, comme sœur Anne ne voyant rien venir sous forme de numéraire, Harry Greenberg qui n'était pas un débile mental avait compris l'implication de ce silence. Ce n'était pas de l'argent qui allait arriver mais un tueur expédié de Brooklyn.

Il ne s'était pas trompé. Le tueur était déjà en route. Il s'appelait Allie Tannenbaum. Mais il n'avait rien découvert au logis de « Big Greenie ». Ce dernier avait jugé plus prudent d'émigrer ailleurs, à Détroit en l'occurence où il s'était caché chez des amis. Mais se posait toujours le même problème : l'argent. Il avait alors contacté le Purple Mob, le gang qui tenait Detroit. L'accueil du Purple Mob avait été cordial, *trop* cordial. « Big Greenie » n'avait pas insisté et, comme les pionniers du siècle précédent, avait foncé vers l'Ouest, aussi loin qu'il pouvait aller vers l'Ouest jusqu'à ce que l'océan Pacifique l'arrête dans sa fuite. Depuis il se terrait en Californie. Mais comme, pour subsister, il était infiniment peu probable qu'il se livre à une occupation honnête, il existait de fortes chances pour que les activités illégales auxquelles il allait forcément s'adonner attirent sur lui l'attention du « milieu », et que, partant, il se fasse repérer.

Bugsy comptait sur cette brèche pour piéger « Big Greenie », et en conséquence, il alerta tout le « milieu » de Californie afin que le fuyard soit traqué sans pitié.

Dans l'intervalle, cependant, les autorités fédérales ne lâchaient pas « Lepke ». Une inculpation pour trafic de stupéfiants qui s'ajoutait à toutes celles déjà inscrites au rôle de la cour fédérale était lancée contre lui. A New York, et en ce qui concernait uniquement l'État de New York et non la justice fédérale, le procureur spécial chargé de la lutte contre le banditisme, Thomas Dewey, assurait qu'il détenait contre « Lepke » des preuves qui lui vaudraient cinquante années de prison. La totalité des primes pour le retrouver était non plus de vingt-cinq mille mais de soixante quinze mille dollars.

Parallèlement, les autorités fédérales lançaient une vaste opération contre le crime organisé sur tout le territoire des États-Unis. Les G-Men attaquaient tous azimuths, à New York, à Chicago, en Floride, en Louisiane, dans le New Jersey, en Nouvelle-Angleterre, et jusqu'en Californie. Benjamin « Bugsy » Siegel était accusé par le procureur fédéral J.T. Cahill de faire partie d'un petit groupe de gangsters de haute volée contrôlant le crime à l'échelon national et, sur sa lancée, l'U.S. Attorney Cahill annonçait la constitution d'un grand jury fédéral siégeant à New York avec pour mission d'enquêter sur les activités criminelles de Benjamin Siegel et autres Zwillmann ou Costello.

La déclaration de J.T. Cahill avait été faite le 3 août 1939. Le 4 septembre, Benjamin « Bugsy » Siegel comparaissait devant le grand jury fédéral, assisté d'avocats fournis par et à la solde du syndicat du crime et refusait aussitôt de répondre aux questions posées et relatives à :

1° ses activités criminelles depuis 1928.

2° la provenance de ses revenus.

3° des prêts non remboursables qui lui auraient été consentis par des acteurs, actrices et producteurs de Hollywood.

Trainé devant un juge fédéral, Bugsy était condamné le 29 septembre à la prison pour outrages à la magistrature. Dans l'intervalle, sérieusement endoctriné par ses avocats, il mettait au point ses futures déclarations et il était libéré le 4 octobre après qu'il eut accepté de répondre aux questions du grand jury fédéral.

Naturellement, ses réponses constituaient le tissu de mensonges le plus dense que l'on puisse trouver, mais personne ne pouvait le contredire.

Aucun des acteurs, actrices, producteurs de Hollywood ne se sentait le cœur assez ferme pour venir témoigner contre lui, sa société Capitol and Wine Spirits faisaient des affaires florissantes et constituait un excellent alibi pour ses revenus. Quant à ses activités criminelles depuis 1928... ? C'étaient d'abominables mensonges propagés par des envieux, des jaloux de sa réussite commerciale ! Il y avait près de vingt ans qu'il n'avait subi de condamnation !

Faute de preuves, le grand jury fédéral lui délivra un quitus. A contrecœur...

Bugsy s'empressa de retourner en Californie. Ce fut pour y apprendre qu'on avait enfin découvert où se terrait « Big Greenie ». Tout simplement à Los Angeles dans Yucca Street.

Certes, pour exécuter le « contrat », Bugsy disposait de son équipe composée de Frank Lewek, de Pete Monahan et de Paul Kelly, mais pourquoi, se dit-il, utiliser des hommes qui étaient sur place alors qu'il était plus sensé d'importer un tueur, selon la méthode chère au Syndicat et à Albert Anastasia. Il passa un coup de téléphone à Brooklyn et, après une brève conversation aux termes sibyllins, il raccrocha, satisfait. Le lendemain arrivait Allie Tannenbaum, l'envoyé d'Albert Anastasia et celui-là même qui avait manqué « Big Greenie » à Montréal. Sous la main, Bugsy avait Sholem Bernstein, en visite en Californie. Sholem Bernstein était un *loner*, c'est-à-dire un indépendant qui louait ses services au gré de la demande et n'était pas appointé en permanence comme l'étaient les hommes d'Albert Anastasia à Brooklyn.

Sholem était justement venu demander à Bugsy si, par hasard, il n'y aurait pas du travail pour lui dans le coin car son viatique en billets de cent dollars avait rapidement fondu au soleil de Californie.

Bugsy l'avait engagé sur le champ. Pour compléter le quatuor prévu, il fit encore appel à Frankie Carbo, un « pro » dont la couverture légale était la promotion de combats de boxe à Seattle[1], et Whitey Krakow, un des tueurs en fuite du gang « Lepke ».

Il s'agissait, à présent, de faire très vite et d'exécuter rapidement le « contrat » car, dans l'intervalle et avant même que Bugsy comparaisse devant le grand jury fédéral, il s'était produit un événement d'importance.

Le 24 août 1939, au 101 de la troisième rue à Brooklyn, Louis « Lepke » Buchalter s'était rendu à Edgar J. Hoover, le directeur du F.B.I.

Quel puissant motif avait incité le tsar du crime à se rendre aux autorités fédérales alors que depuis deux ans

1. Frankie Carbo eut, par la suite, la haute main sur la majorité des combats de boxe importants aux États-Unis, dont beaucoup de championnats du monde particulièrement dans la catégorie des moyens. L'écurie de boxeurs qu'il protégeait par personnes interposées comptait un nombre notable de champions du monde dont, entre autres, Jake La Motta.

Ce dernier devint champion du monde des moyens le 17 juin 1949 en battant le champion en titre, le Français Marcel Cerdan, à Detroit. La revanche devait avoir lieu au Madison Square Garden de New York le 2 décembre 1949 et Marcel Cerdan était quasi certain de reprendre son titre. Il s'envola d'Orly sur un Constellation d'Air France le 27 octobre à vingt-deux heures. Cinq heures plus tard l'avion s'écrasait aux Açores. Et Jake la Motta conservait son titre.

Depuis début octobre, quatre hommes très proches de Frankie Carbo avaient pris pension dans un hôtel parisien. Ils retournèrent aux U.S.A. le 28 octobre.

Frankie Carbo est mort le 11 novembre 1976 des suites d'une longue maladie qui avait été la cause de sa libération de prison après une condamnation à vingt-cinq ans de prison en 1961 pour avoir tenté de s'approprier les gains du champion du monde des welters, Don Jordan.

il vivait dans une retraite sûre et que cette situation aurait pu dûrer des décennies encore pendant lesquelles il existait de fortes chances pour que les poursuites à son égard soient oubliées au fond d'un tiroir poussiéreux ?

C'est que « Lepke » avait eu peur.

L'attaque tous azimuths lancée par les autorités fédérales inquiétait le conseil suprême du Syndicat. Ce coup de projecteur puissant sur ses activités était mauvais pour les affaires. A tous les échelons de la hiérarchie, les gangsters du Syndicat ralentissaient le mouvement, prenaient mille précautions, évitaient les rackets trop voyants et, ainsi, les sources de revenus se tarissaient. L'argent rentrait dans les caisses noires au compte-gouttes.

Or, s'il y avait une chose que les grands du conseil suprême haïssaient, c'était de voir diminuer leurs profits, et « Lepke » le savait bien. Et quel était le palliatif en l'occurence ? Il était très simple. Le conseil suprême se réunissait et décidait que Louis Buchalter était devenu un élément indésirable.

L'étape suivante était logique. On donnait le « contrat » à Albert Anastasia. Or, c'était justement Albert Anastasia qui était chargé de sa protection...

Aussi lorsqu'un de ses anciens lieutenants en qui il avait tout confiance, Morris Wolinsky alias Moey Dimples, vint le trouver dans sa cachette de Brooklyn en lui affirmant qu'un accord avait été conclu avec les autorités fédérales aux termes duquel il n'encourrait qu'une peine de dix ans de prison s'il se constituait prisonnier, et qu'en outre il ne serait pas remis à l'État de New York pour y subir la condamnation à cinquante années de prison promise par Thomas Dewey, « Lepke » avait-il décidé que ce nouveau développement était l'occasion unique à saisir et qu'en refusant il risquait d'indisposer gravement les grands du Syndicat, avec les conséquences qu'il avait déjà envisagées.

Il s'était donc rendu à Edgar J. Hoover et son jugement était prévu pour le 27 novembre 1939 devant une cour fédérale. Le verdict était prévu à l'avance : dix ans. A condition que des faits nouveaux ne soient pas établis à l'audience, des faits nouveaux, par exemple, apportés par un Harry « Big Greenie » Greenberg...

Seulement, lorsqu'il s'agit de voler les voitures devant servir à transporter l'équipe, Sholem Bernstein s'opposa à Bugsy. Il était partisan de la méthode *made in Brooklyn*, longue et minutieuse, qu'il avait longtemps pratiquée, alors que Bugsy en tenait pour une action rapide et directe, style coup-de-poing. Sholem décida aussitôt qu'un bon artisan comme lui, à l'excellente technique professionnelle, n'avait pas à recevoir de conseils de la part de « paysans californiens » et il retourna sur le champ à New York.

Il fut remplacé par Champ Segal.

Le 22 novembre, Big Greenie ouvrit la porte de la maison dans laquelle il se cachait dans Yucca Street à Bel Air, inspecta la rue et ne vit rien de suspect. Il monta en voiture et s'en alla acheter le journal, de la boisson et de la nourriture. Lorsqu'il revint, trois quarts d'heure plus tard, il rangea sa voiture le long du trottoir, en sortit et se trouva face à face avec Frankie Carbo qui lui vida un chargeur complet de pistolet dans la poitrine. Bugsy avait supervisé toute la scène, installé dans sa Cadillac, avec Allie Tannenbaum au volant. Frankie Carbo courut et sauta dans une seconde voiture pilotée par Whitey Krahow qui démarra en trombe, pendant que la Cadillac suivait à courte distance. Elle était destinée à interdire toute poursuite en provoquant, si nécessaire, un accident. Un demi-mille plus loin, Champ Segal attendait au volant d'une troisième voiture. Il recueillit Carbo et Krakow, et le trio s'en retourna à sa base.

Frankie Carbo, Allie Tannenbaum, Champ Segal et Whitey Krakow s'empressèrent aussitôt de quitter la Californie.

Mais Bugsy n'avait pas oublié la défection de Sholem Bernstein. Selon la justice du Syndicat, le fait de ne pas exécuter un « contrat » entraînait la peine de mort.

Comme il lui était interdit d'exécuter lui-même la sentence, Bugsy prit un avion pour New York et s'en alla réclamer la tête de Sholem Bernstein devant la cour suprême du Syndicat. Mais ce dernier s'y présenta accompagné de son défenseur, Abe « Kid Twist » Reles qui tira les larmes des yeux des membres de la cour, pourtant des criminels endurcis, en expliquant que c'était uniquement parce qu'il avait appris que sa mère était sur le point de mourir que Sholem Bernstein avait regagné en hâte New York.

– Vous savez tous comment c'est une maman, clama-t-il avec des accents déchirants dans la voix, c'est plus facile pour elle de se faire la valise si elle sait que son garçon est à côté d'elle près du lit, en train de lui dire des choses gentilles, qu'il l'aime, qu'elle va se rétablir, et des trucs comme ça... Voilà, les gars, pourquoi Sho s'est fait la malle de Californie, pas parce qu'il voulait pas mettre en l'air Big Greenie, mais parce que sa maman était en train d'avaler son extrait de naissance !...

Sholem Bernstein fut acquitté, mais il devait conserver à Bugsy une rancune tenace...

Quelqu'un d'autre vouait une rancune tenace à un autre homme. C'était « Lepke ». Et l'objet de son ressentiment était Morris Wolinsky alias Moey Dimples, celui là même qui lui avait conseillé de se rendre aux autorités fédérales.

En effet, le 27 novembre 1939 commença le procès de « Lepke » devant la cour fédérale. Quelques semaines plus tard, il était condamné à quatorze ans de prison pour trafic de stupéfiants. Puis, contrairement à ce qu'avait affirmé Moey Dimples, « Lepke » passait en jugement dans l'État de New York et récoltait une peine allant de trente ans à perpétuité pour ses rackets dans la boulangerie. Récupéré par les autorités fédérales, il était enfermé au célèbre pénitencier de Leavenworth, où il était censé purger sa peine de quatorze ans avant d'être restitué à l'État de New York pour y purger sa seconde condamnation allant de trente ans à perpétuité.

« Lepke » était né le 6 février 1897. Il avait quarante-trois ans. Autant dire que ses chances de mourir en prison, malgré les remises de peine qu'il pouvait escompter, étaient aussi grandes que celles de Franklin D. Roosevelt d'être réélu président à la fin de l'année en cours.

Il en conçut une vive colère, mais sa colère devint plus grande encore le vendredi 22 mars 1940 en apprenant ce qui est connu sous le nom de « la trahison du Vendredi Saint »...

CHAPITRE XXI

Bugsy était profondément navré de lire dans les journaux tous les ennuis qui survenaient à « Lepke ». Il aimait bien celui que l'on surnommait aussi le « Juge Louis » et il lui était reconnaissant, entre autres choses, d'avoir été celui qui lui avait mis le pied à l'étrier pour sa prise de fonctions en Californie.

Si « Lepke » avait des ennuis, Bugsy croyait sincèrement les siens terminés. Aussi fêta-t-il joyeusement le Noël 1939 avec Esther, Barbara et Millicent qu'il négligeait quelque peu depuis un certain temps, puis le nouvel an 1940 en compagnie de la comtesse di Frasso, de ses amis, et de quelques vedettes et producteurs de Hollywood parmi ceux qu'il rackettait habituellement dans le domaine des « prêts personnels » et qui eux ne semblaient pas avoir la rancune tenace. Bien au contraire même, ils paraissaient éprouver un plaisir masochiste à s'amuser de concert avec celui qui leur extorquait une partie de leurs gains, tant il est vrai que la faconde de Bugsy, sa façade de bon vivant, son éternel sourire charmeur, son art de raconter des histoires drôles, son aspect bon enfant, faisaient mieux passer l'amère pilule.

La guerre qui avait éclaté quatre mois plus tôt en Europe était le centre des conversations à cette époque à Hollywood. Les acteurs et metteurs en scène qui avaient fui l'Allemagne nazie étaient nombreux dans la capitale du cinéma, d'Ernst Lubitsch à Fritz Lang en passant par Billy Wilder, Peter Lorre et Marlène Dietrich, et c'étaient eux qui donnaient le ton. Ils prenaient les paris et assuraient que l'Allemagne serait écrasée au printemps par les armées conjuguées de la France et de l'Angleterre, et, dans cette optique, ils invitaient tout le petit monde de Hollywood à venir à Berlin célébrer la victoire en l'été 1940.

Ils se trompaient cruellement, mais ne le savaient pas et, ainsi, le nouvel an 1940 fut l'un des plus joyeux que la cité-mirages ait connus.

Bugsy n'eut même pas trois mois de répit. Le Vendredi saint 22 mars 1940, Abe « Kid Twist » Reles mettait le pied dans le bureau du District Attorney de Brooklyn William O'Dwyer et de son adjoint Burton B. Turkus, et commençait la plus longue confession qu'un procureur eut jamais enregistrée. Grâce à sa mémoire absolument fantastique, il allait aider à résoudre des centaines de meurtres demeurés inexpliqués, en citant les noms des instigateurs, des auteurs, des coauteurs, des témoins, et en livrant, lorsque le cadavre de la victime n'avait pas été retrouvé, le lieu de la sépulture, la plupart du temps un marais ou le fond d'une rivière.

Pourquoi Abe « Kid Twist » Reles, un tueur patenté, un dur de dur, lui-même responsable de nombre de ces meurtres dont il donnait la clé, avait-il décidé de parler ?

Les sérieux coups de boutoir prodigués par le procureur spécial de l'Etat de New York, Thomas Dewey, dans l'organisation du crime dans sa juridiction avaient permis de lever quelques lièvres plus ou moins importants. Pour se laver au mieux d'une accusation de meurtre dans lequel ils étaient impliqués, deux gangsters, Dukey Maffetore et Pretty Levine, juraient que les instigateurs de ce meurtre étaient Abe « Kid Twist » Reles et Happy Maione. L'un et l'autre, persuadés que cette accusation tomberait d'elle-même comme tant d'autres accusations du même genre dans le passé, avaient commis l'erreur funeste, parce qu'ils étaient trop sûrs d'eux, de se rendre à la police.

Ce faux pas allait leur être fatal et Abe « Kid Twist » Reles et Happy Maione ne retrouveraient plus jamais le chemin de la liberté.

Puis les choses avaient tourné à l'aigre et « Kid Twist » avait vu se profiler la silhouette sinistre de la chaise électrique à l'extrémité du *couloir de la mort*, et il avait proposé un marché au District Attorney :

– Je vous livre la clé d'un bon millier de meurtres et en échange vous me garantissez l'impunité totale pour ceux auxquels je pourrais être mêlé. Aucune poursuite contre moi, et une cellule sécurité maximum pour éviter que les autres me descendent.

Après maintes palabres, le marché avait été accepté. Et, depuis, « Kid Twist » n'épargnait personne, ni amis ni ennemis, ni anciens complices, ni même les grands du Syndicat, dont « Lepke » en tête de liste.

Ce fut la panique générale.

Trois hommes seulement conservèrent leur sang-froid Frank Costello, Meyer Lansky et... Bugsy Siegel. Mais le dernier prit très vite le pas sur les deux premiers.

En apprenant la trahison de Reles, il s'était précipité à New York toutes affaires cessantes, accompagné de Frank Lewek, de Paul Kelly et de Pete Monahan, renforcés d'une équipe de tueurs prêtée par le Purple Mob de Detroit. Installé dans un hôtel de Park Avenue, il convoqua les membres tremblants du conseil suprême et dicta sa loi.

– Je demande à être investi du pouvoir suprême et unique, exigea-t-il. Nos intérêts sont gravement en danger. « Kid Twist » connait énormément de choses. Entre autres, sur les « contrats » commandités par vous autres. Comme il jouit de l'immunité judiciaire, il peut témoigner sans risque devant un tribunal et expédier chacun de nous à la chaise électrique, mais il lui faut aussi des témoins pour corroborer ses dires Il faut donc éliminer non seulement « Kid Twist » parce qu'il représente un danger et qu'il a trahi, mais aussi tous ceux qui se sentiraient la brusque envie de parler. Le seul et l'unique spécialiste pour ce travail, c'est moi. Albert Anastasia, lui, a eu peur et a pris la fuite. Il n'est pas disponible. Je veux les pleins pouvoirs, sinon, c'est la chaise électrique pour chacun de nous.

Le vote fut unanime et Bugsy fut investi de tous les

pouvoirs, ce qui en faisait le numéro un des Etats-Unis, supérieur à tous les autres.

Après avoir réprimé un sourire d'orgueil, Bugsy poursuivit d'un ton brutal :

– Il me faut aussi de l'argent. D'abord, pour procéder à l'élimination des témoins gênants. Ensuite, afin de constituer un fonds d'aide à nos amis en fuite. Souvenez-vous de Big Greenie. Il était prêt à se mettre à table chez les flics uniquement parce qu'il ne tenait pas le coup financièrement en cavale. Ceci ne doit plus se reproduire. Nous n'avons pas le droit de tenter le diable. Et surtout pas dans l'ambiance actuelle.

Tous ceux qui avaient occupé un rang supérieur au sien dans la hiérarchie du Syndicat baissaient à présent respectueusement les yeux devant lui et acquiesçaient à sa demande.

A l'unanimité encore une fois, sans note discordante, la constitution d'un fonds de solidarité fut votée.

– Une dernière chose, conclut Bugsy, préparez-moi une liste des gens que « Kid Twist » est susceptible de mettre en cause ou de citer comme témoins. Fouillez vos mémoires. Creusez-vous le crâne. N'oubliez pas : quelqu'un que vous oubliez et c'est la chaise électrique en perspective ! Ah ! et aussi... envoyez-moi toutes les gâchettes que « Kid Twist » ne connait pas et sur lesquelles il n'est pas censé témoigner... Je vais en avoir besoin. Ne vous faites aucune illusion, ça va être dur et il faut agir très vite, car nous devons prendre le District Attorney O'Dwyer et son foutu adjoint Burton Turkus de vitesse !...

Ce fut Frankie Costello qui eut le mot de la fin :

– Dans le fond, c'est bien ce vieux « Lepke » qui avait raison quand il disait : quel est le témoin qui peut témoigner contre vous en justice s'il est mort ?

Le canari continuait de chanter, ce qui dans l'argot du milieu américain signifiait : le « donneur » continue de se mettre à table. Abe « Kid Twist » Reles était devenu intarissable. Les sténographes de la police et du district attorney réunis éprouvaient des difficultés à suivre la cadence de son débit extrêmement rapide. Il ne revenait jamais en arrière pour rectifier. Tout était clair, précis, bien classé dans sa tête, et d'une façon admirablement chronologique. Un ordinateur.

Et les meurtres perpétrés par les tueurs de Brooklyn durant la décennie écoulée sortaient en chapelets comme des saucisses.

De rudes équipes de détectives pourchassaient les anciens associés de Reles et, les uns après les autres, Dasher Abbandando, Irving « Bugsy » Goldstein, Charlie « Bug » Workman, Harry « Pittsburgh Phil » Strauss, Allie Tannenbaum, Sholem Bernstein, étaient arrêtés et inculpés de meurtres multiples en même temps que Happy Maione déjà détenu.

Ces détectives essayaient de gagner de vitesse les équipes de Bugsy Siegel lancés à la chasse de ceux jugés « peu sûrs » et susceptibles d'être désireux de coopérer avec la loi afin de se voir infliger une peine minimum. Albert Anastasia en fuite avait mis à la disposition de Bugsy son équipe d'Italiens inconnue de Reles : Vito Gurino, « Dandy » Jack Parisi et Tony Romeo. En outre, de Cleveland, de Philadelphie, de Chicago, de Detroit, de Pittsburgh, de Boston, de New Orleans, de Kansas City et de Miami, d'autres « gâchettes » lui avaient été expédiées afin de l'aider dans sa tâche. Parallèlement, Bugsy, qui n'oubliait pas ses hommes et prenait toujours soin d'eux, avait tenté de faire évader, mais sans succès, Joseph Schaefer et George Young arrêtés huit ans plus tôt et toujours emprisonnés à la prison de Stillwater dans le Minnesota.

Il avait besoin de toutes les bonnes volontés...

Si, dans certains cas, les équipes de Bugsy Siegel avaient été battues de vitesse par les brigades de détectives lancées par le District Attorney William O'Dwyer, dans d'autres cas, elles étaient arrivées les premières.

« Dirty » Jimmy Feraco, Whitey Krakow, en savaient quelque chose...

Et puis, Abe « Kid Twist » Reles se mit à donner des détails très précis sur un meurtre commis par « Lepke » en compagnie de Mendy Weiss et de Louis Capone...

Alors, frénétiquement, de sa cellule du pénitencier de Leavenworth, « Lepke », commença à lancer des ordres d'exécution conformément à son dicton favori.

En tout, plus de deux cents...

Les équipes de Bugsy Siegel parcoururent tous les États-Unis, du Maine à l'Arizona, de la Georgie à l'Idaho, en menant une véritable campagne d'extermination parmi les gangsters en fuite, une extermination plus rapide encore que la chaise électrique ou la chambre à gaz.

En même temps, l'Amérique était profondément traumatisée. Elle découvrait que sur son territoire prospérait une organisation criminelle à l'échelon national, bien structurée comme la General Motors ou l'U.S. Steel, avec des hommes d'affaires à sa tête pourvus de conseils juridiques et assistés d'une cour de justice qui ne connaissait que deux verdicts : l'acquittement ou la mort. Cette organisation, telle une sangsue, s'appropriait une part appréciable du revenu national sans rien donner en échange. Quant à la cour de justice elle peuplait de centaines de cadavres les trottoirs des rues d'Amérique.

La confession de Reles faisait la une des journaux dont le tirage était considérablement augmenté. Après ses accusations sur « Lepke », il avait tellement fait frissonner de peur ceux qu'il avait fait arrêter que certains d'entre eux acceptaient à présent de collaborer avec la justice, tels Angelo Catalano, Blue Jaw Magoon, Sholem Bernstein, Allie Tannenbaum.

Et puis, un jour, Reles décida qu'il était temps de parler un peu de Benjamin « Bugsy » Siegel et du meurtre que celui-ci avait perpétré sur la personne de Harry « Big Greenie » Greenberg...

Le 17 août 1940, Benjamin « Bugsy » Siegel était arrêté par la police de Los Angeles et interrogé sur le meurtre de Harry « Big Greenie » Greenberg. Naturellement, il déclara qu'il ignorait tout de cette affaire.

Dans l'intervalle, en effet, le District Attorney O' Dwyer et son adjoint Burton Turkus avaient transmis à la police de Los Angeles le dossier complet des révélations de Reles au sujet de ce meurtre, corroborées par le témoignage d'Allie Tannenbaum, l'un des participants. Dans la foulée, Frankie Carbo et Champ Segal étaient arrêtés à Seattle dans l'État de Washington et extradés en Californie.

En même temps que Bugsy, ils furent inculpés de meurtre et incarcérés.

Sur la demande de l'État de Californie, l'État de New York accepta de produire au procès à Los Angeles ses deux témoins-clés, Reles et Allie Tannenbaum. Ils furent transportés par avion sur la côte ouest, sous la protection d'une escouade de détectives armés jusqu'aux dents et logés à l'intérieur même du palais de Justice dans un recoin barricadé comme une forteresse, car jamais la récompense pour un « contrat » n'avait été aussi élevée ! Cinq cent mille dollars à qui aurait la tête de Reles ! Des essais infructueux avaient déjà été faits à Brooklyn, non seulement en ce qui concernait Reles, mais également tous ceux qui avaient accepté de collaborer avec la justice et qui avaient été regroupés dans le même quartier cellulaire que « Kid Twist », c'est-à-dire les autres *canaris* : Allie Tannenbaum, Mickey Sykoff, Blue Jaw Magoon, Sholem Bernstein, Angelo Catalano, Max Rubin, Paul Berger... La liste s'allongeait de jour en jour... Certes, pour eux, les montants des « contrats » étaient moins élevés mais juteux quand même...

Espérant que les chances de « mettre en l'air » Reles seraient plus grandes à Los Angeles, des dizaines de « gâchettes » convoquées par Bugsy affluèrent dans la ville, mais le jour où le grand jury ouvrit sa première session, Reles et Tannenbaum entrèrent dans la salle d'audience, bien vivants tous les deux.

Dès qu'il entendit Reles témoigner, Bugsy devint livide de rage. Oubliant le beau langage qu'il prisait si fort, il lâcha à l'oreille de Frankie Carbo assis à côté de lui au banc de la défense :

– J'aurai la peau de cet enfoiré de fils de putain, même si je dois y passer le restant de mes jours ! Je n'ai jamais aimé les donneurs, mais celui-ci est le plus dégueulasse qu'on puisse trouver ! On dirait même qu'il prend son pied à balancer !

Une lueur de haine passa dans le regard de Frankie Carbo et il renchérit :

– Le jour où tu lui sortiras les tripes du ventre, fais-moi signe et accorde-moi une faveur : laisse-moi lui arracher le cœur !

Puis il fronça les sourcils et ajouta :

– A la réflexion, non. Ca doit trop puer... Vaut mieux l'arroser avec un jerrican d'essence ! Le feu, ça purifie...

Après Reles, c'était au tour d'Allie Tannenbaum de témoigner. Sa déposition fut aussi meurtrière que celle de son prédécesseur. Inquiet, Frankie Carbo se tortillait sur sa chaise. Bugsy lui tapota doucement le bras.

– Ne t'en fais pas, le rassura-t-il, j'ai tout arrangé... On s'en sortira...

Frankie Carbo fit la grimace.

– Tu te vois marchant vers la chambre à gaz de San Quentin ? feignit-il de railler.

Bugsy haussa légèrement les épaules.

– On a le meilleur avocat des États-Unis, Jerry Geisler. Il est payé à prix d'or, et puis je te dis que tout est arrangé. Ca devrait te suffire. Pense plutôt au jour où on aura la peau de « Kid Twist ».

Un sourire cruel fleurit sur les lèvres de Frankie Carbo.

– Ouais, ça vaut mieux... admit-il.

Très calme, Bugsy attendit la suite des opérations. Jerry Geisler était un des avocats les plus roués que l'on puisse trouver entre New York et Los Angeles. Le spécialiste par excellence des procès en cour d'assises. Ce dont ses clients avaient le plus besoin, estimait-il, c'était du temps. Avec le temps, calculait-il, les témoins essentiels risquaient de disparaître de ce monde, surtout lorsqu'ils s'appelaient Abe Reles et Allie Tannenbaum. Il rejoignait en cela « Lepke » qui avait toujours proclamé qu'un témoin mort ne peut faire de mal à personne. Jerry Geisler, donc, avait provoqué la comparution de témoins locaux qui tous s'étaient acharnés à débiter des faux témoignages tellement flagrants que même le plus borné des jurés s'en était aperçu. Naturellement, ils avaient été démasqués à l'audience et immédiatement condamnés pour parjure, ce dont ils se moquaient éperdument car les « indemnités » qu'on leur avait versées compensaient largement les années de prison qu'ils allaient purger et ils savaient qu'à leur sortie ils pourraient vivre tranquillement de leurs rentes.

Le juge ne pouvait faire autrement que dissoudre le tribunal et proposer une autre session ultérieurement. Bugsy Siegel, Frankie Carbo et Champ Segal sortirent libres du palais de justice. Et, en toute hâte, on ramena Abe Reles et Allie Tannenbaum à Brooklyn car Los Angeles était devenu un piège mortel pour eux.

Ce fut sur les marches du palais de Justice, pendant que les photographes de presse les mitraillaient, que Bugsy se pencha tout contre Frankie Carbo et lui murmura à l'oreille :

– Tu vas aller faire un tour à Brooklyn, Frankie...

L'autre se fit attentif :

– Oui ?

– Et tu me rapporteras un maximum de renseignements sur le lieu de détention de « Kid Twist ». Tu vois ce que je veux dire ?

Frankie Carbo gloussa.

– Sûr.

CHAPITRE XXII

A Hollywood, ceux qui avaient cru que l'Allemagne nazie s'effondreraient au printemps 1940 déchantaient. Bien au contraire, c'était la France qui s'était écroulée et la capitale du cinéma avait vu affluer nombre d'acteurs et de metteurs en scène provenant d'Europe, Jean Gabin, Michèle Morgan, Marcel Dalio, Victor Francen, René Clair, Jean Renoir et quelques autres.

Bugsy était tellement craint que ses ennuis judiciaires ne lui avaient pas aliéné ses amitiés antérieures, et pendant un certain temps il reprit la vie mondaine qu'il avait menée pendant trois années paisibles.

Mais les choses avaient changé, il le sentait de façon cruelle. Pendant longtemps il avait estimé que les grands caïds du crime étaient intouchables. Certes, il y avait eu des précédents : Al Capone et Lucky Luciano. Mais aucun d'eux n'avait été arrêté et condamné pour meurtre. Et voilà qu'à son tour, « Lepke », le grand des grands, était transféré du pénitencier de Leavenworth à Brooklyn et inculpé de meurtre après les révélations fracassantes d'Abe Reles assisté, dans ce cas particulier, d'Allie Tannenbaum, de Max Rubin et de Paul Berger. Et, comme co-auteurs, on recherchait Louis Capone et Mendy Weiss. C'était tout simplement incroyable !

Le monde changeait, se disait Bugsy. Et lui, on venait de l'attaquer jusque dans sa citadelle californienne ! Décidement, on aurait tout vu !

Celle qui lui apporta quelque distractions parmi tous

ses ennuis, ce fut l'actrice britannique Wendy Barrie. Elle était jolie, elle adorait comme Bugsy la cuisine italienne, les palourdes à l'ail, les lasagnes, le poisson frit dans l'huile d'olive et le vin rouge. Elle n'était pas encore très connue à Hollywood et Bugsy lui mit le pied à l'étrier en utilisant ses vastes relations, tout comme dix ans plus tôt « Longy » Zwillmann l'avait fait pour Jean Harlow. Il vécut avec elle des moments reposants qui le changeaient agréablement des soucis quotidiens auxquels il avait à faire face.

Ce n'était pas d'ailleurs que dans le domaine des affaires il subisse des tracas. De ce côté-là tout allait bien. Admirablement secondé par Jack Dragna, auquel était venu s'adjoindre Mickey Cohen il enregistrait une progression constante de ses rackets et les gains augmentaient en conséquence, des gains, d'ailleurs, sérieusement amputés par les ponctions périodiques que Carlo Gambino venait effectuer, d'autant qu'il fallait alimenter le fonds de solidarité aux hommes du Syndicat en fuite.

Mais l'année 1941 n'allait pas apporter que des joies à Bugsy.

L'élan donné par Thomas Dewey à New York dans sa lutte contre les rackets portait ses fruits sur tout le territoire des États-Unis. En Californie, on traduisait en jugement des producteurs de Hollywood. William Fox, de la 20th Century Fox, le producteur le plus dur et le plus implacable de la capitale du cinéma, était condamné à un an de prison, ainsi que Joseph Schenck, également de la 20th Century Fox. Tous deux avaient versé annuellement quelque cinquante mille dollars à George Browne et William Bioff, les leaders de l'I.A.T.S.E. afin de garantir leurs studios contre les risques de grève. Heureusement pour Bugsy, les faits incriminés étaient survenus avant sa prise de contrôle de l'I.A.T.S.E. et aucun des quatre protagonistes, William Fox, Joseph Schenck, George Browne et William Bioff ne mentionnèrent son nom.

A sa sortie de prison, William Fox devait voir sa carrière complètement ruinée, contrairement à Joseph Schenck qui devait devenir président de la 20th Century Fox. Quant à William Bioff, sa carrière devait se terminer au matin du 4 novembre 1955 lorsqu'il tourna la clé de contact de sa voiture et fut tout surpris de se sentir désintégrer par l'explosion.

Ce qui amusait beaucoup Bugsy, c'était que Hollywood versait des sommes fabuleuses dans les poches des gangsters et continuait, par un complexe masochiste incompréhensible, à faire de ceux-ci des héros de films. Les spécialistes étaient mobilisés pour en tenir les rôles, James Cagney, Humphrey Bogart, George Raft, Edward G. Robinson, et l'on tournait ou on avait tourné *Kid Galahad* (Dernier combat), *Bullets or Ballots* (Echec au crime), *Each dawn I die* (A chaque aube je meurs), *Marked Women* (Femmes marquées), *Little Rough Guy* (Graine d'Apache), *They drive by night* (Ils conduisaient la nuit), *All through the Night*.

Le vieux copain George Raft venait même de refuser le rôle principal de *High Sierra* avec Ida Lupino et c'était Humphrey Bogart qui le remplaçait, en gravissant ainsi un des premiers échelons vers la gloire mondiale, avec *The Maltese Falcon* (Le Faucon maltais).

Le 12 juin 1941, Irving « Bugsy » Goldstein et Harry « Pittsburg Phil » Strauss, les tueurs de Brooklyn, condamnés à mort après les révélations de Reles, s'asseyaient sur la chaise électrique, et leur cause était entendue en cinq minutes.

Bugsy eut un frisson glacé dans le dos en lisant la nouvelle dans les journaux. Le jour même, il prenait le maquis. Il ne quitta pas la Californie (Après tout, cet État n'était-il pas son royaume ?) et se réfugia à San Francisco après avoir investi Jack Dragna de tous les pouvoirs durant son absence et averti le conseil suprême du Syndicat.

Dans sa cachette, un de ses premiers visiteurs fut Frankie Carbo.

– Alors ? s'impatienta Bugsy, l'œil noir. Où en est-on avec ce fils de putain de « Kid Twist » ?

Frankie Carbo fit la grimace.

– C'est loin d'être brillant, Benny, répondit-il, maussade. Les flics de Brooklyn ont pris toutes les précautions possibles et imaginables pour qu'on ne puisse pas l'atteindre. C'est un « contrat » impossible à exécuter même s'il vaut cinq cent mille dollars.

Bugsy eut un sourire méprisant.

– Aucun « contrat » n'est impossible à exécuter, Frankie. Même dans la prison la mieux gardée on peut mettre en l'air une « cible ». Il suffit de réfléchir. Il existe toujours quelque chose à quoi quelqu'un n'a pas pensé. La faille dans le dispositif de sécurité, Frankie... Bon, maintenant explique-moi comment se présente notre affaire.

Frankie Carbo déplia un plan sur la table et monologua d'une voix neutre pendant que son index accompagnait sur les plans les explications :

– O'Dwyer a réquisitionné le sixième étage du Half Moon Hotel à Brooklyn. Il en a fait une forteresse. Un ascenseur spécial a été réservé à cet étage. Ceux qui veulent l'emprunter doivent d'abord avoir une bonne raison de le faire et ensuite accepter de subir un contrôle minutieux avec fouille et coups de téléphone pour vérifier l'identité. De plus, ils doivent produire une photo récente avec le cachet du District Attorney disant que le type est *okay*. Au sixième étage, il y a une succession de portes blindées ou vitrées à l'épreuve des balles, avec une armée de détectives qui montent la garde. Ils ont un arsenal terrible, fusils, fusils-mitrailleurs, mitraillettes et pistolets, plus des caisses de grenades. Hitler lui-même n'arriverait pas à y mettre les pieds. « Kid Twist » est dans une chambre du fond. Dans des autres chambres, il y a Allie Tannenbaum, Mickey Syckoff, Sholem Bernstein...

Bugsy le coupa brusquement :

– Mais « Kid Twist » sort bien de cette citadelle pour aller déposer au tribunal ?

Frankie Carbo secoua la tête d'un air malheureux.

–'On a tout essayé, Benny. La salle du tribunal est aussi bien gardée que le sixième étage du Half Moon Hotel. Ceux qui y entrent doivent montrer un passe signé par O'Dwyer. Ils sont fouillés dans une salle spéciale. Même si on voulait descendre ce salaud avec un cure-dent on n'arriverait pas à faire entrer le cure-dent dans la salle ! Ils ont foutu des volets blindés aux fenêtres...

– Le trajet entre le Half Moon Hotel et le palais de justice ?

– Trois fois on a essayé de tendre une embuscade. La troisième fois, ça a failli réussir. Alors tu sais ce que ces pourris de flics font maintenant ?

– Quoi ?

– Ils transportent « Kid Twist » en automitrailleuse. Un vrai convoi ! On se croirait aux actualités quand les Frits ont pris Paris !

Bugsy réfléchissait intensément.

– Revenons au Half Moon Hotel, Frankie... invita-t-il.

– C'est une véritable forteresse, Benny ! protesta Carbo.

Bugsy plongea un regard glacé dans celui de son homme de main.

– Le sixième étage seulement, Frankie... fit-il remarquer d'une voix très douce.

Puis, rapidement :

– Il faut que tu me donnes plus de détails. Les policiers d'abord. Leur nombre, leurs identités, leurs tours de garde, les endroits où ils se tiennent la nuit... en dehors ou à l'intérieur de la chambre de ceux qu'ils sont chargés de surveiller ? S'ils sont corruptibles ou pas, s'ils ont une famille, de gros besoins d'argent, s'ils sont joueurs, s'ils ont une maîtresse et que leur épouse l'ignore... ce genre de choses, Frankie... Et puis les autres étages. Qui les occupe ? Une clientèle de passage ou permanente ? La police contrôle-t-elle soigneusement l'identité des clients qui viennent là ? Au fait, tu as des photos du Half Moon Hotel ?

– Les voici.

De l'index, Frankie Carbo indiqua une fenêtre entourée d'un cercle rouge tracé au crayon.

– La chambre de « Kid Twist », c'est celle-ci. Là, c'est la 28e rue.

– Et ça, demanda Bugsy, qu'est-ce que c'est ?

– Ce bâtiment ? Il a été construit après coup. Il abrite une cuisine.

– Il n'y a que deux étages entre le toit et le sixième étage... murmura Bugsy pensivement.

– Tu veux lâcher des parachutistes ? railla Frankie Carbo.

Bugsy ne répondit pas. Il lisait le texte des pancartes

publicitaires apposées sur les murs de l'hôtel : *On dîne et on danse. Le Half Moon Hotel, le seul hôtel de New York City sur l'Atlantique.*

Puis, brusquement, un sourire commença à flotter ses lèvres. Surpris, Frankie Carbo s'empressa de lui demander :

– Tu as trouvé un truc ?

– Peut-être... Dépêche-toi de me rapporter les renseignements dont je viens de te faire la liste...

La police recherchait Benjamin « Bugsy » Siegel, Frankie Carbo et Champ Segal pour les traduire à nouveau en jugement pour le meurtre de Harry Greenberg.

Le 8 octobre 1941, Bugsy se constitua prisonnier, suivi de près par les deux autres.

Dans l'attente du jugement, sa vie en prison ne fut pas pénible. Une cellule spéciale lui fut réservée après « arrangement préliminaire » avec les autorités. Muni d'un certificat médical attestant qu'il avait besoin, chaque jour, d'un traitement dentaire pour ses molaires en mauvais état, il fut autorisé à sortir quotidiennement sans l'escorte d'un gardien. En outre, des permissions exceptionnelles lui furent accordées.

Naturellement, ses repas venaient de l'extérieur, apportés par son cuisinier personnel, un Philippin qui avait servi dans les meilleurs hôtels, et dont la spécialité était le faisan rôti à la broche et arrosé d'une sauce au vin de Madère.

Et pour maintenir sa santé en bonne condition, le Dr. Benjamin Black, médecin de la Los Angeles County Jail autorisa Bugsy à recevoir dans sa cellule non seulement du vin, du whisky et, surtout, des caisses de TAITTINGER, son champagne préféré, mais aussi des visites féminines, en dehors de ses amis du sexe masculin.

Les surveillants pénitentiaires béaient d'admiration en voyant défiler dans la cellule de Bugsy, George Raft, l'ami fidèle, Wendy Barrie, sa petite amie du moment, la comtesse Dorothy di Frasso, Gary Cooper, Clark Gable,

Carole Lombard, Constance Bennett, Joan Crawfod, Tyrone Power, Errol Flynn, Jack L. Warner, Edward G. Robinson (dont le sosie Irving « Bugsy » Goldstein venait de mourir sur la chaise électrique) Humphrey Bogart, et tant d'autres, qui venaient saluer le vieux copain de nouba plongé dans des ennuis que certains des visiteurs, au fond de leur cœur, souhaitaient voir se prolonger pendant un demi-siècle encore...

Tous les jours, Bugsy avait sa cour autour de lui, à laquelle, parfois, venait se mêler Esther sans ses filles. Elle ne passait jamais la nuit dans la cellule. En revanche, les volontaires pour la remplacer ne manquaient pas. Quoi de plus affriolant, songeaient certaines, que de faire l'amour dans une cellule de prison avec un gangster séduisant dont on ne savait pas si dans six mois il n'allait pas prendre un aller simple pour la chambre à gaz de la prison de San Quentin ? Et quel merveilleux souvenir à raconter aux amies le soir à la veillée !

Durant ses permissions, il allait la plupart du temps déjeuner avec Wendy Barrie dans un restaurant de Wilshire Boulevard avant de courir s'enfermer dans un nid plus douillet et plus discret qu'une cellule de prison, en l'occurrence un appartement loué pour la circonstance par Jack Dragna.

Plus tard, pour la compréhension qu'il lui avait témoignée, le Dr. Benjamin Black reçut de Bugsy la somme de trente-deux mille dollars. Mais ce « don » fut dévoilé aux autorités et le bon docteur fut suspendu pour un mois et sérieusement admonesté. On lui conseilla d'être plus prudent à l'avenir. La phraséologie était sibylline. Conseillait-on au Dr. Black d'être plus prudent *et de ne pas se faire prendre la main dans le sac* ?

Bugsy était emprisonné à la Los Angeles County Jail depuis très exactement cinq semaines lorsque lui parvint une excellente nouvelle.

On était le 12 novembre 1941.

Le cadavre gisait à six mètres du mur de l'hôtel, dans

la position assise. Le vent de l'océan faisait flotter, les deux draps noués l'un à l'autre qui recouvraient en partie le cadavre.

Abe « Kid Twist » Reles était mort. Le canari avait cessé de chanter...

Autour du corps, une quinzaine de policiers, d'officiels, la mine catastrophée, n'osaient se regarder les uns les autres car la perte que la justice venait de subir était irréparable. Abe Reles devait encore témoigner dans des dizaines de procès où son témoignage était indispensable pour emporter la conviction des jurés.

Quand la nouvelle fut publiée par les journaux, l'émotion fut grande aux États-Unis, d'autant que les circonstances de la mort d'Abe Reles étaient plus que suspectes.

La version officielle tendait à accréditer la thèse de l'évasion, confortée en cela par la présence des deux draps noués ensemble retrouvés auprès du cadavre, auxquels était attachée une longueur de fil électrique, le tout destiné à former une corde improvisée qui aurait permis à Reles de descendre jusqu'à la fenêtre du cinquième étage immédiatement placée sous celle de sa propre chambre. Cette fenêtre donnait dans une chambre récemment libérée par son occupant.

Mais comment Reles savait-il que cette chambre était inoccupée ?

Sous les quatre-vingt dix kilos de Reles, ce dispositif aurait cédé et le fuyard se serait écrasé treize mètres plus bas, sur le toit d'un bâtiment abritant une des cuisines de l'hôtel, se retrouvant assis au terme de sa chute, avec la colonne vertébrale brisée. Après autopsie, les viscères n'avaient livré aucun indice en ce qui concernait des traces éventuelles de poison ou de drogue.

Mais Reles avait-il intérêt à s'évader ?

Aucun, répondaient les spécialistes. Nulle part au monde était-il plus en sécurité que dans sa chambre barricadée du Half Moon Hotel. Tous les tueurs des États-Unis étaient sur sa piste et, même s'il avait réussi son évasion, ce qui était plus que douteux en raison de la présence des forces de police tout autour de l'hôtel et dont il aurait eu à franchir le barrage, sa vie restait en danger permanent dans n'importe quel endroit de la terre, que ce soit parmi la foule d'une grande ville ou sur une île déserte du Pacifique.

Par ailleurs, la corde improvisée jouait en défaveur de la thèse de l'évasion. Reles avait pendu ou étranglé tellement de gens au cours de sa carrière de tueur, qu'il connaissait très exactement la force de résistance de deux draps noués ensemble et reliés à un fil électrique attaché à un radiateur. Lui qui avait tellement le souci de son existence, aurait-il commis l'imprudence de confier à cette corde improvisée le soin de la préserver ?

Certains policiers soutenaient que Reles, coutumier du fait, avait voulu leur jouer un bon tour en s'évadant jusqu'au cinquième étage et en réapparaissant au sixième quelques instants plus tard afin de les narguer et de leur faire toucher du doigt leur incompétence et leur négligence.

Mais, pour les mêmes raisons que précédemment, cette thèse aventureuse ne résistait pas à l'examen approfondi des circonstances de la mort, pas plus que celle du suicide que d'autres, plus rares, soutenaient. Car, dans ce cas, pourquoi les draps ?

Restait une quatrième hypothèse qui emportait la conviction de beaucoup de gens : le meurtre.

Mais de quelle manière ?

Le sixième étage était transformé en forteresse. Le filtrage des visiteurs était aussi sévère qu'à Fort Knox où était enfermée la réserve d'or fédérale des États-Unis. Commandés par un sergent-détective, six policiers armés jusqu'aux dents montaient une garde permanente autour des quatre témoins capitaux cloîtrés là, c'est-à-dire Reles, Tannenbaum, Syckoff et Bernstein. Chacun de ces quatre hommes dormait dans une chambre séparée à la porte en permanence ouverte afin de faciliter la surveillance. Les rondes dans les chambres avaient lieu tous les quarts d'heure. Parfois, un des policiers s'asseyait au chevet du lit du témoin et montait, toute la nuit, la garde éveillée.

Une large publicité avait été faite autour de ces mesures de sécurité, chacun savait que l'équipe de surveillance comprenait six policiers et pourtant, après la mort de Reles, le New York City Police Department annonçait qu'il avait pris des sanctions administratives allant jusqu'à la mise à pied contre cinq policiers accusés de négligence, sans que cette anomalie attire par trop l'attention.

Au matin du 12 novembre 1941, à 6 h 45, le détective James Boyle au cours de sa ronde quadrihoraire avait jeté un coup d'œil dans la chambre de Reles. Ce dernier dormait à poings fermés. Le poste de radio jouait en sourdine. La veille, Reles l'avait mis en marche après le départ de son épouse à vingt-trois heures et ne l'avait plus éteint depuis. Il était à ce moment-là dans un état de nervosité extrême car il s'était violemment disputé avec sa femme et les échos de la querelle s'étaient répercutés dans tout l'étage.

Vingt-cinq minutes plus tard, et non quinze comme les consignes aux policiers l'imposaient, le détective Victor Robbins pénétrait à son tour dans la chambre de Reles, et constatait la disparition de celui-ci. La fenêtre était ouverte. Il s'y précipitait et apercevait un corps allongé sur le toit du bâtiment abritant la cuisine de l'hôtel.

Le cadavre reposait à six mètres de la façade de l'hôtel par laquelle Reles était tombé, ce qui détruisait les thèses de l'évasion et de la farce que l'intéressé aurait voulu jouer aux policiers. S'il était descendu le long de sa corde improvisée et qu'il soit tombé, par quel extraordinaire hasard aurait-il atterri à cette distance ? En outre, le cadavre gisait sur le toit, dans la position assise, ce qui excluait la chute accidentelle.

Mais, si un assassinat avait été commis sur la personne de Reles, qui en était l'auteur ?

De toute façon, cela supposait un complot de plusieurs personnes. Reles pesait quatre-vingt-dix kilos et était d'une force herculéenne. Il n'était pas inconscient puisque l'on n'avait retrouvé dans ses viscères aucune trace de poison ou de drogue. Aucun des policiers ou des co-détenus, agissant seul, n'avait donc la plus minime chance de soulever Reles hors de son lit et de le précipiter par la fenêtre, après avoir pris la précaution de l'habiller préalablement, car cela aurait supposé le consentement de la victime. Et même si les agresseurs étaient plusieurs, les bruits de lutte et les cris de Reles auraient été perçus par les autres, à moins que tous, policiers et codétenus, soient complices... ?

Mais cette dernière thèse était invraisemblable. Certes, les codétenus haïssaient Reles qui les avait placés dans cette terrible situation de « donneurs » par les révélations fracassantes qu'il avait faites, mais... les policiers ?

Eux aussi haïssaient Reles qui se moquait d'eux à longueur de journée et leur jouait des tours pendables. Mais pour commettre un assassinat en commun, il aurait fallu non seulement qu'ils soient tous d'accord, mais qu'ils se liguent aussi avec Tannenbaum, Bernstein et Syckoff, des criminels de la pire espèce, qu'ils haïssaient tout autant que Reles, et qui, un jour ou l'autre, (ils le prouvaient amplement en ce moment même en témoignant en cour d'assises contre leurs anciens complices ou associés) étaient susceptibles de les accuser d'assassinat.

Le mystère demeurait entier. Chaque hypothèse émise se détruisait d'elle-même tant elle contenait de contradictions. Des mises au point fleurissaient dans les journaux. Attaques et contre-attaques de contradicteurs s'entrecroisaient.

Finalement, ce fut la thèse de l'évasion manquée qui fut adoptée officiellement par les autorités.

Néanmoins, celui qui eut le mot de la fin, ce fut le « milieu », en raillant : *Le canari pouvait chanter, mais ne savait pas voler...*

Des années plus tard, Benjamin « Bugsy » Siegel devait expliquer comment il avait mis sur pied le « contrat » tendant à éliminer Abe « Kid Twist » Reles[1].

Après une étude minitieuse et approfondie de la per-

1. Jusqu'à aujourd'hui, les circonstances de la mort d'Abe « Kid Twist» Reles demeurent mystérieuses, du moins officiellement, et l'énigme reste entière. C'est donc la première fois, à notre connaissance, qu'est livrée la clé du mystère.

sonnalité des policiers affectés à la surveillance des quatre témoins capitaux enfermés au Half Moon Hotel, Frankie Carbo avait fixé son choix sur un nom, celui du détective que Bugsy Siegel allait désormais désigner du vocable de l'*Insider*[1]. Les faiblesses de ce dernier se résumaient à deux choses : les femmes et l'argent.

Bugsy jubila. C'était une proie facile. Il fit appel à Evelyn Mittelman, celle que l'on appelait « le baiser de la mort ». Ce surnom provenait du fait qu'Evelyn Mittelman témoignait d'une propension marquée à voir ses amants du moment se faire tuer par ceux qui leur succédaient dans ses faveurs. Ainsi Hy Miller s'était fait rayer de la liste des vivants par Robert Feurer qui à son tour avait cédé la place à Sol Goldstein assisté dans ses prétentions par un colt 38 crachant le feu. Et enfin, Harry « Pittsbugh Phil » Strauss, le tueur à gages, s'était approprié Evelyn après avoir assassiné Sol Goldstein en deux temps. « Pittsburgh Phil » était mort à son tour le 12 juin 1941, mais dans l'affaire, ce n'étaient pas les beaux yeux d'Evelyn qui étaient en cause. Celui qui l'avait fait passer de vie à trépas était tout simplement l'exécuteur des hautes œuvres de l'État de New York, en lui expédiant trois décharges de mille volts dans le corps. Avant qu'on emmène l'intéressé vers la chaise électrique, Evelyn était venu déposer un baiser sur ses joues...

Depuis, elle était veuve. Pour la quatrième fois. Evelyn était une blonde sensationnelle d'une très grande beauté, style vamp. Elle savait admirablement jouer la comédie, et c'était la personne à qui on ne résistait pas quand elle avait jeté son dévolu sur quelqu'un. Munie d'un viatique confortable en billets de cent dollars, elle fut lancée sur la piste de l'*Insider*.

Ce dernier succomba aussitôt à ses charmes. Immédiatement elle entreprit un long travail de sape qui devait porter ses fruits quatre mois plus tard.

Dans l'intervalle, c'était au tour de celui qu'on baptisait du nom de *Middleman*[2] d'être recruté. *Middleman* était un des employés de l'hôtel, un réceptionniste. Dans

1. Celui qui agit de l'intérieur.
2. L'intermédiaire.

un premier temps, on lui demandait de se débrouiller pour rendre vacante la chambre immédiatement située sous celle d'Abe Reles et de la donner à un touriste en provenance de Montréal qu'on lui désignerait, et, dans un second temps, de conserver cette chambre libre pendant environ vingt-quatre heures après le départ du touriste canadien.

C'était tout, et, en échange, il recevait dix mille dollars, une fortune pour lui.

Après mûre réflexion, Bugsy avait porté son choix sur Frank Lewek pour exécuter le « contrat ». Le Québécois parlait très mal anglais. Il pouvait donc jouer à la perfection le rôle du touriste canadien en provenance de Montréal. En outre, contrairement à tous les hommes dont Bugsy disposait et en qui il avait toute confiance pour accomplir ce genre de travail, Frank Lewek était inconnu de la police de la ville de New York où il n'avait jamais exercé, et il ne risquait donc pas d'être démasqué.

Au stade suivant de l'opération, Bugsy avait loué un ranch solitaire dans le désert de Californie. Sa superficie s'élevait à deux mille hectares et il était peuplé de chevaux sauvages, des mustangs qu'on avait amenés là et qu'on laissait courir en toute liberté. En diagonale, le ranch était traversé par une gorge profonde avec un à-pic de vingt mètres, parfaitement vertical et lisse, qui représentait à peu près la hauteur de la façade du Half Moon Hotel. Morceau par morceau, en divisant le travail entre vingt-cinq personnes inconnues les unes des autres car elles travaillaient pour des studios de cinéma différents, Bugsy avait, par l'intermédiaire des techniciens de l'I.A.T.S.E constructeurs de décors pour les films, fait édifier un immense échafaudage de bois qu'il avait fait transporter et assembler par des hommes sûrs dans la gorge du ravin.

Dans cet échafaudage et à des hauteurs correspondant aux cinquième et sixième étage du Half Moon Hotel, deux chambres superposées avait été reconstituées avec lits, faux radiateurs et fenêtres.

Bugsy, dans l'intervalle, avait quitté sa cachette de San Francisco et s'était réfugié au ranch où, de toute façon estimait-il, il était plus en sécurité que dans le grand port californien. Il amenait avec lui Frank Lewek, Pete Monahan et Paul Kelly, ses trois hommes de barre. Dès son arrivée, il fit subir à Frank Lewek l'entraînement nécessaire à l'accomplissement de sa mission. Frank jouait son propre rôle, Paul Kelly, celui de l'*Insider*.

Début octobre, après plusieurs centaines de répétitions toutes effectuées la nuit, Frank connaissait par cœur le moindre des gestes qu'il aurait à effectuer. En outre, le *timing*, un facteur essentiel de l'opération, était excellent : la durée totale avait été ramenée de quatorze à neuf minutes.

De New York Evelyn Mittelman passa un coup de téléphone. L'*Insider* était à point. Bugsy les fit venir tous les deux au ranch en profitant d'un congé de récupération du policier. Ce fut à son tour de subir l'entraînement. Mais là il se présenta une difficulté mineure que Bugsy s'empressa de surmonter en modifiant quelque peu ses plans. L'*Insider* acceptait de coopérer (moyennant cent mille dollars payables à l'avance et avec lesquels il comptait partir en compagnie d'Evelyn couler des jours heureux sous le soleil des Caraïbes) mais à condition que la mort de Reles ait toutes les apparences d'un suicide ou, à tout le moins, d'un accident. Le suicide étant à écarter car ne collant pas du tout à la personnalité de Reles, on s'orienta vers un accident malencontreux au cours d'une tentative d'évasion.

Ceci mis au point, l'*Insider* s'entraîna en compagnie de Frank Lewek et des mannequins de bois lestés de plomb pesant le même poids que Reles, en rectifiant, car il avait la connaissance des lieux où se déroulerait l'opération, des détails ici et là.

Juste avant son arrestation en août à Kansas City, Mendy Weiss avait expédié un chimiste à Bugsy. Le chimiste avait préparé une potion spéciale qui, une fois absorbée, ne laissait aucune trace dans l'organisme après un délai de six heures. Pendant des semaines, elle avait été testée sur Pete Monahan uniquement au point de vue des effets soporifiques, car il était évidemment exclu de pratiquer une autopsie sur la personne du cobaye !

Les effets soporifiques s'étaient révélés concluants, et on avait versé la potion dans une flasque de whisky remise à l'*Insider* et que ce dernier devait transporter dans sa poche revolver le jour du « contrat ».

Mais un dernier incident avait surgi. Le policier était d'une jalousie féroce et cette jalousie avait été portée à son paroxysme quand il avait découvert qu'Evelyn tournait autour de Bugsy et lui faisait des avances non équivoques. Maintenant qu'elle était veuve, « baiser de la mort » essayait de se placer auprès d'un homme qui était considéré comme un caïd.

Mais Bugsy n'avait aucune envie de s'encombrer d'une *gunmoll*[1], pas plus qu'il n'éprouvait l'envie de faire capoter une entreprise aussi bien montée, pour une ridicule affaire de coucherie.

Il s'empressa donc de réexpédier l'*Insider* et Evelyn à New York avec des instructions très précises et des menaces de mort si le « contrat » tombait à l'eau par leur faute.

Tout étant prêt pour passer au stade de l'exécution, Bugsy fit démonter et brûler l'échafaudage et il alla se constituer prisonnier le 8 octobre, après avoir enjoint à Frankie Carbo et à Champ Segal d'en faire autant.

Quel meilleur alibi pouvait-il dénicher qu'une cellule de prison ?

Frank Lewek gagna le Canada par Vancouver. De là il emprunta le *Transcanadien* pour se rendre à Montréal d'où il rejoignit Brooklyn. Il se présenta au Half Moon Hotel, laissa de bon gré les policiers contrôler soigneusement son identité qu'ils collationnèrent avec leurs fiches et leurs albums de photographies de la pègre, il reçut avec un bon sourire jovial les excuses des fonctionnaires pour les ennuis qu'ils occasionnaient à un touriste d'un pays ami, et il se vit attribuer par le *Middleman* la chambre du cinquième étage immédiatement située sous celle dans laquelle Abe Reles était confiné.

La veille du jour prévu pour l'exécution du « contrat » il demanda de changer de chambre sans fournir de pré-

1. Certains gangsters déjà condamnés, afin d'éviter d'être pris par la police en flagrant délit de port d'arme prohibée, se faisaient d'accompagner par une amie dotée d'un casier judiciaire vierge et d'un permis de port d'armes qui transportait leur arme dans son sac à main. *Gunmoll* était le surnom qu'on donnait à ces filles.

texte particulier. On accéda à sa demande et il libéra la chambre qu'il occupait jusque là. Le *Middleman* veilla à ce qu'elle ne soit attribuée à personne. Naturellement, dans l'intervalle, Frank Lewek avait fait confectionner un double de la clé qui en ouvrait la porte.

Le soir du 11 novembre, l'épouse d'Abe Reles vint lui rendre visite et une violente querelle éclata entre eux. Quand elle quitta le sixième étage du Half Moon Hotel à vingt-trois heures, l'*Insider* entra dans la chambre d'Abe Reles et le voyant agité par la querelle qui venait de l'opposer à se femme, il lui tendit, compatissant, sa flasque de whisky. Machinalement, Reles se saisit de la flasque de whisky et but largement au goulot pendant que l'*Insider*, désinvolte, mettait en marche le poste de radio. Ensuite, il tint pendant quelques instants compagnie à Reles qui baillait affreusement et qui, brutalement comme à son habitude, le mit à la porte avant de se déshabiller et de se coucher.

Dix minutes plus tard, il dormait à poings fermés.

A cinq heures du matin, Frank Lewek quittait sa chambre et gagnait celle qu'il occupait précédemment.

A cinq heure trente, l'*Insider* effectuait une ronde dans la chambre de Reles, lui soulevait les paupières et lui pressait un doigt sur la pupille. Reles demeurait sans réaction et continuait à dormir. Subrepticement, l'*Insider* gagnait la fenêtre, en soulevait très légèrement le panneau inférieur[1] et y coincait l'extrémité d'un fil métallique long de deux métres qu'il avait apporté avec lui et qu'il laissait pendre à l'extérieur.

A six heures trente, Frank Lewek ouvrait la fenêtre de la chambre dans laquelle il se tenait depuis une heure, il se saisissait de l'extrémité inférieure du fil métallique et il la nouait au croisillon supérieur d'une échelle de corde munie de deux gros crochets en fer. Ces crochets étaient entourés d'un enveloppement d'ouate thermogène destinés d'une part à ne pas laisser de traces sur les surfaces touchantes, et d'autre part à éviter le bruit en cas de choc.

1. Les chambres du Half Moon Hotel n'étaient pas équipées de fenêtres à la française, mais de fenêtres dites à guillotine.

A six heure quarante-cinq, le détective James Boyle effectuait une ronde dans la chambre de Reles et constatait que ce dernier dormait. A ce moment-là, l'*Insider* se glissait à son tour dans la chambre, soulevait a fond le panneau de la fenêtre et remontait le fil métallique en amenant avec lui l'échelle de corde dont il fixait les crochets au rebord de la fenêtre. Rapidement, Frank Lewek se hissait à l'étage supérieur. Sur ses épaules était attaché un havresac vide.

Aprés avoir mis le pied dans la chambre, il aidait l'*Insider* à habiller Reles toujours inconscient. Ceci fait ils soulevaient le corps et s'en allaient le jeter par la fenêtre. Mais leur élan avait été trop violent et Reles devait atterrir à une distance trop éloignée de la façade pour qu'on pût croire à une chute accidentelle. Ensuite l'*Insider* arrachait les draps du lit et les fourrait dans le havresac de Frank Lewek. Celui-ci repartait par le même chemin et, quand il avait repris pied dans la chambre du dessous, l'*Insider* délogeait les crochets de leur support et le Québécois récupérait le tout. En hâte, il tressait une corde improvisée avec les deux draps et la longueur de fil électrique qu'il avait apportée et, par la fenêtre, il la jetait en direction du cadavre de Reles. Il prenait grand soin de refermer la fenêtre et, après avoir fourré l'échelle de corde et le fil métallique dans le havresac, il quittait la chambre et regagnait la sienne.

A huit heures trente, indifférent au remue-ménage qui régnait dans l'hôtel après la découverte du corps, il réglait sa note et reprenait le chemin de Montréal.

Quand il apprit la nouvelle, Benjamin « Bugsy » Siegel fit apporter dans sa cellule douze jéroboams de TAITTINGER afin de régaler ses visiteurs et ses gardiens.

Cependant, les nouvelles n'étaient pas très bonnes.

Le 2 décembre 1941, accablés par les témoignages de Tannenbaum, de Berger, de Rubin, de Bernstein, les « donneurs » suscités par l'exemple de Reles, Louis « Lepke » Buchalter, et ses lieutenants Mendy Weiss et Louis Capone, étaient condamnés à mourir sur la chaise électrique pour le meurtre d'un obscur marchand de friandises nommé Joe Rosen.

C'était la première fois dans l'histoire du crime aux

U.S.A. qu'un grand caïd était condamné à mort. La nouvelle fit sensation mais elle fut vite éclipsée cinq jours plus tard par l'annonce de l'attaque japonaise sur Pearl Harbour et la déclaration de guerre des États-Unis.

Le 30 janvier 1942, Benjamin Siegel, Frank Carbo et Champ Segal passaient à nouveau en jugement pour le meurtre de Harry « Big Greenie » Greenberg. Le seul témoin dangereux, le seul témoin à les accuser était Allie Tannenbaum amené spécialement de Brooklyn par avion. Mais, dans l'intervalle, le « donneur » avait sérieusement réfléchi. L'exemple de Reles prouvait qu'aucun endroit au monde n'était sûr pour un traître à la cause du Syndicat.

Lorsqu'il fut appelé à témoigner par le District Attorney il témoigna surtout d'une très grande réticence. Ses réponses n'étaient pas claires, précises, il ne se souvenait pas bien des faits, sa mémoire était défaillante... Sérieusement malmené par Jerry Geisler, l'avocat, au cours du contre-interrogatoire, traité de dépravé, ses yeux perpétuellement attirés comme par des aimants par ceux des trois accusés, il bafouilla péniblement, produisit une très mauvaise impression sur les jurés et c'est en chancelant qu'il quitta la barre des témoins.

La péroraison de Jerry Giesler à la fin de sa plaidoirie fut éblouissante comme toujours :

« ... Le monde chavire autour de nous, les puissances du Mal se liguent contre la liberté, seule l'Amérique tient encore le flambeau de ce bien que je considère comme le plus précieux au monde, la liberté ! Mesdames et messieurs du jury, je vous supplie de réfléchir et de ne pas priver un homme de ses droits constitutionnels !... »

Les trois co-inculpés furent relaxés.

George Raft qui se trouvait dans la salle du tribunal fut très impressionné par la péroraison de l'avocat et par sa tirade sur les droits constitutionnels.

Des mois plus tard, quand un représentant du Comité pour les libertés civiques vint le trouver pour qu'il apporte sa contribution à un fonds destiné à secourir des ouvriers agricoles de race noire, l'acteur explosa de colère :

– Pourquoi est-ce que je refilerais du fric à des gars

comme vous ? Est-ce que vous étiez au tribunal pour défendre Benny quand ils ont essayé de le foutre au trou ?

CHAPITRE XXIII

Après le décès d'Abe Reles tous les gangsters qui s'étaient terrés après avoir pris la fuite réapparaissaient en poussant un soupir de soulagement. Mais les révélations fracassantes du « canari » produisaient encore leurs effets. Ainsi, le 19 février 1942, Happy Maione et Dasher Abbandando, deux autres tueurs de Brooklyn, allaient « griller » sur la chaise électrique, tout comme, huit mois plus tôt, Irving « Bugsy » Goldstein et Harry « Pittsburgh Phil » Strauss.

La relaxe de Benjamin Siegel était intervenue le 21 février. Dès qu'il fut remis en liberté, Bugsy se dit qu'il était temps pour lui de se lancer dans de très grosses affaires. Le Syndicat lui devait beaucoup et il n'était plus question, à présent, qu'on lui dicte des ordres. Il allait voler de ses propres ailes, toujours plus haut, et gare à ceux qui tenteraient de lui rogner un pouce de l'envergure des ailes qu'il allait se confectionner !

D'autant que la guerre se prêtait aux circonstances. Certes, le conflit naissant avait eu pour conséquence la suppression de la flottille de bateaux-casinos qui opérait au large des côtes. Les risques d'une incursion japonaise en Californie n'incitaient guère les joueurs à aller s'aventurer en dehors des eaux territoriales. En revanche, l'Etat de la côte ouest avait enregistré un afflux considérable de militaires et, aussi, d'ouvriers et d'ouvrières pour les usines d'aviation et les chantiers navals.

Quant à Hollywood, la guerre ne l'avait pas fait trembler sur ses bases. Bien au contraire. Fébrilement, on mettait sur pied des films patriotiques, des productions anti-nazies ou anti-japonaises. Les premières excitaient la verve humoristique de Bugsy. Un jour où il dînait au Cotton Club de Culver City (un dimanche soir, obligatoirement, conformément aux canons de Hollywood !) avec sa nouvelle conquête, la star Veronica Lake qui s'était rendue célèbre en se coiffant avec une mèche recouvrant son œil droit, il l'écouta patiemment parler de *I married a witch (J'ai épousé une sorcière)* qu'elle tournait avec Fredrich March sous la direction de René Clair et, quand elle cessa de parler, il lança ironiquement :

– Encore heureux qu'il ne te fasse pas tourner un rôle de négresse, toi qui est blanche avec des cheveux blonds !

Veronica Lake écarquilla les yeux.

– Pourquoi dis-tu ça ?

Il s'expliqua :

– Beaucoup d'acteurs, de metteurs en scène, d'auteurs, sont mobilisés. Alors, on les remplace par des réfugiés d'Europe. Et quand il s'agit d'acteurs, ce sont souvent des Juifs, et c'est justement à ces Juifs-là qu'on confie des rôles d'officiers nazis ! Seulement, après la guerre, comment fera-t-on pour représenter de vrais nazis maintenant que tout le monde sait qu'ils ont le type juif ?

– Mais tu es juif toi-même ! protesta l'actrice en riant.

– D'abord, moi je m'en moque d'être juif, sicilien ou gallois !... Tiens, ça me rappelle un vieux copain qui était italien et qui, apparemment, en avait honte. Alors, il s'était choisi un nom d'emprunt irlandais et une épouse juive pour se débarrasser de ses complexes !

Bugsy évita cependant de préciser qu'il s'agissait en l'occurrence de Frank Costello, la caïd new-yorkais.

– Tiens, je vais t'en raconter une autre, une bien bonne aussi. En face des studios de la Warner Bros, il y a un club de golf, le Lakeside Golf Club. Son accès est interdit aux Juifs. Alors, tous les Juifs de Hollywood sont furieux, ils traitent les gens du Lakeside de nazis, ce qui à l'époque actuelle, avec la guerre, équivaut à être traîné devant un peloton d'exécution. Moi, ça me fait rire, ces trucs-là. Alors, l'autre jour, il y avait une soirée chez moi à Holmby Hills. Sam Goldwyn et Jack Warner parlaient justement du Lakeside et je leur ai balancé en pleine figure : « Le métier de producteur de cinéma est bien interdit aux non-Juifs ! » Fallait voir leurs têtes !

Généralement, la verve humoristique et les bons mots de Bugsy Siegel étaient célèbres à Hollywood.

A une soirée chez Groucho Marx, Errol Flynn racontait un jour ses débuts à Hollywood.

– Mon premier rôle, expliquait l'inoubliable Robin des Bois, je l'ai obtenu dans *The Case of the Curious Bride.* J'y jouais le rôle d'un cadavre qu'on transportait en scène sur un chariot de la morgue. Quelqu'un tirait sur le drap, démasquait mon visage aux yeux clos, disait : « c'est bien lui », et remettait le drap en place. Ensuite on me revéhiculait en dehors du plateau et mon rôle était terminé.

Bugsy Siegel fixa alors l'interprète de *Capitaine Blood* et lâcha :

– De tous les rôles que tu as interprétés à l'écran, ce fut ton meilleur...

Souvent Bugsy faisait assaut de bons mots avec Groucho Marx dont l'humour surréaliste aspergé parfois de quelques gouttes d'acide sulfurique faisait fureur dans la capitale du cinéma.

C'était lui qui racontait :

– Depuis des années, à chaque fois que je rencontre Sam Goldwyn, il me demande : « Comment va Harpo ? ». C'est tout, pas autre chose, même pas une poignée de main, rien. Alors, la dernière fois j'en ai eu marre. Je le rencontre à New York et il me demande encore une fois : « Comment va Harpo ? ». J'explose et je lui balance en pleine figure : « Pourquoi est-ce que vous me demandez toujours des nouvelles de mon frère et que vous ne vous inquiétez jamais des miennes ? Pourquoi est-ce que, au lieu de demander « Comment va Harpo ? », vous ne me demandez pas « Comment allez-vous ? » ? Et à ce moment-là, impassible, Sam Goldwyn m'a demandé, : Comment allez-vous ? Soulagé, j'ai répondu : Très bien, merci. Et quand j'ai répondu ça savez-vous la question qu'il m'a posée ?... « Comment va Harpo ? »...

Les histoires que Groucho Marx racontait faisaient la joie des invités dans les soirées dans lesquelles il arrivait, l'éternel cigare-barreau de chaise au coin des lèvres, en surgissant par la porte d'entrée avec sa célèbre démarche d'arpenteur.

Un jour, c'était son maître d'hôtel qui lui annonçait :

– Dans le hall un monsieur vous attend avec une grosse moustache.

Et Groucho répondait :

– Si c'est un représentant de commerce, dites-lui que j'en ai déjà une.

Invité dans une république sud-américaine pour la remise d'une récompense cinématographique et avisé que le président de la République le recevrait le lendemain matin, Groucho avait répliqué :

– Quelle certitude ai-je qu'il sera encore président demain matin ?

Sa banque lui ayant écrit :*Nous aimerions vous rendre service,* il avait répondu par retour du courrier :

– Vous avez raison, rendez-moi service : transférez à mon compte celui de votre client le plus riche.

Ou encore, avec un clin d'œil complice, Groucho assurait :

– A ma connaissance, mon père était le seul tailleur au monde qui ne se servait jamais d'un mètre à ruban. Il trouvait que c'était uniquement bon pour un entrepreneur de pompes funèbres. Naturellement, quand le costume était terminé, le client avait des surprises...

Il ajoutait avec un sourire méchant :

– Charlie Chaplin à dû commander ses costumes par douzaines chez mon père...

Sarah Apfelbaum fixait Bugsy Siegel de ses yeux noirs, chauds, profonds, et très lentement, elle se mit à réciter :

Two roads diverged in a wood, and I,
I took the one less traveled by,

And that has made all the difference...[1]

Il haussa un sourcil étonné :

– Qu'est-ce que c'est ?

– La fin d'un poème de Robert Frost. Tu ne saisis pas l'implication ?

– Non.

Elle sourit avec indulgence, comme une institutrice qui se trouve en présence d'un enfant difficile au cerveau obtus.

– Toi aussi tu as pris la route la moins fréquentée et c'est ce qui a fait toute la différence... Tu es devenu un gangster... Mais avais-tu le choix, finalement ? Ou bien les conditions socio-économiques dans le milieu où tu vivais étaient telles que tu étais forcé de devenir un gangster ? Je ne veux pas me lancer dans le rousseauisme, de toute façon, le rousseauisme, c'est plein de poussière, on a trouvé depuis beaucoup mieux, mais je suis troublée par ce que peut comporter d'aliénant l'environnement qui était le tien dans le Lower East Side de New York ! Existait-il une chance, une seule chance, minime fût-elle, pour que tu ne deviennes pas un gangster ?

Elle n'attendit pas la réponse et poursuivit :

– Non. Je suis sûre que non. D'ailleurs, tu vas me répondre par la négative. Il est impossible qu'il en soit autrement. Le milieu social conditionne l'individu... Je ne veux pas t'entraîner dans une étude approfondie de l'approche marxiste du phénomène, cela risquerait de te lasser, mais on ne peut négliger, néanmoins, certains facteurs concluants qui... Tiens, au fait, j'y pense !... L'autre jour, je t'ai exposé ma thèse sur les tendances hermaphrodites, plus ou moins développées, qui, sauf équilibre assez rare d'ailleurs, désharmonisent chez tous les êtres humains leurs pulsions et leurs exutoires sexuels. Eh ! bien ! comme promis, j'ai retrouvé le bouquin dont je te parlais !... Tu verras comme il est attachant !...

Sarah Apfelbaum était une jeune réfugiée qui en 1934

1 Derniers vers d'un célèbre poème de Robert Frost, un des plus grands poètes américains (1874-1963).

Deux routes se séparaient dans un bois et moi
J'ai pris la moins fréquentée
Et c'est ce qui a fait toute la différence...

avait fui le régime nazi en Allemagne et avec ses parents avait gagné les États-Unis. Depuis elle était devenue professeur de philosophie. Elle avait vingt-six ans, elle était bohème, adorait les discussions intellectuelles et n'était pas très jolie. Elle se nourrissait invariablement de spaghettis, de harengs marinés et d'oranges qu'elle faisait descendre à l'aide de grands verres emplis de vin rouge de Californie. Elle fumait des cigarillos mexicains et prenait une douche deux ou trois fois par an, quand elle se décidait à débarrasser sa baignoire des piles de livres qui s'y entassaient.

Cette caractéristique rappelait fâcheusement à Bugsy ses brèves amours avec la star mexicaine Lupe Velez...

Il avait rencontré Sarah par hasard un jour où elle faisait du stop sur la route de Sacramento à Los Angeles. Il avait été séduit tout de suite car l'intellectuelle manquait à sa panoplie de succès féminins les plus divers. Sarah lui ouvrait un monde nouveau, d'où étaient absentes les aristocrates américano-italiennes, les vedettes de cinéma, les *gunmolls*, les « baisers de la mort », et les nymphomanes hystériques de la haute société new-yorkaise.

Sarah fréquentait un cercle d'intellectuels chauves mais moustachus et barbus, pour la plupart réfugiés d'Europe centrale ou occidentale, dont le langage était émaillé de locutions étrangères, ce qui rendait les discussions encore plus obscures pour Bugsy.

Dans ces réunions on tolérait Bugsy par égard pour Sarah, mais tous savaient qui il était et quelles étaient ses activités, et on le traitait avec condescendance. Bugsy s'amusait énormément de la chose. Lui qui était ouvert sur la vie appréciait hautement cette nouvelle expérience qui lui était offerte.

Sarah, elle, avait entrepris une tâche qu'elle aurait dû savoir vouée à l'insuccès le plus total : réformer Bugsy et le convertir au marxisme. Lui ne se sentait aucun goût pour cette idéologie si contraire à son tempérament. Mais cette femme exerçait incontestablement une attraction certaine sur lui, quelque chose d'indéfinissable, qu'il ne parvenait pas à analyser.

Car, peu à peu, l'attrait des longues discussions intellectuelles de sa maîtresse et de ses amis philosophes s'était dissipé pour lui. Ensuite était venue la période transitoire, faite d'ennui et d'agacement.

C'est à ce moment-là qu'il avait découvert de quel élément était constitué l'élément sexuel qui avait jeté Sarah dans ses bras : une sorte de masochisme assez comparable à celui dont témoignaient à son égard les filles de la haute société new-yorkaise, quelque douze ans plus tôt lorsqu'elles s'en venaient les rejoindre, lui et Charly Lucky Luciano dans leur garçonnière. Une sorte de masochisme... et aussi l'excitante sensation de se dégrader en se jetant dans la couche d'un gangster...

– ... Les fleurs, les plantes, les animaux, les êtres humains sont bisexués... poursuivait imperturbablement Sarah.

Bugsy réprima un geste d'ennuis. Mais il savait comment couper court aux longs monologues de la jeune femme :

–Viens donc baiser, invita-t-il d'une voix dure en exagérant son accent de Brooklyn.

Bugsy n'en croyait pas ses yeux. Carlo Gambino, le trésorier itinérant du Syndicat, était remplacé par la plus jolie fille qu'on puisse imaginer !

Elle était grande, avec de longs cheveux aile de corbeau, de magnifiques yeux verts, des jambes fuselées et des hanches qui tanguaient comme un schooner à l'approche d'un cyclone. Elle pouvait avoir dans les vingt-cinq ans, elle avait l'accent langoureux du Sud et, autour d'elle, flottait un parfum de sexe en folie.

– Mon nom est Virginia Hill, murmura-t-elle en enrobant les syllabes de tout le miel d'Alabama.

– Je sais, croassa Bugsy complètement sous le charme de la visiteuse.

– New York a prévenu ?

– Oui.

– Je viens chercher l'argent.

– Il est prêt, mais... si nous faisions plus ample connaissance auparavant ?

– Pourquoi pas ?

En l'espace d'une heure, Bugsy apprit beaucoup de choses sur Virginia Hill. Elle était la fille d'un marbrier qui avait neuf autres enfants à élever. En conséquence, pour alléger le fardeau familial, elle s'était enfuie de la ville industrielle d'Alabama où elle était née, en compagnie d'un jeune homme, quand elle avait eu seize ans. On parlait beaucoup de Chicago à cette époque, de Chicago où se tenait la foire mondiale. Virginia avait pris le chemin de Chicago où, très vite, elle s'était débarrassée de son encombrant compagnon de voyage pour voler de ses propres ailes. Elle avait commencé par être *girl* de revue avant de se faire remarquer par un gangster de troisième zone qui l'avait épousée. Elle avait ainsi usé trois époux avant de décider que la liberté était la plus belle chose au monde et, pour la troisième fois, elle avait obtenu le divorce. « Amie » des gangsters les plus cotés, des Fischetti de Chicago, de « Dandy » Phil Kastel à New Orleans, de Joey Adonis, de Frank Costello, de « Longy » Zwillmann, de Meyer Lansky, elle avait su gagner leur confiance et se voir investir d'un rôle qu'habituellement on ne confiait jamais à une femme : le transport des fonds secrets.

Ce n'était pas par hasard si elle était à Hollywood, et elle n'y effectuait pas un simple voyage. Pour des raisons familiales, Joey Adonis préférait qu'elle se trouve loin de New York et s'était arrangé pour que Sam Goldwyn lui signe un contrat pour le film *Ball of Fire* où elle devait apparaître aux côtés de Gary Cooper et de Barbara Stanwyck, une des meilleures vedettes de Hollywood.

La couverture d'actrice de cinéma était excellente pour les missions que le syndicat du crime envisageait de lui confier...

Quand elle eut terminé de réciter à Bugsy son curriculum vitae, elle remarqua sur le mode ironique :

– Une de mes amies assure que j'ai un compteur Geiger dans les narines pour détecter à la fois le fric et les gangsters de haute volée... Vous, vous manquiez à ma collection...

– Vous aussi, s'empressa de répliquer Bugsy.

Virginia avait trop l'habitude des hommes pour ne pas comprendre instantanément.

– Vous avez eu votre petit succès ici, taquina-t-elle d'un ton léger. Toutes les actrices de Hollywood...

– Pas toutes, rectifia-t-il.

– Combien ? Une dizaine ? Une vingtaine ? Plus ?

Il se racla la gorge.

– Au lieu de s'occuper tout de suite de l'argent, si on allait les compter ensemble ? suggéra-t-il, tentateur.

Elle eut un sourire railleur.

– D'accord. Après tout, ne suis-je pas moi aussi une actrice de Hollywood ?

Complètement subjugué par le charme et la personnalité de Virginia Hill, Benjamin « Bugsy » Siegel décida qu'il était insensé de laisser cette fille libre de ses mouvements. Elle s'était installée à Falcon's Lair, l'ancien palace de Rudolph Valentino, mais l'endroit ne plaisait pas à Bugsy car il le trouvait trop grandiose et pas assez intime. Il chercha et trouva un nid douillet situé au 810 North Linden Drive à Beverly Hills. Il fit déménager la jeune femme et, quand elle fut relogée, il installa là aussi ses pénates, ce qui lui faisait trois points de chute.

Dans l'intervalle, Hollywood avait été frappé d'un nouveau deuil qui l'avait autant attristé que celui de Jean Harlow cinq ans plus tôt. Carole Lombard, la charmante et adorable épouse de Clark Gable, celle dont le langage horrifiait, avait disparu dans un accident d'avion quelque part au-dessus de Table Rock Mountain dans le Nevada.

Quelques mois plus tard, après une saoûlerie monstre qui dura plusieurs semaines et après avoir terminé le tournage de son film en cours, Clark Gable s'engageait dans l'U.S. Air Force.

Bugsy régnait en maître incontesté sur la capitale du cinéma. Il en était même devenu le juge de paix. Les producteurs et les acteurs venaient le trouver afin qu'il arrange leurs affaires lorsque celles-ci frisaient le scandale ou lorsqu'elles ne trouvaient pas leur solution devant un tribunal.

Ainsi en fut-il, entre autres, des affaires Charlie Chaplin et Errol Flynn.

Le premier avait eu une liaison d'un an avec Joan Barry, une starlette de médiocre talent. Lorsqu'il rompit avec elle, Joan Barry lui intenta immédiatement un procès en paternité en même temps qu'elle alertait Hedda Hopper, la célèbre « commère » de Hollywood, dont l'audience était grande dans tous les États-Unis à travers les chaînes de journaux à qui elle fournissait de la copie. Hedda Hopper donna un coup de pied dans le nid de frelons et Chaplin fut l'objet d'une vaste campagne de dénigrement qui faillit anéantir sa carrière.

Ce fut Bugsy Siegel qui s'occupa de convaincre Joan Barry d'accepter un règlement extra judiciaire qui leur assurait une pension à vie à elle et à son enfant.

Errol Flynn, lui, était accusé de viol par deux mineures, Betty Hansen et Peggy Satterlee, ce qui paraissait extraordinaire pour un homme dont le principal problème consistait à faire sortir les femmes de sa vie plutôt qu'à les y faire entrer. Ensuite il avait été l'objet de chantage par téléphone. Il devait payer dix mille dollars s'il ne voulait pas que les choses empirent. Il n'avait pas payé et les choses avaient empiré. Il était à présent traduit devant un tribunal et il risquait cinq ans de prison.

Bugsy ne pouvait faire autrement que d'aider un de ses « protégés ». Il donna l'ordre à Jack Dragna de rechercher le maître chanteur. On le retrouva et il fut promptement éliminé par les moyens habituels. Bugsy n'aimait pas les outsiders. Ensuite, Bugsy alla rendre visite à deux hommes qu'il avait connus quand lui-même était traduit en justice pour le meurtre de Harry « Big Greenie » Greenberg. L'avocat Jerry Giesler et le District Attorney de Los Angeles, John Dockweiler. Le premier accepta d'assurer la défense de Flynn, moyennant, naturellement, le paiement des honoraires exorbitants qu'il exigeait d'habitude. Après son acquittement dans l'affaire Harry Greenberg, Bugsy avait contribué à l'élection de

John Dockweiler en versant la somme de trente mille dollars à son fonds de soutien. En conséquence, le District Attorney était tout disposé à se montrer compréhensif.

Flynn fut acquitté, ce qui était un verdict d'une parfaite équité car il était flagrant qu'il était innocent.

En cette année 1943, Louis « Lepke » Buchalter, Mendy Weiss et Louis Capone, enfermés dans des cellules de condamnés à mort de la prison d'Osining baptisée familièrement Sing-Sing, menaient un combat farouche pour éviter d'aller s'asseoir sur la chaise électrique, et ce, en invitant de façon pressante leurs avocats à fouiller le maquis juridique des lois américaines afin d'y trouver la faille qui permettrait de faire casser leur procès. Dans l'intervalle, et bien qu'il conservât fortement chevillé au corps l'espoir de s'en sortir, « Lepke » se préoccupait, au cas où l'issue ne serait pas malgré tout conforme à ses désirs, de mettre ses affaires en ordre et, de sa cellule de condamné à mort, il continuait à lancer des ordres d'exécution en appelant à la solidarité des membres du Syndicat. Personne n'allait refuser un tel service à « Lepke », d'abord parce qu'il était incontestablement le plus grand caïd du crime que les États-Unis aient jamais eu, ensuite parce qu'on l'aimait bien, et enfin, parce qu'on ne savait pas s'il n'allait pas bientôt sortir de prison si son jugement était cassé.

Moey Dimples alias Morris Wolinsky, était depuis quatre ans sur la liste noire de « Lepke ». C'était ce Wolinsky en qui « Lepke » avait toute confiance, qui lui avait conseillé de se rendre aux autorités fédérales en lui assurant qu'il ne risquait pas plus de dix à douze ans de prison et qu'il ne serait jamais remis aux autorités judiciaires de l'État de New York. La réalité n'avait pas été conforme aux dires de Wolinsky et « Lepke » s'était retrouvé au *quartier de la mort* de Sing-Sing...

Durant quatre ans, Wolinsky avait échappé aux tueurs lancés par « Lepke » à ses trousses. Et puis, naïvement, croyant qu'on l'avait oublié, saisi par la nostalgie de New York, il avait quitté les plaines à blé du Middle West, les bayous de Louisiane, les cabanes de trappeurs enneigées des montagnes du Wyoming ou du Montana, pour aller retrouver les rues bruyantes de Manhattan.

Il n'en profita pas longtemps. Un jour où il dégustait un excellent repas dans un restaurant de Manhattan, Pete Monahan et Paul Kelly, expédiés en hâte de Los Angeles par Bugsy, firent irruption dans la salle et le privèrent de dessert...

CHAPITRE XXIV

– A cause de la guerre et de la surveillance navale accrue qui en découle, les côtes ne sont plus sûres, et nous devons donc modifier nos plans pour assurer nos approvisionnements, conclut Meyer Lansky, ses yeux noirs sollicitant une approbation auprès des autres membres du conseil suprême du Syndicat.

– D'autant que la guerre a relancé l'industrie, renchérit « Longy » Zwillmann. Elle est en plein boum. Donc, les salaires ont augmenté en proportion. Il y a une plus forte demande qu'avant.

Frank Costello haussa les épaules avec mépris.

– Les gens s'imaginent qu'en se droguant ils oublieront les soucis quotidiens, que leur petit gars ne se fera pas tuer au front par un jap ou un fritz et qu'il reviendra vite manger la dinde aux marrons pour Noël. Quelle bande de cons !

– Il faut prendre le fric là où il est disposé à sortir de la poche, Frank, fit remarquer, un peu cauteleux, Charly Fischetti de Chicago.

Ce n'était un secret pour personne que l'oncle Frank était fortement opposé au marché de la drogue. Maintes fois, il avait exposé sa thèse :

– Il faut se cantonner dans des activités qui ne sont pas, dans le fond, tellement réprouvées par le public. Au temps de la Prohibition, tout le monde sauf les grincheux était disposé à boire un petit coup de temps en temps, et les gars étaient contents qu'il y ait des astucieux qui leur fournissent de la bibine. Pour le jeu, c'est pareil. Qui n'a pas envie de tripoter des brêmes quand l'occasion se présente ? De sortir un full aux as et de faire marron tout le monde en ramassant le pot ? Prenez les machines à sous. Quoi de plus facile et de plus inoffensif que de glisser un *nickel*[1] dans la fente ? Quel mal y a-t-il à ça ? Aucun, pensent les gars. Ils sont contents qu'il y ait des machines à sous. Ça passe le temps de glisser des pièces de monnaie dans la fente. En parlant de fente, ça m'amène aux femmes. Les gars sont contents aussi qu'il y ait des bordels. Quand la mémée a ses doches ou qu'elle dit non parce que les mômes lui ont cassé les pieds toute la journée, les gars, ils vont tirer leur crampe au claque du coin. Où est le mal ? Y a pas de mal. Tandis que la drogue, ça choque le public. Ça ne fait pas sain. Les gars n'aiment pas ça. D'abord, ça fait un peu pédé et personne n'aime les pédés, sauf les pédés. Ensuite, ça démolit l'organisme, ça détraque le système cérébral. C'est pas comme boire un petit coup, flamber ou baiser. Ça, c'est sain. Les gars aiment. Voilà ce qu'il faut faire, uniquement, leur donner de quoi boire, flamber et baiser.

– Charly Lucky n'est pas de ton avis, insinua Joe Profaci.

– Il est en cabane, intervint « Longy » Zwillmann.

– Et il n'est pas prêt d'en sortir, ajouta Benjamin « Bugsy » Siegel, décidé à venir au secours d'oncle Frank.

– Vous vous trompez, les gars, clama aussitôt Vincent Mangano, un Sicilien comme Luciano. Charly Lucky est sorti de Dannemora.

– Il est à la prison d'Albany, précisa Joe Adonis, un autre Sicilien. C'est le Waldorf Astoria comparé à Dannemora.

Stupéfaits, les autres regardaient les deux hommes. Méfiant, Albert Anastasia demanda :

– Qu'est-ce qu'il a fait pour mériter une telle faveur ?

Joe Adonis hocha la tête.

– Il va aider l'armée américaine à débarquer en Sicile. Les *mafiosi* de l'île haïssent Mussolini depuis qu'il s'est

1 Pièce de cinq *cents*.

attaqué à eux. Charly Lucky a accepté de les mobiliser. Ils vont s'arranger pour que les troupes italiennes désertent ou, au moins, ne combattent pas. Ensuite, ce sera une promenade de santé pour le général Patton quand il voudra conquérir toute l'île.

– Et en échange, s'étonna Benjamin Siegel, Charly Lucky ne demande que son transfert à Albany ?

Vincent Mangano eut un mince sourire.

– Non. Dès que la guerre est terminée, Charly sera libéré de prison et réexpédié en Italie. Le marché a été conclu entre Thomas Dewey et lui.

– Et Dewey ferait aussi bien de tenir sa parole, ajouta Joe Adonis d'un ton menaçant.

Philip Mangano, le frère de Vincent, intervint à son tour, ses yeux sombres fixés sur oncle Frank :

– Et Charly Lucky est à fond pour la drogue, Frankie.

Frank Costello haussa les épaules.

– On met aux voix comme d'habitude, trancha-t-il d'une voix lasse.

Le vote fut défavorable aux tenants de l'exclusive contre la drogue et une nouvelle méthode d'importation fut mise au point avec voyages clandestins aériens entre le Mexique et la Californie. Cet État constituant le fief de Bugsy, ce dernier fut tout naturellement désigné pour en contrôler la bonne marche et en mettre sur pied l'organisation. Malgré sa répugnance, Bugsy fut obligé d'accepter. Les partisans de la drogue étaient trop nombreux et puissants pour qu'il puisse s'opposer à eux, même avec l'appui de Frank Costello.

Dès qu'il fut de retour en Californie, il s'attacha donc à construire un système de voyages aériens entre le Mexique et la Californie ou le Nevada, tellement à l'épreuve des coups durs que son chef pilote le baptisa du nom de *milk run*[1].

Ce chef pilote s'appelait Johnny O'Hara. C'était un Irlandais bâti comme l'Empire State Building, avec des cheveux roux, des sourcils tellement blonds qu'ils en

1 « Traite des vaches » - Terme d'aviation militaire : mission sans danger.

étaient blancs, un visage rouge brique et des yeux aussi verts que ceux de Maureen O'Hara son homonyme. En quelque sorte, une caricature d'Irlandais.

Bugsy l'adorait littéralement. A George Raft, il avait confié une fois :

– Johnny est complètement dingue et c'est pour ça que je l'aime. Sans doute devons-nous coller ensemble. Après tout, est-ce qu'on ne me surnomme pas Bugsy, le dingue, même si je n'aime pas le surnom ?

Johnny O'Hara avait participé à la guerre du Gran Chaco entre le Paraguay et la Bolivie en tant que mercenaire entre 1932 et 1935. Quand il était en veine de confidences il ne se lassait pas de raconter à Bugsy :

– Au siècle dernier, entre 1865 et 1870 il y a eu une autre guerre au Paraguay, une guerre autrement sanglante que celle de 1932. Le Paraguay avait contre lui le Brésil, l'Argentine et l'Uruguay. La guerre a coûté au Paraguay trois cent mille morts sur une population de cinq cent vingt-cinq mille. Restaient en vie deux cent vingt-cinq mille habitants dont trente mille mâles. J'ai rencontré là-bas un vieux Français presque centenaire. Il avait émigré au Paraguay juste après la fin de la guerre. Je ne sais pas s'il exagérait mais il m'a assuré qu'il était obligé, obligé ! de se taper dix femmes différentes tous les jours s'il ne voulait pas se faire écharper par la population femelle !... Vous vous rendez compte, monsieur Siegel ? Ce n'est pas à moi que ça arriverait ici à Hollywood, moi qui aimerais tant coucher de temps en temps avec une vedette de cinéma ! Même si on ne m'en refile pas dix à la fois !

La dernière fois où il s'était ainsi plaint, Bugsy avait jeté sur son bureau une liasse de billets de cent dollars et l'avait poussée en direction de Johnny O'Hara.

– Va chez Mae's, avait-il conseillé.

– Mae's ?

– Ce ne sont pas les vraies vedettes de cinéma, mais tu en auras toute l'illusion.

–Vrai ? avait jubilé l'aviateur.

– Vrai.

Quant aux autres affaires de Bugsy, elles marchaient parfaitement bien. La moyenne de revenus s'établissait, chaque jour, à dix, douze mille dollars...

– Impossible de tourner une scène d'amour avec lui, se plaignit Virginia Hill.

– Pourquoi ? s'étonna Bugsy.

– Il pue de la bouche ! Une véritable infection ! Même les mouches du studio ne tiennent pas le coup, c'est dire !

Bugsy écarquilla les yeux.

– LUI ?

– Oui, LUI ? Le metteur en scène a crié : « Moteur ! Roule, Jack ! et LUI s'est approché de moi en roulant des yeux de grenouille comme un taureau qui s'approche d'une génisse, et il a ouvert la bouche pour coller ses lèvres sur les miennes, et moi j'ai cru que c'était une poubelle dont on venait de retirer le couvercle ! Vlan ! J'ai pas eu le temps de freiner et je suis partie dans les pommes ! On a été obligés de recommencer treize fois la scène, et encore, on y est arrivés uniquement parce qu'on l'a forcé à sucer des grains de café et à mâcher du chewing-gum ! Sam Goldwyn était furieux !

Bugsy ne put s'empêcher de rire. Virginia évoquait un des plus grands spécialistes des rôles de cow-boy à Hollywood, celui dont le nom faisait palpiter les foules, et dont les yeux bleus et la fausse ingénuité constituaient les plus remarquables éléments de son succès.

Bugsy, quand il eut cessé de rire, remarqua :

– Ah ! ces séducteurs de Hollywood ! C'est la pauvre Carole Lombard qui me racontait que Clark Gable avait des fausses dents ! Si les spectatrices des salles de cinéma savaient ça, sa cote descendrait en flèche au *box-office* !

Virginia cligna de l'œil.

– Le seul séducteur de Hollywood que je connaisse, c'est toi ! répliqua-t-elle, avec son langoureux accent du Sud.

– Moi et Howard Hughes !

– Au fait, il y en a un autre : Errol Flynn. Tu as réussi à arranger ses ennuis ?

– C'est fait. Mais il a d'autres ennuis permanents. Sa femme, Lily Damita.

Virginia eut une moue méprisante.

– Elle ne se plait qu'en compagnie de pédés. Les femmes qui s'entourent de pédés, ajouta-t-elle d'un ton sentencieux, sont des femmes qui ne sont pas sûres d'elles. Elles essaient de combattre un sentiment d'insécurité.

Bugsy sourit, un peu ironiquement.

– Tu en connais des choses...

– J'ai roulé ma bosse.

Pour la seconde fois, Virginia cligna de l'œil.

– Je viens d'acheter de nouveaux draps de lit, rayés en rouge et blanc comme le drapeau des États-Unis. Si on les essayait ? Seulement, après, il faudra qu'on passe à d'autres affaires aussi sérieuses. Le fric. J'ai reçu un message de New York. « Ils » demandent ta contribution. Il paraît que ça coûte cher d'essayer de faire sortir « Lepke » de sa cellule de condamné à mort de Sing-Sing...

Tout l'argent mis en œuvre par le Syndicat pour sauver Louis « Lepke » Buchalter n'avait servi à rien. Après trente mois de batailles juridiques, d'atermoiements, de délais d'exécution repoussés, la justice américaine rendait son verdict : Louis « Lepke » Buchalter, Mendy Weiss et Louis Capone devaient mourir.

Le 4 mars 1944, Louis Capone entrait le premier dans la chambre d'exécution et s'asseyait sur la chaise électrique. Il avait été désigné pour ouvrir le bal en premier car son cœur était fragile. Son sort était réglé en quelques minutes. Mendy Weiss lui succéda. Son exécution fut aussi rapide. Vint ensuite celui que Thomas Dewey avait surnommé le tsar du crime.

Vous regardez le visage... et vous ne pouvez pas en détacher vos yeux... De grosses gouttes de sueur jaillissent du front... La salive mousse à la commissure des lèvres, la peau est décolorée par l'impact des décharges électriques... Quand on a abaissé sur son crâne l'électrode principale, Lepke y a jeté un coup d'œil. C'est la dernière chose au monde qu'il a vue avant de mourir...

Bugsy termina de lire l'article écrit par Frank Coniff et piétina rageusement le *New York Journal American* après l'avoir roulé en boule. Puis un frisson glacé zigzaga sous ses omoplates. Il avait l'impression de s'être assis lui-même sur la chaise électrique !

Virginia Hill se leva sans rien dire et alla sortir du frigidaire une bouteille de TAITTINGER, la marque favorite de champagne de Bugsy. Elle la déboucha, emplit deux coupes et insinua d'une voix très douce :

– Un tsar du crime est parti... Tu as toute l'étoffe pour devenir aussi grand que lui, Benny...

Il s'immobilisa aussitôt et la fixa sans rien dire.

– La Californie est à toi, poursuivit-elle d'un ton détaché, mais on s'y sent à l'étroit... Bien sûr, personne ne vient te casser les pieds ici. On sait que c'est ton royaume et c'est déjà ça d'assuré. Mais si tu cherchais à t'étendre ? Entre l'Est et la Californie il existe des États encore vierges. Tu vas me dire qu'il n'y a pas beaucoup de fric à y prendre, je l'admets, mais parfois, c'est l'étendue du territoire qui compte, pas obligatoirement le montant des revenus...

Bugsy fronça les sourcils.

– Toi, tu sais quelque chose... coupa-t-il d'une voix sèche.

Virginia arbora une mine choquée.

– Je t'assure que non. Pourquoi ?

– Parce que mon choix est déjà fait. Je m'étends en dehors de la Californie.

– Où ça ?

– Dans le Nevada.

L'air du désert était vivifiant. Décontracté, Benjamin « Bugsy » Siegel tenait le volant d'une seule main, à demi tourné vers Johnny O'Hara, en prêtant une oreille attentive au récit des aventures que lui contait son chef pilote. Afin de se reposer, Bugsy était parti passer quelques jours dans un camp de pêche sur les bords du lac Mead à la frontière du Nevada et de l'Arizona. Il s'était fait accompagner par O'Hara afin de ne pas s'ennuyer. A présent, il s'en retournait à Beverly Hills.

– On arrive à Las Vegas, fit soudain remarquer O'Hara.

Bugsy fit la grimace.

– Las Vegas est presque une ville-fantôme. En espagnol, le nom signifie « terres de jardin irriguées ». On se demande bien par quoi le sable peut bien être irrigué dans un désert pareil ! Quelques vieilles cabanes, des bistrots déglingués, deux ou trois tripots et quelques milliers d'habitants qui s'ennuient à mourir ! D'ailleurs qui a jamais entendu parler de Las Vegas, sinon les camionneurs, les Indiens mojaves et les types recherchés par la police qui se disent qu'ils seront peinards perdus dans le désert ! Tu veux que je te dise, Johnny ? Il nous reste deux-cent-quatre-vingt-quatre *miles* avant d'atteindre Los Angeles et on va les faire d'une traite !

– Sans s'arrêter pour tenter un petit coup à la roulette, monsieur Siegel ? protesta l'Irlandais. Le Nevada est le seul État d'Amérique où le jeu est autorisé. On ne risque rien. Pas de crainte à avoir que la police vienne nous mettre le grappin dessus !

– Le seul État d'Amérique où le jeu est autorisé... répéta Bugsy, pensif. C'est bien vrai ce que tu dis là, Johnny... Combien y a-t-il de tripots en ville ?

– Cinq ou six, pas plus.

– On va y jeter un coup d'œil, décida Bugsy.

Benjamin Siegel resta en fait soixante-douze heures à Las Vegas, il visita les modestes cercles de jeux de la ville, dont le Frontier Club et le Golden Nugget étaient les plus importants, il observa beaucoup, il interrogea les gens et examina attentivement toutes les possibilités que recélait l'agglomération. A l'époque, Las Vegas n'était qu'un nœud routier par lequel s'écoulait la production de quelques mines implantées dans le désert. Sa population était composée de familles de mineurs auxquelles s'ajoutaient quelques aventuriers. Les camionneurs formaient sa population flottante. Dans les bars, dans les boîtes, dans les tripots de bas étage, qui ressemblaient de façon remarquable à ceux popularisés par Hollywood dans les films à la gloire de la conquête de l'Ouest, éclataient de nombreuses bagarres au couteau ou au revolver, et le pianiste de service tentait désespérément tout en continuant à frapper sur les touches d'ivoire à éviter soit les bouteilles de bière, soit les balles.

Son inspection terminée, Bugsy retourna à Hollywood. Une semaine plus tard, il était de retour à Las Vegas. Accompagné de gardes du corps, il transportait plusieurs mallettes contenant des billets de banque. En une matinée, il devint actionnaire majoritaire du Frontier Club et du Golden Nugget, et il commença aussitôt à dicter ses ordres. Plus tard, à la mairie, il fit l'acquisition d'une large superficie de terrain sableux qui appartenait à la municipalité.

L'étape suivante fut New York où il avait demandé la convocation du conseil suprême du Syndicat. Il avait soigneusement préparé son affaire et il tint aux assistants le petit discours suivant :

– J'ai une excellente affaire en vue. Le Nevada est le seul État d'Amérique qui autorise le jeu sur son territoire. En outre, la consommation d'alcool vingt-quatre heures sur vingt-quatre est admise par la loi, contrairement à la majorité des États. Mais ce n'est pas tout. Au Nevada, on peut se marier en deux minutes et divorcer en six semaines. Cela constitue un brelan d'atouts sérieux dont personne jusqu'ici n'a eu l'idée de tirer avantage...

Il bomba le torse avec orgueil et se frappa la poitrine du poing.

– Personne... sauf moi...

Il poursuivit sur le ton de l'homme d'affaires :

– Au Nevada existe une bourgade qui s'appelle Las Vegas, avec une population de sept à huit mille habitants. Un abominable trou perdu dont personne n'a jamais entendu parler, sauf les mineurs et les camionneurs. Le jeu y est florissant, mais dans des tripots minables dont j'ai déjà pris le contrôle. Ça va être ma base de départ. Je vais en faire un paradis du jeu dans lequel on jouera à un train d'enfer !

Il rit à son bon mot.

– Et je rebaptiserai l'endroit *Pique-sous City* !

– Et qui viendra jouer dans ce trou perdu ? s'enquit, glacial, « Dandy » Phil Kastel.

– Las Vegas n'est qu'à deux-cent-quatre-vingt-quatre *miles* de Los Angeles, soit cinq heures par la route. Mais, d'abord, avant d'aller plus loin, il faut que vous abandonniez vos habitudes actuelles. Il faut penser au futur. Nous sommes en 1944. Nos troupes ont débarqué en Normandie. On dit qu'au printemps de l'année prochaine la guerre sera terminée. Pour les Américains, cela fera trois ans et demi de guerre, de privations, de souffrances, de deuils. A quoi croyez-vous que les gens vont aspirer ? A se distraire ! Comme des fous ! C'est toujours comme cela que ça se passe après une guerre. Les gens veulent se défouler, et ils ne regardent pas à la dépense. Et puis, il faut penser aux divorces. Il y a toujours une vague de divorces après une guerre. Pendant que les gars sont au front, leurs femmes les cocufient à l'arrière et quand ils rentrent à la maison la place est occupée par un type qui lui a réussi à se planquer. Alors que fait l'ex-G.I. ? Il veut divorcer au plus vite et dans quel État divorce-t-on plus vite qu'au Nevada ? Nulle part. Il suffit d'y résider six semaines et le tour est joué. Seulement, il risque de s'ennuyer pendant six semaines. Sauf, naturellement, si on lui fournit de quoi passer le temps dans un endroit agréable, avec des filles, un bar ouvert vingt-quatre heures sur vingt-quatre et des tables de roulette, de craps, de poker, des machines à sous...

Frank Costello dressait l'oreille, intéressé. Sa spécialité, justement, c'était de fournir des machines à sous aux villes dans lesquelles, la police étant achetée, on fermait les yeux sur l'ouverture de casinos, comme cela se passait à la Nouvelle-Orléans.

– Seulement, poursuivait Bugsy, lyrique, il ne faut pas que l'endroit qu'on leur propose soit minable. Il faut leur donner du luxe. C'est le luxe qui paie après une guerre. A Las Vegas, je vais construire le plus luxueux hôtel qu'on ait jamais vu. Mais ce n'est pas tout. Un hôtel ne suffit pas s'il n'y a rien à côté. Je vais bâtir un petit aéroport, des routes, des rues, retaper les tripots où j'ai pris des participations, édifier des chapelles de mariages pour tous les cultes, d'autres casinos, et plus tard, d'autres hôtels. Pour lancer la station, j'amènerai mes amis de Hollywood, Gary Cooper, Cary Grant, George Raft, Errol Flynn, Constance Benett, Joan Crawford, Wendy Barrie, Linda Darnell, Veronica Lake et d'autres... Après ça, qui refusera de venir à Las Vegas ? De Los Angeles, en voiture, en avion, ils se précipiteront pour faire comme les stars de Hollywood ! Ils paieront n'importe quel prix pour coucher dans le lit où a couché Joan Crawford et ils laisseront une fortune à la table de baccara où Errol Flynn a fait un banco !...

– Et l'eau, coupa sèchement Joe Adonis. Il n'y a pas d'eau dans un désert ?

– Il y en a, affirma Bugsy, catégorique. Le sous-sol en est plein. Il suffit de creuser des puits. Rien de plus facile. Qu'est-ce qu'ont fait des gens qui vivent déjà là ?

– Je suis pour ton projet, Benny ! s'enthousiasma « Longy » Zwillmann.

– Moi aussi, ajouta Meyer Lansky.

– Ne vous avancez pas trop ! s'exclama Bugsy. Laissez-moi terminer. Pour réaliser ce projet, il me faut de l'argent, beaucoup d'argent...

– Combien ? s'enquit Frank Costello, impassible.

– Personnellement, je mets un million de dollars dans l'affaire et j'ai besoin que vous me prêtiez trois millions.

– Pas la peine de discutailler, trancha Charly Fischetti de Chicago, on va faire comme d'habitude. Mettre aux voix.

De justesse, le vote fut favorable à Bugsy.

CHAPITRE XXV

On était encore en pleine guerre et les matériaux de construction, pour la plupart, étaient fort rares. Néanmoins, Bugsy se débrouilla pour en découvrir suffisamment pour construire l'hôtel de ses rêves. Il était aidé en cela par Del Webb, le milliardaire de Phoenix dans l'Arizona, qui était aussi en partie propriétaire du New York Yankee Stadium.

Mais, en dehors du site où se construisait l'hôtel pour lequel Bugsy avait déjà choisi un nom, le Flamingo, d'autres travaux avaient lieu et, sous la haute direction d'architectes, de paysagistes, d'urbanistes, d'ingénieurs des travaux publics, la ville de Las Vegas était transformée en un vaste chantier provoquant le ravissement des habitants qui voyaient couler en ville des ruisseaux de dollars.

Aux timorés, à ceux qui émettaient des doutes sur le bien-fondé du projet, aux sceptiques, Bugsy proclamait :

– Pour attirer le monde entier, il faut construire ici une capitale du jeu aux dimensions de la planète ! Je veux du clinquant, du voyant, du tape-à-l'œil, du somptueux, de la grandeur plus que nature ! Et de l'espace ! Et l'espace, ce n'est pas ce qui manque, nous avons tout le désert autour de nous !

Virginia Hill était au nombre des sceptiques.

– Tu es sûr de ce que tu fais, Benny ? s'inquiéta-t-elle un jour. D'accord, tu veux t'étendre et je suis du même avis que toi. Mais pourquoi avoir choisi Las Vegas ? A voir comme ça, c'est un coin pourri, tu n'en feras jamais rien. De plus, ça m'a tout l'air du gouffre à fric. Tu es certain de ne pas y laisser des plumes? N'oublie pas qu'« ils » t'ont « prêté » trois millions de dollars... « Ils » n'aiment pas perdre de l'argent...

– Qui aime perdre de l'argent ? rétorqua Bugsy, sentencieux. Le coin ne te plait pas ?

Virginia fit la moue.

– Je suis allergique aux cactus.

Superbe, Bugsy désigna l'emplacement du futur Flamingo.

– Deux cent quatre-vingt chambres ! Les plus belles qu'on puisse trouver dans le monde ! Avec de hauts plafonds ornés de lustres, et pour attirer le regard, dehors, tu sais quoi ?

– Quoi ?

– Un panneau lumineux haut de six étages représentant une bouteille de champagne qui pétille !

Virginia s'esclaffa.

– Une réminiscence du TAITTINGER ?

– Le champagne, déclama Bugsy, est le symbole de l'optimisme, de la vie qui pétille tout comme lui : quand les bulles explosent dans un verre, qui ne se sent heureux ? Je veux que les gens se sentent heureux ici !

– Et quand ils se sentiront heureux, ils déverseront leur fric dans tes poches.

– Toute peine mérite salaire, le génie se paie.

– A quel prix ?

– Au prix maximum.

Le 8 mai 1945 l'Allemagne s'écroulait et trois mois plus tard c'était au tour du Japon de capituler sans conditions. Par centaines de milliers, les *boys* rentraient aux États-Unis. Dès cette époque, l'Amérique entrait dans une ère économique sans précédent, l'argent allait couler à flots pendant plus de deux décennies avant que survienne le temps du pain noir. Hollywood était sur le point de connaitre sa période la plus brillante avant que la télévision lui porte un coup fatal, et Los Angeles, ou plutôt la Californie toute entière, s'apprêtait à devenir l'État le plus riche et le plus dynamique de l'Union.

Le rêve de Benjamin « Bugsy » Siegel, qui paraissait insensé à certains, prenait forme. Las Vegas, sous son impulsion, changeait de visage. Les étages du Flamingo Hotel grimpaient vers le ciel uniformément bleu du désert, les pistes de l'aéroport étaient tracées, ainsi que les routes, de nouvelles rues ; des maçons mettaient la dernière main aux chapelles où l'on célébrerait des mariages en série dont les liens seraient dissous dans la salle toute proche du tribunal des divorces qui adoptait un petit air guilleret comme si, à l'avance, on voulait dire aux malchanceux : « Ne vous faites pas de souci, ce n'est qu'un incident passager, une péripétie sans importance, la *vraie vie* est là, dehors, dans un de nos casinos où les tables de roulette vous attendent pour vous remonter le moral ». Le Golden Nugget, le Frontier Club découvraient des lustres qu'ils n'avaient jamais connus. Ils devenaient pimpants, gais, accueillants. On forait des trous dans les planchers rabotés pour installer les pieds des tables de baccara ou de poker, on scellait les coffres-fort dans le béton, on briquait le bois des bars qui datait du siècle passé et que des dizaines de milliers de coudes avaient poli.

Les tripots dans lesquels Bugsy n'avait aucune participation financière essayaient péniblement de se mettre au goût du jour, sans guère de succès. Bugsy envisageait de les racheter, plus tard lorsque le Flamingo serait opérationnel, afin de devenir le roi tout-puissant et incontestable de Las Vegas.

Mais le Syndicat n'oubliait pas que Bugsy avait une dette envers lui, une dette non seulement financière, mais aussi morale. Donnant, donnant. Et il se rappela à son bon souvenir sous l'apparence terne de paysan sicilien mal habillé de Carlo Gambino qui, dans l'intervalle, était devenu le lieutenant d'Albert Anastasia.

L'objet de la viste de Gambino avait trait à la guerre qui opposait Continental à Transamerica, deux compagnies privées spécialisées dans la transmission des paris, des cotes et des résultats dans les courses de chevaux.

L'une et l'autre fournissaient ce qui était communément appelé le « service ».

Ce « service » consistait à transmettre aux bookmakers (parfaitement légaux aux U.S.A.) et ce à l'échelle nationale, tous les renseignements qui pouvaient avoir une incidence quelconque sur les paris, tels que : conditions atmosphériques, état du terrain, changements de jockeys, défections, cotes de dernière minute, changements trop brutaux de certaines cotes dénotant une anomalie dans les paris et un trucage probable de la course. Les résultats étaient transmis immédiatement après que les chevaux eussent franchi la ligne d'arrivée, ce qui était contraire aux règlements puisque les résultats n'avaient pas encore été déclarés officiellement. Tout un réseau de complices munis de jumelles, de walkie-talkies, de relais était utilisé à cet usage.

La rapidité était la raison d'être du « service ». En raison des distances prévalant aux États-Unis, un bookmaker de Los Angeles, par exemple, ignorant même le départ de la première course à Hialeah Park en Floride, à quatre mille kilomètres de là, risquait de voir entrer dans son bureau un tricheur qui pariait gros sur le gagnant de la première course à Hialeah Park dont il connaissait déjà l'identité.

Le « service » prémunissait contre ce risque en assurant une transmission par télétype d'une rapidité sans égale, et tous les bookmakers des États-Unis étaient parfaitement conscients qu'ils cheminaient sur le bord d'un précipice au fond duquel les attendait la ruine s'ils refusaient de recourir au « service » en échange duquel, bien entendu, on les taxait d'honoraires plus qu'exorbitants.

Continental avait eu pendant des années le monopole du « service » qu'elle assurait à travers les quarante-huit États de l'Union. Celui qui l'avait fondée s'appelait James Ragen. C'était un ancien gangster qui autant que faire se pouvait évitait de se frotter au Syndicat et s'estimait parfaitement indépendant. Malheureusement pour lui, les successeurs d'Al Capone à Chicago, les Fischetti et Jacob « Greasy Thumb » Guzik, avaient décidé de contrôler ce racket et lui avaient offert de lui racheter Continental à un prix décent. Ragen avait refusé.

Alors, afin de faire pièce à Continental, ceux de Chicago avaient fondé une compagnie concurrente, la Transamerica. Et aussitôt, avec l'approbation du Syndicat, cette dernière menait une guerre féroce sur tout le territoire des États-Unis afin d'amener dans son giron les bookmakers qui utilisaient le « service » de Continental.

– Les ordres sont clairs, Benny, révéla Carlo Gambino. Il faut aider les gars de Chicago. Ils ont besoin d'un coup de main pour liquider Continental. L'Arizona et le Nevada vont bientôt tomber entre leur mains. Mais en Californie Continental tient bon. Jack Dragna, avant qu'il passe avec toi, s'occupait des books de L.A. Il a des accointances. Qu'il se débrouille pour que les books abandonnent Continental. A toi de jouer, Benny. A New York et à Chicago, « ils » comptent sur toi... Travail rapide et soigné comme d'habitude...

– Et James Ragen ? se préoccupa Bugsy.

– Chicago est sur l'affaire...

Bugsy se mit aussitôt au travail. Il mobilisa Jack Dragna et lui enjoignit de rassembler sous sa coupe tous les bookmakers de Californie.

– On boycotte Continental ? s'informa Dragna.

– A fond. Il faut leur retirer le business entièrement, qu'ils n'aient plus aucun client, que les employés s'inscrivent au chômage ou bien qu'ils viennent travailler pour nous.

– Pour nous ? s'étonna Dragna. Je croyais que c'était Transamerica qui prenait la relève ?

Les yeux de Bugsy se plissèrent.

– Pourquoi diable Transamerica prendrait-elle la relève ? Pourquoi est-ce que des gars de Chicago viendraient-ils opérer sur *mon territoire* ? Est-ce que moi j'essaie de monter des opérations à Chicago ?

Dragna hocha la tête.

– Et le Nevada ? s'inquiéta-t-il.

– Chasse gardée. C'est à moi aussi, comme la Californie. Aux dernières nouvelles, les gars de Chicago seraient sur le point de le faire tomber dans leur sac à provisions. Maldonne. On va les prendre de vitesse. On ne craint rien à Las Vegas. Là-bas, j'ai la situation bien en main. Je contrôle tout. Il n'en est pas de même à Reno, à Carson City et dans les autres villes. Alors, tu vas t'occuper de ça. Mets la gomme. Premier objectif : repousser les gars de Chicago hors de l'État. Deuxième objectif : intégrer le « service » dans notre propre organisation, celle que nous allons fonder avec les vestiges de Continental. Ça me permettra de te donner une promotion, Jack. Tu la mérites avec tout le travail que tu as fourni. Tu es un spécialiste des courses de canassons. C'est toi qui prendras en main toute l'organisation. Moi, j'ai trop de travail avec Las Vegas pour m'en occuper.

Jack Dragna sourit avec enthousiasme. L'idée lui plaisait hautement.

– Tu es fou ! s'insurgea Virginia Hill lorsqu'elle apprit sa décision. Chicago ne te le pardonnera pas.

– Que Chicago aille se faire voir ! rugit Bugsy.

– Charlie Fischetti et « Greasy Thumb » Gusik iront se plaindre au Syndicat ?

– Le Syndicat ? C'est moi qui lui ai sauvé la mise en 1940 quand « Kid Twist » s'est mis à table chez O'Dwyer ! Fallait voir comme ils paniquaient tous ! Sauf Lepke, mais lui, il était déjà en cabane. Le seul qui ait conservé son sang-froid, c'est moi. Albert Anastasia, le supertueur comme il s'intitulait, avait pris le maquis. C'est moi qui ai été obligé de faire son travail, sinon on y passait tous à la chaise électrique, comme Lepke. Est-ce que le Syndicat existerait à l'heure actuelle si je n'avais pas été là en 1940 ? Charly Fischetti et « Greasy Thumb » Gusik auraient grillé sur la chaise électrique et leurs cadavres auraient été réduits en cendres dans le crematorium de la prison !

Il s'arrêta soudain.

– Au fait, Virginia...

Elle ouvrit de grands yeux interrogateurs.

– Oui ?

– C'est toi que le Syndicat charge de transporter les fonds provenant des rackets. En quelque sorte, tu es son employée... sa « femme de confiance »... Alors, alliée ou ennemie ?

Elle vint se jeter à son cou, l'embrassa fougueusement et murmura de sa voix chaude, aux langoureuses inflexions du Sud.

– Alliée, bien sûr. Mais fais quand même attention à toi...

En 1946, James Ragen était assassiné à Chicago. Parmi les assassins supposés, il y avait un certain Dave Yaras qui fut relaxé quand il passa en jugement, car ou bien les témoins se rétractèrent, ou bien (comme l'a écrit Ovid Demaris dans *Captive City*) « ils moururent sous une volée de balles ». Il y avait aussi un autre acteur présumé du meurtre, un nommé Jack Ruby, le même Jack Ruby qui dix-sept ans plus tard devait à Dallas abattre Lee Harvey Oswald, l'assassin *officiel* du Président John Kennedy.

Dès lors, Fischetti et Guzik s'employèrent à balayer les derniers bastions qui résistaient encore. L'Arizona passa aux mains de Transamerica. Seuls tenaient bon le Nevada et la Californie où les cadres et les employés de Continental passaient en hâte au service de Benjamin Siegel qui, répugnant à procéder à une tuerie, préférait offrir des salaires supérieurs à ceux payés par Continental qui, privé de son chef, faisait eau de toutes parts.

Jack Dragna, lui, menait la barque de main de maître et rassemblait tous les déserteurs sous sa bannière.

Ce fut à la même époque que Charly Lucky Luciano sortit enfin de prison conformément à la promesse faite par Thomas Dewey en remerciement de sa collaboration à l'effort de guerre américain, mais aussi, comme convenu, le corollaire à l'élargissement était l'expulsion vers l'Italie.

Le 7 février 1946, Charly Lucky Luciano fut conduit à bord du liberty-ship *Laura Keene* amarré au môle 7 du Brooklyn Bush Terminal. La police de New York, assistée d'agents du F.B.I., montait la garde en attendant le départ du navire. Une réception fabuleuse avait été préparée à bord pour le revenant. Benjamin « Bugsy » Siegel était là en compagnie de Virginia Hill, ainsi que Frank Costello, Albert Anastasia, Philip et Vince Mangano, « Dandy » Phil Kastel, Charly Fischetti, Meyer

Lansky, Joe Profaci, « Longy » Zwillmann et bien d'autres, toute la crème du Syndicat. Virginia Hill était la seule femme qui avait été admise à participer aux agapes, ceci en hommage à ses fonctions au sein du Syndicat et à l'excellence de son travail.

Le repas qui fut servi fut somptueux. Les victuailles venaient de chez le meilleur traiteur de New York et rassemblaient tous les plats qu'aimait Lucky Luciano et uniquement des mets italiens, accompagnés de vins lourds, capiteux et généreux en provenance de Sicile. Luciano engloutit une quantité incroyable de nourriture comme s'il voulait compenser en une seule fois tous les infâmes brouets pénitentiaires absorbés depuis dix ans.

A l'issue du repas, il prit Virginia Hill à part.

– On m'a dit le plus grand bien de toi, attaqua-t-il. Je sais que tu es avec Benny. Alors, si tu as un brin d'influence sur lui, conseille-lui de faire attention. Il y a des échos qui me sont venus aux oreilles. Chicago en a plein les bottes de ses grands airs. Qu'est-ce qu'il croit ? Que le bon Dieu lui a miraculeusement foutu une couronne royale sur le crâne ? Il a drôlement changé en dix ans, Benny ! C'est le mariage ou quoi ? Je lui avais pourtant déconseillé de se marier ! Il ne m'a pas écouté. Le mariage, ça tue un homme dans notre position.

– Ce n'est pas le mariage, assura Virginia qui était bien placée pour le savoir puisque Bugsy Siegel ne faisait que de très rares apparitions dans sa villa de Holmby Hills où son épouse Esther avait abandonné tout espoir de le voir redevenir un mari attentionné et fidèle.

Lucky Luciano la fixa de ses yeux durs.

– C'est quoi alors ?

Elle haussa les épaules.

– C'est lui... C'est sa nature, son caractère... on ne peut pas le changer.

Dans le même temps, Frank Costello et Meyer Lansky encadraient Bugsy et l'amenaient à l'écart des autres.

– Chicago n'est pas content, commença le premier. Tu marches sur les plates-bandes des gars de là-bas. Tout le monde a été d'accord. Une fois que Continental serait liquidé, c'est Transamerica qui prendrait la relève avec le monopole dans les quarante-huit États. Si tu conserves pour toi le Nevada et la Californie, tu vas à l'encontre de la décision qui a été prise. Je t'aime bien, Benny, c'est la raison pour laquelle je te dis : fais machine arrière.

– N'oublie pas que tu as déjà eu des ennuis avec Chicago du temps de Capone, appuya le second. Dans l'affaire Bugs Moran. Contrat non exécuté. C'est moi qui ai arrangé ton coup avec Frankie Rio, tu te souviens ? Et les Fischetti sont les successeurs de Capone. Ils n'ont certainement pas la mémoire courte. Un coup, ça peut s'arranger une fois, mais pas toujours deux.

– Je n'ai besoin de personne pour arranger mes coups! hurla Bugsy, furieux.

– Calme-toi, conseilla Frank Costello.

Bugsy lui fit face. Son œil était noir de colère.

– Pourquoi les Fischetti auraient-ils le droit d'opérer sur *mon territoire* ? cria-t-il.

Frank Costello demeura impassible. Il se contenta de remarquer.

– N'oublie pas que nous avons investi trois millions de dollars dans ton affaire, Benny, c'est lourd, d'autant que pour le moment il n'y a strictement rien qui rentre dans nos caisses...

CHAPITRE XXVI

A Las Vegas, Bugsy Siegel avait vu très grand en ce qui concernait les travaux à effectuer, mais certainement pas dans ses prévisions budgétaires. Le Flamingo n'était pas terminé et il lui manquait environ trois millions de dollars ! Les travaux en avaient déjà englouti quatre, les trois prêtés par le Syndicat plus celui qu'il avait mis dans l'affaire.

Ses démêlés avec les Fischetti et Guzik ne l'incitaient guère à aller solliciter une rallonge auprès du conseil suprême du Syndicat. Ensuite, réfléchit-il, un minimum de prudence exigeait qu'il se tînt éloigné de New York le plus possible. Si, pour la plupart, les tueurs de Brooklyn étaient hors circuit, ils avaient été remplacés dans l'intervalle par une nouvelle génération de « gâchettes » formées par Albert Anastasia selon ses chers principes. Et Bugsy était bien placé pour savoir de quelle manière rapide on pouvait quelquefois mourir...

En réalité Bugsy songeait à présent à la respectabilité. Il n'était pas bon, calculait-il, que le Flamingo et, plus tard, tous les autres hôtels-casinos qu'il envisageait de construire soient la propriété entière de gens du Syndicat. Pourquoi ne pas prendre comme associés des hommes d'affaires parfaitement honnêtes tout en n'étant pas rebutés par une mise de fonds dans une entreprise gérée par un gangster ?

Depuis son arrivée à Hollywood et malgré ses ennuis judiciaires quelques années plus tôt, le cercle de ses relalations s'était considérablement élargi en dehors du monde cinématographique, en partie d'ailleurs, grâce à la comtesse Dorothy di Frasso avec laquelle il conservait de solides liens d'amitié.

Il profita donc d'une soirée donnée par Virginia Hill pour prendre à l'écart trois hommes d'affaires qu'il avait fait inviter par Virginia et qui avaient répondu avec empressement à l'invitation. Virginia, en effet, avait pour habitude de donner des réceptions d'un faste inoui qui étonnaient même Hollywood. Dans la capitale du cinéma, on s'interrogeait sur la source de ses revenus car, après tout, elle n'était qu'une starlette à qui on proposait rarement des rôles.

Aux questions posées, Virginia répondait avec la plus grande ingénuité :

– L'argent ? Oh !... quel sujet choquant !... Mais j'utilise ma fortune personnelle ! Vous savez, à chaque fois que j'ai divorcé, mon ex-époux a été d'une générosité folle avec moi...

Elle ouvrait de grands yeux candides à ce moment-là, exagérait son accent parfumé au miel d'Alabama et ajoutait :

– Je dois avouer que j'ai un certain talent pour découvrir le garçon qui saura se montrer grand seigneur le jour où il faut malheureusement, quand l'amour a disparu, aborder ces sordides questions matérielles qui me font horreur...

D'autres fois, elle décochait un clin d'œil complice à celui ou celle qui avait posé la question et susurrait :

– Mais, mon chou, je parie aux courses ! Je n'ai pas de chance en amour puisque j'ai divorcé plusieurs fois, mais par contre, j'en ai au jeu ! J'ai un flair terrible pour renifler le gagnant avant le départ de la course. Je ne me trompe jamais. Tiens, mon chou, je vais te donner un bon tuyau pour gagner aux courses. C'est simple. Dans chacun des deux éléments du gagnant, le cheval et le jockey, il n'y a qu'une seule chose à considérer. Dans le premier, c'est la longueur des jambes, dans le second, le poids. Le cheval qui possède les jambes les plus longues en même temps qu'il porte le jockey le plus léger est obligatoirement le gagnant. Ce n'est pas plus compliqué que cela. Essaie, tu verras, et tu m'en diras des nouvelles. La certitude du succès est aussi assurée que si on pariait que Harpo Max ne prononcera pas une parole dans son prochain film !

En tout cas, tout le monde adorait Virginia. Les petits, les garçons de courses, les barmen, les portiers d'hôtel, les maîtres d'hotel et les garçons de restaurant à qui elle distribuait généreusement des pourboires de cent dollars, ce que ne faisait même pas le plus fastueux des producteurs de Hollywood, et aussi tous les amis de Bugsy qu'il amenait à ses réceptions. Ceux-là allaient des professionnels du monde sportif comme Allen Smiley ou Leo Durocher, manager de l'équipe des Brooklyn Dodgers, aux acteurs de cinéma Bud Abbott et Lou Costello, les Ritz Brothers, June Haver, Jimmy Durante, Charles Coburn, Sonny Tufts, George Jessel, Vivian Blaine, Brian Donlevy, Gary Cooper, George Raft, Errol Flynn, en passant par des hommes d'affaires respectables, comme Del Webb, le multimilliardaire de Phoenix dans l'Arizona, William R. Wilkerson, éditeur et directeur du *Hollywood Reporter*, le journal professionnel le plus influent de l'industrie cinématographique, et Joseph N. Ross, un juriste éminent représentant la gigantesque Music Corporation of America.

Ce furent justement ces trois hommes que Bugsy prit à l'écart ce soir-là à la réception donnée par Virginia Hill. Après leur avoir exposé ses préoccupations, il entreprit de les convaincre avec un but unique : « les taper au portefeuille », comme il disait à Virginia Hill.

Del Webb était un homme d'affaires efficace, compétent, doté d'un flair redoutable pour les idées vouées à un succès certain. C'était, d'ailleurs, cette faculté qui lui avait permis de devenir milliardaire à un âge très jeune.

Sans perdre de temps en vaines paroles, il répliqua :

– Pour moi, je te l'ai toujours dit, Benny. Las Vegas est une idée fantastique. Je mets trois millions de dollars dans ton affaire[1].

Bugsy poussa un soupir de soulagement.

1. Aujourd'hui, entre autres hôtels-casinos, Del Webb possède à Las Vegas le Mint et le Sahara.

Virginia Hill était maussade.

– Tu exagères, Benny... grommela-t-elle.

Il sursauta.

– Pourquoi ?

– Tu ne tiens aucun compte des instructions du Syndicat.

Il ricana.

– Chicago est loin et New York encore plus.

– Carlo Gambino était ici hier et tu as refusé de le recevoir.

– Exact. Ce n'est plus lui le transporteur des fonds du Syndicat. C'est toi. Qu'ai-je donc à faire avec lui ? Discuter sans fin sur les bonnes raisons que j'ai d'empêcher Transamerica de s'implanter sur mon territoire ? Ça ne mène à rien et ça me fait perdre de l'argent. Mon temps est précieux. J'ai calculé. A huit heures de travail par jour, je gagne très exactement mille trois cents dollars de l'heure.

– Pendant encore combien de temps ? insinua-t-elle, l'œil triste.

– Personne ne me touchera jamais. Personne n'osera. Je ne suis pas Dutch Schultz, moi ! On ne viendra pas me flinguer dans l'arrière salle d'un restaurant du New Jersey !

Amèrement, elle remarqua :

– Tu tables trop sur l'amour supposé que les gens te portent. Tu t'illusionnes. Quand le portefeuille est touché, l'amour disparait. Il n'y a plus d'amis.

Elle déclama :

– *Tout le monde adore Benny tant que ça va bien !*

Il rit.

– Et ici, singea-t-il, ici à Hollywood, tout le monde adore Benny parce que c'est un gangster ! On adore les gangsters à Hollywood. Regarde le nombre incroyable de films qu'ils continuent à faire sur les gangsters. Incroyable ! Tous les studios ! A croire qu'ils sont masochistes ! Plus on les rackette, plus on leur prend de l'argent et plus ils font de films sur les gangsters ! Peut-être que ça les défoule ?

Depuis la fin de la guerre, Hollywood, parallèlement à des productions sur la Seconde Guerre mondiale et en particulier sur les batailles du Pacifique, avait repris la série de films de gangsters qui avait fait son succès avant le début des hostilités. Ainsi sortait-il des studios des productions comme *The Killers* (*Les Tueurs*) avec Burt Lancaster et Ava Gardner, *Dead Reckoning* (*En marge de l'enquête*) avec Humphrey Bogart et Liz Scott, *City for Conquest* (*Ville conquise*) avec James Cagney, Ann Sheridan et Anthony Quinn, *Kiss of Death* (*Carrefour de la mort*) avec Victor Mature et Richard Widmark, *Knock at any door* (*Les Ruelles du malheur*) avec Humphrey Bogart et John Derek.

Virginia sourit finement.

– Benny, tu as déjà vu les yeux des chiens quand ils regardent leur maître ? Dociles, soumis, peureux. C'est à l'image des hommes quand ils ont affaire à quelqu'un de plus fort qu'eux. C'est l'image des gens de Hollywood. Fais attention à leurs yeux la prochaine fois. Tu t'apercevras que j'ai raison. Les gens de Hollywood ont des yeux de chien...

– ... quand ils ont affaire à quelqu'un de plus fort qu'eux, répéta Bugsy avec un sourire entendu. Ta comparaison sur Hollywood pourrait peut-être s'appliquer à ceux du Syndicat ?

Elle éclata de rire.

– Tu crois qu'Albert Anastasia a des yeux de chien ? Le seul chien qu'il connaisse, c'est celui de son revolver quand il le relève avant d'écraser la détente !

En 1946 le Flamingo fut enfin terminé. En le voyant, les visiteurs de Las Vegas en avaient le souffle coupé. Ernest Hemingway s'était exclamé :

– On dirait un palais des Mille et Une Nuits au milieu du désert de Mésopotamie !

Louella Parsons, la « commère » de Hollywood, s'écria :

– C'est une folie, mais c'est une folie géniale !

Immédiatement, sa rivale, Hedda Hopper, renchérit :

– Ça dépasse même le château de San Simeon

construit par William Randolph Hearst !

Ce qui pouvait à peine passer pour un compliment car le château de San Simeon était le plus bel exemple au monde de mauvais goût effréné.

L'hôtel était certainement ce qu'on avait construit de plus somptueux, de plus fastueux jusqu'alors dans le style moderne tape-à-l'œil, mais ceci à dessein, comme Benjamin Siegel l'avait proclamé. Piscine gigantesque, chambres luxueuses, bars, salons, salles à manger, casino climatisés et décorés avec une prodigalité inouïe d'accessoires pour la plupart superflus mais qui accrochaient l'œil de façon irrésistible. Sa silhouette était hardie et le fameux panneau publicitaire, haut de plusieurs étages, représentant une bouteille de champagne qui pétillait placé perpendiculairement à la route, ressemblait à un immense champignon rose défiant le désert alentour.

C'était justement le désert qui mettait en relief le Flamingo. L'agglomération de Las Vegas était quelque peu éloignée du site choisi par Bugsy pour y édifier son hôtel-casino. Ceci avait pour résultat l'isolement complet de la nouvelle construction, reliée cependant par route à la ville et à l'aéroport tout neuf qui faisait l'orgueil de la municipalité. Et cette immense construction aux couleurs agressives se dressant au milieu de l'étendue pelée, aride, crevassée, du désert faisait penser à un mirage sollicitant les yeux fatigués du voyageur ébloui.

C'est pourtant la nuit que son aspect devenait fantastique et atteignait aux dimensions de l'irréel. Une débauche de lumières explosait dans la nuit pure, éclaboussant le sable, crevant le firmament étoilé et, fascinés, magnétisés, violés dans leur libre arbitre, ceux qui contemplaient ce torrent d'étincelles multicolores chaviraient avant de se ruer à l'intérieur du gouffre tentateur.

Pour la séance inaugurale, Bugsy avait convoqué le ban et l'arrière-ban de ses amis. Tout ce qui comptait à Hollywood était là. Autour de Bugsy se pressaient ses amis, l'inséparable George Raft, June Haver, Charles Coburn, les Ritz Brothers, Bud Abbott et Lou Costello, Jimmy Durante, Sonny Tufts, Vivian Blaine, George Jessel, Brian Donlevy... Del Webb était là aussi, ainsi que tous les amis de Bugsy dans le monde des affaires et dans celui du sport. Virginia Hill était éblouissante. Elle n'avait jamais été aussi belle. Sa robe avait été spécialement dessinée pour elle par l'un des plus grands couturiers de Paris, Paris où, d'ailleurs, elle adorait se rendre pour y faire une moisson époustouflante de robes haute couture.

Ce fut la reine de la soirée.

Naturellement, la presse écrite et parlée avait été également invitée. Bugsy avait donné des ordres très stricts pour que journalistes et photographes soient somptueusement traités. Ils lui rendirent la politesse : dès le lendemain matin ils lui firent une publicité formidable dans leurs journaux, revues et magazines, avec profusion de photos sur la dernière des merveilles : le Flamingo Hôtel et Casino à Las Vegas, le seul endroit des États-Unis où l'on pouvait s'adonner librement au jeu sans avoir à craindre un raid de police ! La liste des invités comprenant les plus grands noms de Hollywood était aussi donnée, et l'Amérique, béate d'admiration, découvrit ce palais doré au milieu du désert où venaient s'amuser ceux et celles qu'elle admirait tant sur la toile de l'écran du cinéma du quartier.

Les seuls que Bugsy avait tenus à l'écart étaient les membres du Syndicat. Pas de carton d'invitation pour Frank Costello, pour Meyer Lansky ou pour Albert Anastasia. Pas un sandwich pour « Longy » Zwillmann ou une coupe de TAITTINGER pour « Dandy » Phil Kastel, les frères Mangano ou les Fischetti. Pas de petits fours pour Carlo Gambino, Joe Profaci ou Willie Moretti.

Cet ostracisme fut très mal jugé par les hautes instances du Syndicat. Après tout, n'avaient-ils pas contribué en partie à édifier le Flamingo en injectant trois millions de dollars dans l'affaire ?

Le ressentiment à l'encontre de Benjamin « Bugsy » Siegel grandit un peu plus en son sein...

Sur l'initiative conjointe de « Dandy » Phil Kastel et d'Albert Anastasia auxquels se joignirent les Fischetti, une séance extraordinaire du conseil suprême du Syndicat fut convoquée, à laquelle on oublia de convier Benjamin Siegel.

Elle se tint sous les auspices d'Albert Anastasia dans

un garage désaffecté de Brooklyn qui sentait la graisse, l'huile de moteur et le cadavre de rat en décomposition, et que venaient balayer des effluves de marée en provenance des docks tout proches.

Après des heures de discussions, la décision fut prise : on allait mener une offensive de grande envergure sur le propre territoire de Bugsy.

CHAPITRE XXVII

Dans les mois qui suivirent, Las Vegas connut une ascension foudroyante. Vingt-deux églises avaient été construites, surtout catholiques ou mormones, ainsi que d'innombrables chapelles de mariage. Ces dernières offraient un mariage pour vingt-cinq dollars. Dans le prix étaient compris la cérémonie, qui ne durait pas plus de cinq minutes, et un tour en ville à bord d'une diligence tirée par quatre chevaux. Pour les couples qui voulaient divorcer, la séparation coûtait plus cher que l'union, mais il est vrai que dans le forfait « tout compris » était inclus le séjour obligatoire de six semaines et les frais afférents. Le forfait, lui, s'élevait à mille deux cent quatre-vingt-cinq dollars, ce qui n'était pas à la portée de toutes les bourses.

Au début de 1947, la moyenne des mariages et des divorces s'établissait quotidiennement à soixante pour les premiers et à vingt pour les seconds. La différence entre les deux était considérée comme parfaitement morale par les pasteurs baptistes du coin.

Pendant les week-ends, pasteurs et officiers de justice de paix chargés des divorces travaillaient vingt-quatre heures sur vingt-quatre par postes de huit heures.

Les gens s'étaient rués en masse à Las Vegas quand l'Amérique entière avait appris avec ravissement qu'une de ses idoles, l'adorable actrice de cinéma de Hollywood, Betty Grable, avait épousé le célèbre trompettiste Harry James, dans une des chapelles de la ville, ce mariage étant largement publicisé dans tous les États-Unis.

Hôtels et casinos commençaient à pousser comme des champignons, ou à redorer leur blason, sous l'impulsion agissante de Bugsy Siegel, assisté de ses deux hommes de confiance qui avaient la responsabilité de la future capitale du jeu, Ellsworth « Sonny » Wisecarver et Joe « Santa Anita » Smoot.

Déjà, les casinos de Las Vegas avaient reçu leurs lettres de noblesse puisqu'ils avaient enregistré la visite de Nick « The Greek » Dandolos, le plus grand joueur des États-Unis, dont les photographes de presse ne parvenaient jamais à prendre un cliché tant ses gardes du corps veillaient férocement en n'hésitant pas, quand le besoin s'en faisait sentir, à briser l'appareil sur la tête de l'audacieux.

Dans les pages publicitaires des journaux américains commençaient à fleurir des appels alléchants à venir se divertir au Flamingo, au El Rancho, au Last Frontier, au Golden Nugget, au Frontier Club, au Boulder Club, à l'Eldorado, les plus grands des hôtels et des casinos de Las Vegas. Au Flamingo, précisait-on, on avait toutes les chances de s'allonger dans des draps qui avaient abrité les corps alanguis d'une vedette de cinéma de Hollywood, ou mâle ou femelle, et, souvent, en arrivant, des curieux offraient au réceptionniste du Flamingo des sommes folles pour se voir attribuer la chambre où s'était déroulée la nuit de noces de Betty Grable et d'Harry James, et rapporter ainsi des souvenirs inoubliables à Kansas City, à Toledo ou à Memphis.

Le boom avait été tellement fantastique qu'à cette même époque les taxes locales, pourtant légères, sur la boisson, le jeu et l'hôtellerie, procuraient à la municipalité cinquante-deux pour cent de ses revenus.

Mais, déjà, les hommes de Bugsy disséminés dans toute la ville, placés aux endroits stratégiques, contrôlant tout, voyaient surgir de nouveaux arrivants qui, curieusement, avaient l'accent des bas quartiers de New York, de Chicago, de New Orleans, de Boston, de Philadelphie, quand ce n'étaient pas des traces d'accent italien amené de l'île natale et que n'avait pas fait disparaitre le bain forcé pris en sautant clandestinement du bateau dans la baie de New York avant de gagner le rivage à la nage.

Ces hommes achetaient des terrains vierges, engageaient des architectes, des ingénieurs, des entrepreneurs de travaux publics, campaient dans les bureaux du cadastre, parlaient haut et fort en ville en décrivant les hôtels et casinos qu'ils allaient construire qui, affirmaient-ils, seraient cent fois plus beaux et plus grands que le Flamingo.

Ils semblaient disposer de tout l'argent de la terre.

Bugsy comprit instantanément. Le Syndicat venait de lui déclarer la guerre. Certes pas une guerre ouverte, mais une guerre d'usure, à long terme. Le Nevada lui était contesté. Mais ce qui était plus grave, c'est que la Californie l'était aussi. Les rapports de Jack Dragna n'étaient pas exactement alarmants, mais, néanmoins, ils décrivaient, sans équivoque possible, la lente infiltration dans le milieu des courses de chevaux, de chiens, d'éléments étrangers tout droit en provenance de Brooklyn ou de Chicago. A Hollywood on essayait même de créer un syndicat des figurants rival du sien. Quant au trafic de drogue qui avait été confié à Bugsy par le Syndicat lui-même, il commençait à tarir. Les Mexicains parlaient d'autres voies d'acheminement, par le golfe du Mexique, par la mer à nouveau maintenant que la guerre était terminée et que la surveillance des garde-côtes se relâchait.

Bugsy ne s'inquiéta pas. Ce n'était pas dans sa nature. Il se contenta de convoquer Jack Dragna un beau matin et de faire le point avec lui.

– On va leur donner une leçon, attaqua-t-il.

Jack Dragna comprit instantanément de quoi il s'agissait.

– J'envoie le Québecois, et les deux Irlandais ? proposa-t-il.

– Tout juste. C'est dommage, regretta Bugsy, j'avais réussi plus ou moins à maintenir la Californie et le Nevada propres. Pas de cadavres comme dans les rues de Brooklyn, ou, du moins vraiment, un strict minimum. La diplomatie, un peu de muscle, mais pas de dégâts trop sanglants. Pas de campagne de presse contre les vagues de meurtres et tout le monde se porte bien. Pas de publicité. Comme pour la politique. Je ne sais plus qui suggérait que je me présente à une élection à Hollywood. Sais-tu ce que je lui ai répondu, Jack ?

– Non.

– Pourquoi se présenter à une élection puisque, quand elle aura eu lieu, on peut acheter celui qui l'aura gagnée ?

Dragna éclata de rire.

– Bien envoyé !

Bugsy réprima une moue amère.

– Tandis que maintenant me voilà à nouveau obligé de faire du rodéo !

– Qu'est-ce que c'est que cette starlette avec qui on t'a vue hier soir au Cocoanut Grove ? grogna Virginia Hill avec une grimace de dépit.

– Comment sais-tu que c'était une starlette ? répliqua Bugsy. Ce n'était pas inscrit sur son visage.

– Justement, si ! Tu n'as jamais remarqué leurs yeux ?

Bugsy sourit.

– Des yeux de chien ?

Virginia haussa les épaules.

– Elles ont toutes le même regard, spéculateur, cupide, et crois-moi je m'y connais !... Elles ont toujours l'air de ne pas être avec celui avec qui elles sont. Elles roulent outrageusement des hanches, naturellement, dès qu'elles ont posé le pied au Cocoanut Grove, au Club Montmartre ou au Cotton Club, et elles s'arrangent toujours pour soulever leur robe jusqu'aux cuisses pour voir si elles n'ont pas filé un bas quand elles se trouvent à proximité d'un vieux monsieur bien habillé qu'elles ont jaugé d'un seul coup d'œil comme étant un producteur !

– C'est comme ça que tu as eu un rôle avec Sam Goldwyn ? remarqua ironiquement Bugsy.

– J'ai roulé ma bosse, grommela-t-elle, je sais de quoi je parle.

– Je n'en doute pas.

– Alors, tu n'as pas passé du bon temps avec cette

starlette ? attaqua-t-elle à nouveau avec une pointe de jalousie dans la voix.

– Elle était tellement stupide que je l'ai laissée tomber après le dîner.

– Comment s'appelle-t-elle ?

– Qu'est-ce que ça peut faire ?

– Je veux inscrire son nom sur mes tablettes. Si elle se présente un jour aux studios Sam Goldwyn et que je sois dans les parages, j'insisterai pour qu'on lui donne un rôle habillé, celui d'une collégienne du dix-neuvième siècle par exemple, avec une robe à collet qui lui broie le cou et qui lui descende jusqu'aux chevilles. Je doute, après ça, qu'elle attire le regard d'un producteur !

– La vacherie féminine est sans limites.

– Son nom ?

Il abdiqua :

– Norma Jean Dougherty[1].

– Je m'en souviendrai. Elle était stupide ?

– A un point inimaginable. Si je me souviens bien, elle a travaillé pendant la guerre dans une usine qui fabriquait des parachutes. Ça ne l'a pas empêchée de tomber de haut quand je lui ai dit que sa conversation était aussi passionnante qu'un hamburger qui a tourné dans le frigidaire[2] !

– Tu recherches la conversation des filles maintenant ?

– Tu connais mon attrait pour l'intellectualisme ! Au fait, ce voyage à Paris ?

– Je prends l'avion demain. Il parait que Christian Dior a lancé une nouvelle ligne absolument époustouflante. Ça s'appelle le « new-look ».

– Pourquoi diable des Français ont-ils choisi une expression américaine pour baptiser une nouvelle ligne alors que la haute couture est une spécialité typiquement française ?

– Par snobisme. Depuis que l'Amérique a gagné la guerre, tout ce qui est américain est sacré en France. Ils nous ont piqué plein d'expressions, comme *pin-up girls*,

1. La future Marilyn Monroe.
2. Benjamin Siegel affectionnait cette comparaison qui lui avait été « soufflée » par Groucho Marx.

jerrycan, *jeep* ou *swing*. Mais comme ils sont compliqués, les Français, pour *new-look*, ils l'orthographient : n...i...o ...u...l...o...u...q...u...e...

Bugsy partit d'un grand éclat de rire.

– Quant à *pin-up girls*, ils l'abrègent en *pin-up*, ce qui ne veut plus rien dire du tout ! poursuivait Virginia.

– Dire qu'on accuse les Américains de raccourcir l'anglais ! plaisanta Bugsy. Bon, alors cette ligne n...i... o...u...l...o...u...q...u...e ?

– Christian Dior est en train de créer une véritable révolution. Sa ligne est absolument divine ! Les robes sont allongées, appuyées à la taille, elles présentent la poitrine comme dans une corbeille qui moule les épaules et leur rend leur courbe naturelle... Merveilleux ! Il est génial, ce Dior ! Mais ce n'est pas tout ! Dior a ajouté des *jupons* et ses robes descendent bien *en dessous* du mollet ! On n'avait pas vu ça depuis des siècles ! J'ai vu des dessins. De véritables robes de rêve. Des tailleurs à vestes brodées, des casquettes retenues par une mousseline nouée sous le menton, des jupes corolles... Sublime !... Seulement... les confectionneurs du Garment Center à New York sont effondrés.

Instantanément, Bugsy dressa l'oreille. Le Garment Center avait été le fief de « Lepke » Buchalter pendant une décennie. C'est dans ce quartier bourré de confectionneurs qu'il avait mis au point son racket le plus efficace. Depuis, le racket était passé en d'autres mains après la mort de « Lepke » sur la chaise électrique...

– Pourquoi sont-ils effondrés ? interrogea-t-il.

– Parce qu'ils ont profité de la guerre et de l'isolement de la France pour prendre sa place sur le marché mondial. Et ils ont accumulé pour des millions et des millions de dollars de stocks avec l'espoir qu'ils allaient inonder l'Europe...

– ...et supplanter la France... termina Bugsy.

– A fond. Ils sont en train d'orchestrer une campagne de presse pour assassiner la mode *new-look* aux États-Unis, continua Virginia Hill. Ils ont mobilisé les lignes de femmes puritaines...

– ...auxquelles tu n'appartiens pas... souligna Bugsy avec amusement.

– ... afin de protester contre la poitrine mise en valeur et contre la taille guêpière. Les critiques de mode ridiculisent la nouvelle ligne. Ils disent qu'avec ces robes-là, les femmes ressemblent à des poissonnières des Halles de Paris...

– Une véritable levée de boucliers... murmura Bugsy, rêveur. Attends...

D'un geste calme, il imposa le silence à Virginia. Le Syndicat lui créait des difficultés dans le Nevada et en Californie. Il allait lui rendre la monnaie de sa pièce. Les confectionneurs du Garment Center ne voulaient pas du *new-look* de Christian Dior ? Eh ! bien, lui, Benjamin Siegel, il allait rendre un fieffé service au Français. Il allait lui donner un sacré coup de main !

– Je vais te fournir tout l'argent dont tu as besoin ! s'écria-t-il soudain. Et tu vas me rapporter de Paris *toutes* les robes de Christian Dior que tu peux acheter !

Un rire inextinguible le secoua. Pour ceux du Syndicat qui rackettaient le Garment Center, le manque à gagner sur les dizaines de millions de dollars de stocks accumulés et qui resteraient invendus allait être tout simplement fantastique !

Une belle revanche pour les difficultés qu'on lui créait au Nevada et en Californie !

Les équipes de tueurs emmenées par Frank Lewek, Pete Monahan et Paul Kelly procédaient à une élimination impitoyable.

Le cadavre de Maurice Malter était découvert dans un ravin. A Beverly Hills, dans l'appartement de Paul « Paulie » Gibbons, Benny « Meatball » Gamson et George Levinson étaient découvert criblés de balles. Paul « Paulie » Gibbons, d'ailleurs, était mort de la même manière quelque temps auparavant. Une décharge de fusil de chasse abrégea définitivement la vie de Tom Buffa en Californie. Toujours en Californie, on retrouvait dans le coffre à bagages de sa voiture le corps de Nick de John. Il avait été étranglé avec un art consommé dans lequel on retrouvait toute la merveilleuse technique qui avait fait le renom de Brooklyn, et dont Pete Monahan était un spécialiste incontesté.

A Las Vegas, des hommes à l'accent de New York, de Chicago, de Philadelphie, de Boston, de New Orleans, étaient mystérieusement enlevés en voiture et emmenés pour une promenade vivifiante dans le désert.

On ne les revoyait plus jamais en ville.

Seuls les coyotes parvenaient parfois à en déterrer quelques uns...

En quelques mois, la Californie et le Nevada furent débarrassés de leurs hôtes indésirables.

Les affaires du Flamingo marchaient à la perfection mais sur les bénéfices qu'il y réalisait de même que sur ceux provenant des cercles de jeux dont il avait pris le contrôle en ville, ou des chapelles de mariage, Bugsy ne soustrayait qu'une très faible part destinée à rembourser le prêt de trois millions de dollars effectué par le Syndicat. Cependant, très scrupuleusement, il faisait parvenir cette part à New York.

Lorsque Virginia Hill revint de Paris en février 1947[1] elle ramenait dans ses malles un lot impressionnant de robes achetées au grand couturier parisien.

– J'ai tout pillé, avertit-elle.

– Parfait.

– Mais que va-t-on en faire maintenant ?

– On va ouvrir une boutique.

– Une boutique ?

– Une boutique privée, accessible uniquement aux plus grandes vedettes féminines de Hollywood.

– Tu vas les leur vendre, j'espère ? Tu sais que j'ai payé sur ces robes des droits de douanes fantastiques ! Les douaniers n'avaient pas l'air d'aimer Christian Dior !

– On les leur fera payer, n'aie crainte.

– Es-tu sûr qu'elles les achèteront ?

– J'en suis sûr. D'une part, parce que certaines d'entre elles sont des amies de longue date, ou, quand elles ne le sont pas, ce sont leurs maris qui le sont. D'autre part,

1. La bombe du *new-look* de Christian Dior avait éclaté le mercredi 12 février 1947.

parce que je vais donner au Flamingo une réception royale et les femmes qui y seront invitées devront obligatoirement y porter une robe en provenance de chez Dior ! Qu'est-ce que tu dis de ça ?

Virginia Hill se renfrogna soudain.

– Pourquoi fais-tu cela, Benny ? Tu as une idée derrière la tête. Ne me dis pas que tu adores Christian Dior à ce point ? Tu n'as même pas vu les robes qu'il confectionne !

D'un seul coup, elle comprit.

– C'est ce que je t'ai dit l'autre jour. Le Garment Center. Tu veux faire perdre de l'argent au Syndicat !

Il sourit.

– Exact.

– Tu joues un jeu dangereux, Benny...

– Ne t'occupe pas de ça. Imagine plutôt toutes les actrices de Hollywood se précipitant à notre boutique. Elles vont s'arracher les robes même si elles ne sont pas exactement à leur taille, quitte à les faire modifier par une couturière ! Ce serait peut-être une bonne idée si je prenais à présent le contrôle du syndicat des couturières de Hollywood ! plaisanta-t-il avec une lueur de gaieté dans le regard. Peut-être n'y aura-t-il pas suffisamment de robes pour tout le monde ! Je suis certain qu'elles vont se battre ! Rita Hayworth va massacrer Gene Tierney et Ginger Rogers va crever les yeux de Paulette Goddard !

Pour la seconde fois, le Flamingo connut une soirée fabuleuse. Bugsy avait loué des avions privés pour amener ses hôtes. Préalablement, on avait vidé toutes les chambres de leurs occupants au grand dam de ces derniers qui avaient émigré dans d'autres hotels mais qui étaient revenus se grouper en face du Flamingo afin d'assister à l'arrivée de leurs vedettes favorites.

La presse, y compris les critiques de modes, ceux et celles qui faisaient la pluie et le beau temps dans tous les États-Unis en matière de chic et d'élégance, avait été invitée.

Et on n'avait pas oublié le plus important non plus . les photographes.

Tout le gratin, toute la crème de Hollywood était là.

Les femmes portaient des robes du dernier chic parisien, celles que Virginia Hill avait rapportées dans ses malles.

Ce fut une réception fastueuse dont Las Vegas devait conserver le souvenir longtemps.

Le lendemain, le « new-look » de Christian Dior était lancé dans toute l'Amérique et quelques dizaines de confectionneurs new-yorkais étaient ruinés...

CHAPITRE XXVIII

C'est en novembre de l'annee dernière que Charly Lucky Luciano a disparu de son pays natal, l'Italie, vers lequel il avait été expulsé le 7 février précédent à bord d'un liberty-ship, le Laura Keene. *Les autorités italiennes l'avaient cherché partout, en Sicile, dans le nord de l'Italie où il compte de nombreux amis, la police française avait même, sur la demande de ses collègues de Rome, prospecté le « milieu » marseillais avec lequel le gangster italien entretient d'excellentes relations, dans les autres pays d'Europe, aussi, on essayait de retrouver sa trace.*

En vain. Il demeurait introuvable.

Ici, aux Etats-Unis, le F.B.I. et le Bureau of Narcotics avaient mobilisé leurs meilleurs enquêteurs afin de remettre la main sur ce dangereux criminel.

Ce n'est que maintenant, en mars, qu'il vient d'être découvert. Et où ? Dans un endroit où nul ne s'attendait à le trouver ! A la Havane ! A Cuba ! Et cela, grâce aux révélations que vient de faire un hebdomadaire cubain, le Tiempo de Cuba.

Il y mène joyeuse vie dans une belle villa au bord de la mer et reçoit une société brillante, surtout composée d'Américains, qu'il régale de spaghettis aï pomodori *après les avoir préparés lui-même sous leurs yeux.*

Il est toutefois probable que Charly Lucky Luciano ne s'est pas esquivé d'Italie, n'a pas effectué ce long périple jusqu'à Cuba, dans le but uniquement de prouver ses talents culinaires aux belles dames de la haute société, même s'il a toujours éprouvé pour elles une attirance irrésistible :

Quand on l'interroge, il répond :

– Je suis ici pour affaires.

Quelles affaires ?

– Je m'intéresse aux casinos et aux maisons de jeux installés à Cuba, répond-il encore.

Il est à noter que ces casinos et ces maisons de jeux sont entre les mains d'un vieux copain de Lucky, Meyer Lansky, l'ex-associé de Benjamin « Bugsy » Siegel au temps de la prohibition, le même Benjamin « Bugsy » Siegel qui vient de lancer à grands frais à Las Vegas l'incroyable Flamingo Hotel. Meyer Lansky, dès 1936, avait obtenu le monopole du jeu à Cuba par la grâce du sergent Fulgencio Batista y Zaldivar qui, après son coup d'Etat réussi, avait pris le pouvoir dans l'île avant d'en devenir le dictateur.

Il est difficile d'imaginer que Charly Lucky Luciano vienne à Cuba, par conséquent, dans le but de supplanter son vieil ami Meyer Lansky. Alors ? Une association entre les deux hommes ? Ou bien, quelque chose d'autre... ?

Virginia Hill rendit le journal à Bugsy qui, aussitôt, interrogea :

– Ton avis ?

Elle fronça les sourcils.

– Mon avis ?

– Dans quel but Charly Lucky s'est-il rendu à la Havane ?

Elle le considéra un long moment avant de répondre.

– On parle de drogue...

– De drogue ? Explique-toi.

– C'est le bruit qui court à New York. « Ils » disent que Charly Lucky se serait rendu à la Havane pour mettre sur pied un vaste trafic de drogue à partir du Moyen-Orient, Turquie et Liban. Il se serait arrangé avec des Français pour installer des laboratoires dans le sud de la France. Il paraît que les Français sont les meilleurs chimistes du monde.

– Décidément, ces Français ont toutes les qualités, sourit Bugsy. Les meilleurs couturiers et les meilleurs chimistes. Quoi d'autre ?

– La came une fois transformée serait acheminée sur Cuba et de là réexpédiée chez nous avec la complicité des Cubains. Ça explique que ta filière mexicaine soit en train de se tarir.

L'œil de Bugsy se fit soupçonneux.

– Et Charly Lucky aurait besoin de faire ce long voyage rien que pour mettre sur pied une telle organisation ?

– Je te répète seulement ce que j'ai entendu à New York. C'est ce qu'« ils » disent.

Bugsy ramassa le journal et relut pensivement la dernière phrase de l'article : *Ou bien quelque chose d'autre... ?*

– *Ou bien quelque chose d'autre... ?* répéta-t-il, les yeux perdus dans le vague.

Les larges baies vitrées du dernier étage de l'Hôtel Nacional à la Havane auraient pu en d'autres circonstances laisser entrer avec profusion les chauds rayons du soleil cubain. Ce jour-là, il n'en était rien car d'épais rideaux étaient tirés malgré l'heure relativement matinale, masquant ainsi la vue magnifique qu'on avait sur la baie. Pour compenser la pénombre ambiante, on avait allumé l'électricité, ce qui semblait parfaitement convenir aux hommes qui se trouvaient réunis là et dont l'ombre, la nuit, avaient toujours constitué l'environnement naturel.

Des nappes d'un blanc immaculé recouvraient de longues tables qui supportaient des assiettes chargées de sandwiches et des bouteilles de boissons diverses dans lesquelles dominait la bière. L'atmosphère était délicieusement rafraîchie par une armée de climatiseurs qui ronronnaient doucement le long des murs. On avait pris soin de brancher la circulation d'air afin de chasser les nuages de fumée de cigare qui flottaient à mi-hauteur.

Les portes de cette salle de réunion étaient hermétiquement closes de l'intérieur et, à l'extérieur, des gardes armés veillaient, dont presque une moitié appartenait à la police secrète du dictateur Batista. D'autres gardes armés avaient été postés dans les couloirs du dernier étage et sur le toit de l'hôtel. La salle de réunion avait été minutieusement fouillée jusque dans ses moindres recoins, on avait démonté les ampoules électriques, décloué la moquette, sondé les murs, inspecté le plafond, mais nul micro indiscret n'avait été découvert. A l'extérieur des portes closes, dans la pièce où veillaient les gardes, un poste de radio dévidait à la chaîne des rumbas entraînantes entrecoupées d'annonces publicitaires en espagnol à la cadence d'une mitrailleuse, et le son en était réglé à un volume tel qu'il décourageait toute velléité d'espionner ce qui se passait dans la salle de réunion.

Les gardes qui n'appartenaient pas à la police secrète de Batista ressemblaient néanmoins physiquement aux Cubains tant leur type latin était prononcé. Ce qui les différenciait, c'était la langue. Ils ne parlaient qu'anglais, avec un fort accent de Brooklyn ou de Chicago, ou italien. Mais, en général, ils demeuraient muets.

Les hommes assis autour de l'immense table de conférence dans la salle de réunion étaient très exactement au nombre de vingt-six.

Chicago avait délégué Tony Accardo et les deux frères Fischetti et New York Joe Adonis, Albert Anastasia, Frank Costello, Willie Moretti, Carlo Gambino, Vince et Philip Mangano, Joe Profaci, Joe Magliocco, Vito Genovese, Mike Miranda, Thomas Lucchese, Gaetano Gagliano, Frank Scalise et Joe Bonnanno. C'était la délégation de loin la plus nombreuse. Du New Jersey était venu Abner « Longy » Zwillmann et, de Buffalo, Steve Magaddino. New Orleans était représentée par « Dandy » Phil Kastel et Carlos Marcello. La Floride avait envoyé Santo Trafficante et « Lil' Augie » Pisano. Meyer Lansky était dans son propre fief, Cuba, et Charly Lucky Luciano était l'unique représentant des expulsés d'Amérique vers l'Italie.

La Californie n'avait pas envoyé Benjamin « Bugsy »

Siegel car on ne l'avait pas sollicitée de le faire. L'Assemblée comprenait une majorité écrasante d'hommes d'origine italienne, vingt-trois contre trois Juifs qui étaient « Dandy » Phil Kastel, Meyer Lansky et « Longy » Zwillmann.

Chez ceux qui étaient réunis là, le sentiment anti-juif était fortement accentué. Certains pour des raisons ethniques ou religieuses provenant de leur appartenance à des populations du sud de l'Italie enfermées dans leurs traditions, d'autres à cause de la grande peur qui avait fait trembler le « milieu » américain après 1940 et qui avait eu pour origine la « trahison » d'un Juif, Abe « Kid Twist », Reles. Juste avant la réunion, Albert Anastasia qui, par la faute de Reles, avait failli lui aussi s'asseoir sur la chaise électrique, n'avait-il pas clamé pour l'édification de Carlo Gambino, de Vito Genovese, de Joe Profaci et de Lucky Luciano :

– Ces Youpins sont tous des « donneurs » ! A commencer par « Kid Twist » ! Prenez la liste de tous ceux qui ont accepté de collaborer avec le District Attorney et de témoigner en justice contre leurs petits copains, et vous verrez ! « Pretty » Levine, Morris Wolinsky, Allie Tannenbaum, Max Rubin, Paul Berger, Mickey Syckoff, Sholem Bernstein... Pas un Irlandais, pas un Italien, tous Juifs !...

– Sans parler que ces gars-là n'ont pas le sens de la mesure, ils ne savent pas où s'arrêter.. avait renchéri Carlo Gambino. Ils en font toujours de trop ! Prenez le cas de Benny Siegel, par exemple, qu'est-ce qu'il ne se croit pas, ce type-là ! Il ne se prend pas pour de la merde maintenant !

Joe Profaci avait murmuré :

– Faudrait tous les éliminer, Meyer, « Longy », « Dandy » et les autres. Comme ça, on resterait entre nous.

– Ça viendra, avait promis Charly Luciano d'un air entendu. Arrivera un jour où l'Amérique sera *notre chose* à nous uniquement...

A présent, les vingt-six hommes étaient assis autour de la table de conférence. Willie Moretti se pencha à l'oreille de Vito Genovese et murmura :

– J'ai rencontré le petit Frankie[1] dans le hall de l'hôtel. Ça a l'air de bien marcher pour lui, la chanson.

– Le cinéma aussi, ajouta Vito.

– Seulement, paraît que ça ne colle plus très bien entre lui et sa femme Nancy. Ça ne me plairait pas qu'il divorce. Chez nous, on n'abandonne pas sa femme et sa fille.

– Faudra lui faire la morale, appuya Vito. Ça serait pas bon que le succès lui monte au ciboulot. Après tout, c'est nous qui avons aidé sa carrière. On a le droit de lui faire des remontrances.

Lucky Luciano avait unanimement été choisi pour présider la séance et, déjà; il se levait, prononçait un petit discours de bienvenue et enchaînait en attaquant le sujet *ex professo* :

– Nous sommes ici, avant tout, pour mettre sur pied une organisation efficace qui nous permettra à tous de faire d'immenses profits en important massivement de la drogue en provenance du Proche et du Moyen-Orient. Il y a là-bas des réserves formidables et on me dit que le marché américain est gros demandeur. Nous allons nous en occuper. Donc, ceci est l'objet principal de notre réunion ici aujourd'hui. Mais il y a d'autres raisons. La première, et je souhaiterais qu'on l'inscrive au début de l'ordre du jour et qu'on la traite tout de suite, concerne notre ami à tous, Benjamin Siegel... Beaucoup de gens se plaignent de lui. Il n'est pas régulier, dit-on, il marche sur les plates-bandes des autres, il n'obéit pas aux ordres qu'on lui donne, il n'en fait qu'à sa tête, il met en danger les intérêts du Syndicat en Californie et au Nevada, il rembourse au compte-gouttes un prêt qu'on lui a consenti, il empêche les amis de s'implanter au Nevada qui ne lui a jamais été attribué comme territoire d'activités et qui doit être partagé entre tout le monde conformément aux décisions de notre conseil suprême... Il s'est aussi approprié le « service » en Californie et au Nevada alors que cela revenait légitimement à Chicago, comme convenu... Tout cela constitue des accusations très graves...

1. Frank Sinatra .

– En plus, coupa Tony Accardo, il a fait exécuter des « contrats » sur nos hommes qui essayaient de s'implanter au Nevada. C'est interdit. Nul n'a le droit d'exécuter un « contrat » sans l'autorisation préalable du conseil. On a perdu des dizaines de types, des bons garçons, des gars irremplaçables.

– En faisant de la publicité pour le *new-look* de ce couturier français, renchérit Joe Profaci, il nous a fait perdre un gros paquet de pognon dans le Garment Center et il a ruiné quelques uns de nos protégés.

– Il ne veut même plus me recevoir quand j'amène des ordres du Syndicat, ajouta Carlo Gambino.

Frank Costello fit la grimace.

– Même Virginia n'arrive pas à le raisonner.

– Il se prend pour Dieu le père... grogna Albert Anastasia.

– Moi je veux récupérer mes billes, ragea Charly Fischetti, il faut le mettre à la raison !

– On a tout essayé, Lucky, reprit Frank Costello, rien n'a marché. Moi, j'aime bien Benny, mais je ne sais pas ce qui se passe dans sa tête.

– Ce n'est pas pour rien qu'on l'appelle le Dingue ! fit remarquer Vito Genovese.

– Il est devenu encore plus dingue qu'avant, c'est sûr ! bougonna Thomas Lucchese surnommé « Trois Doigts ».

– Les stars de Hollywood lui ont tourné la tête ! suggéra Vince Mangano avec un rire gras.

Meyer Lansky secoua la tête tristement.

– Tu te souviens, Lucky, de l'année dernière quand tu es monté sur le bateau pour repartir sur l'Italie, on a essayé de lui faire la morale. Ça n'a pas marché. Il est persuadé que la Californie et le Nevada sont à lui et rien qu'à lui...

– ...et que personne d'autre n'a le droit d'y mettre les pieds ! appuya « Dandy » Phil Kastel.

Gaetano Gagliano ajouta sa pierre à l'édifice :

– Il donne un très mauvais exemple. D'autres risquent de le suivre. Si cela se produit, autant dire adieu tout de suite à notre organisation. Elle va s'écrouler comme un château de cartes. Chacun va en faire à sa tête, piétiner les plates-bandes du voisin, devenir un petit roi dans son royaume, tout recommencera comme avant, on flinguera à tout va sur les trottoirs des grandes villes, on ramassera les cadavres à la pelle et un autre Dewey surgira avec la bénédiction du Congrès. Les Fédéraux s'en mêleront et il n'y aura plus aux Etats-Unis un trou de souris où on pourra planquer nos culs !

– Il a raison, approuva Philip Mangano.

– Faudra recommencer la guerre d'extermination, enchaîna « Longy » Zwillmann, comme « Lepke », et faire descendre tous les témoins qui pourraient nous expédier sur la chaise électrique...

– ...ou à Dannemora... renchérit Albert Anastasia avec un regard entendu en direction de Lucky Luciano.

– Gaetano n'a pas tort, reprit Charly Fischetti, chez nous à Chicago, il y a déjà des gars qui se sentent pousser des ailes. Ils se disent : « si « Bugsy » le fait, pourquoi pas moi ? »

– Bientôt, ça va être la révolte ouverte, intervint Joe Adonis. Chacun sera contesté dans sa propre organisation. Et pour prendre la place de celui qui est audessus, on flinguera !

– On a bien dit, au début, que chacun était l'égal de l'autre dans le Syndicat, que tout le monde devait obéir aux ordres et qu'on n'admettrait pas une fausse note, lança Steve Maggaddino.

– Et quand Dutch Schultz a voulu faire abattre Tom Dewey, reprit Frank Costello, on n'a pas hésité. On lui avait dit non et il ne tenait aucun compte de ce qu'on lui avait dit. Alors on a décidé de l'abattre...

Il laissa la phrase en suspens et, brusquement, plus personne n'eut envie de parler.

Meyer Lansky se racla la gorge.

– Benny est un vieux copain... commença-t-il. Ses yeux faisaient le tour de l'assistance comme pour y chercher un soutien, mais chacun détournait le regard. Ils ne rencontrèrent que celui de Lucky Luciano qui secoua la tête d'un air distrait. Puis, pendant un long moment, le silence s'établit dans la salle de réunion et on n'entendit plus que le ronronnement des climatiseurs. Lucky Luciano fixait le plafond comme pour y découvrir un moustique imaginaire. Les autres tiraient sur leur cigare en évitant de regarder le voisin.

Au bout d'une éternité, Lucky Luciano se décida enfin :

– C'est la première fois que nous jugeons l'un de nous...

Sa voix était empreinte de gravité.

– ...Dans le cas de Dutch Schultz, poursuivit-il, c'était différent. Il n'appartenait pas au Syndicat. C'était plus facile. Mais dans celui de Benny, on va créer un précédent et nous ne nous sortirons plus jamais de ce précédent... Il servira de référence pour toujours...

– Aux voix ! coupa Charly Fischetti avec impatience. Plus de discours, des actes !

– Aux voix, d'accord, concéda Lucky Luciano en décochant un regard noir au représentant de Chicago.

Le résultat fut vite acquis, mais dans le malaise général. Le verdict de mort était emporté par vingt-quatre voix contre deux, celles de Meyer Lansky et de Lucky Luciano.

Joe Profaci intervint alors :

– Il reste une formalité à accomplir. A qui va-t-on donner le « contrat » ?

Vito Genovese ricana.

– N'avons-nous pas parmi nous l'exécuteur des hautes œuvres ?

Tous les yeux se tournèrent vers Albert Anastasia qui demeura impassible.

– Alors, adjugé ! lança « Lil' Augie » Pisano.

CHAPITRE XXIX

Bugsy avait arrêté sa Cadillac sur le bord de la route et, du doigt, il montrait à Virginia Hill le Flamingo qui resplendissait dans le désert. Au-delà, on voyait les toits des maisons de la ville.

– Las Vegas, c'est un peu comme Hollywood au début du siècle ! déclama-t-il avec emphase. Qu'est-ce que c'était à l'époque ? Un faubourg poussiéreux de Los Angeles ! Ses rues avaient été baptisées entre 1880 et 1900 et personne n'avait songé que les artères qui coupaient les vergers emplis de figuiers et les champs de vignes deviendraient célèbres dans le monde entier, que les lecteurs et les lectrices des magazines de cinéma spécialisés se répéteraient à l'envie avant de s'endormir émerveillés les noms de Hollywood, de Vine, de Sunset Boulevard ou de Santa Monica Boulevard. Eh ! bien ! un jour, Fremont Street, le Strip, Casino Center, Sahara Avenue ou Charleston Boulevard deviendront aussi célèbres que Hollywood et Sunset Boulevard ! J'en suis sûr !

– Je n'en doute pas, répondit Virginia Hill, songeuse.

– Tu n'as pas l'air enthousiaste, reprocha-t-il.

Elle haussa les épaules.

– Je me demande seulement si tu profiteras de la gloire qui va rejaillir sur Las Vegas.

Il se raidit.

– Pourquoi n'en profiterai-je pas ?

– Les chances sont contre toi. C'est comme au craps.

Tu lances les dés, tu sors un sept ou un onze, tu gagnes, tu relances les dés, tu gagnes encore et tu laisses tous tes gains sur la table, tu crois que tu as la chance avec toi, alors tu joues toutes tes mises, cinq, dix fois, tu gagnes toujours, tu t'imagines que tu vas faire sauter la baraque, et puis, alors que tu cherches un huit tu rencontres un sept et tu as tout perdu... C'est pareil avec toi, Benny...

Un éclat dur brilla dans le regard de Bugsy.

– Je n'aime pas tes comparaisons.

– Dommage. Elles ont le mérite d'être conformes à la réalité.

– J'ai l'impression que tu essaies toujours de me freiner comme si ça t'ennuyait que j'atteigne les sommets.

– Plus on arrive haut, plus on a de chances de se casser la figure.

– La philosophie te va mal.

– Elle vient de mon expérience.

– Et de l'expérience, je n'en ai peut-être pas, moi ?

– Pour le moment, elle ne te sert à rien.

Elle poussa un soupir, et lâcha :

– Tu ne le sais peut-être pas, Benny, mais c'est la première fois que nous nous disputons sérieusement.

Il se radoucit.

– C'est vrai.

Puis, comme pris d'une inspiration, il jeta :

– Tu veux que je te dise au sujet de ta comparaison ?

– Oui ?

Il tendit le doigt vers le ciel.

– Là-haut, il y a un type qui lance les dés pour moi. Et c'est un copain...

Elle persifla :

– Es-tu sûr qu'il ne te sortira pas un sept quand tu cherches un huit ?

Albert Anastasia avait un problème.

Les « gâchettes » dont il disposait risquaient d'être connues et reconnues des hommes de Benjamin « Bugsy »

Siegel en Californie et au Nevada. Il lui fallait donc découvrir un outsider.

Sous la pression des autorités américaines, le gouvernement cubain s'était décidé à contrecœur à demander à Charly Lucky Luciano de quitter l'île et ce dernier s'était exécuté de bonne grâce. Il avait pris un billet de première classe à bord d'un paquebot et il était arrivé à Gênes le 30 avril 1947.

Depuis, Albert Anastasia cherchait l'oiseau rare pour exécuter le « contrat ».

De retour à Brooklyn, il se souvint d'un homme que la police secrète de Batista lui avait recommandé alors qu'il était en visite à La Havane pour assister à la réunion au sommet du Syndicat. Il l'avait rencontré entre deux portes et l'homme lui avait beaucoup plu. Meyer Lansky, pour lequel il avait travaillé à Cuba et aux États-Unis, lui avait fourni les meilleurs renseignements à son sujet.

C'était un Français et il se nommait Luc Prévot. Il approchait de la trentaine, il était grand, beau, faisait un peu don Juan, et était éminemment sympathique. Un sourire flottait en permanence sur ses lèvres, il éclatait parfois d'un rire chaud et franc, lançait une plaisanterie drôle, et cette attitude changeait agréablement Albert Anastasia des tueurs sinistres qui composaient ses équipes.

Ses références professionnelles étaient excellentes, dignes de tous éloges, selon l'éthique de l'exécuteur des hautes œuvres. Luc Prévot, pendant l'occupation allemande en France, avait servi dans une annexe française du S.D. allemand, logée au 93 de la rue Lauriston à Paris, et dirigée par deux associés, Bonny et Lafont. Pendant cette période il avait procédé à quelques exécutions, non pas de résistants, d'ailleurs, mais de truands concurrents et avides de se tailler une place dans le Paris de l'Occupation[1].

A la libération, naturellement, Luc Prévot avait estimé que la justice hâtive de l'époque risquait de lui demander des comptes qui seraient sanctionnés par le

1 Entre autres, l'extermination des Corses de la Gestapo française du boulevard Flandrin à Paris.

châtiment suprême, hautement affectionné en ces temps de guerre civile, et il avait préféré émigrer sous des cieux plus cléments, en l'occurrence l'Espagne franquiste. Un viatique confortable en livres sterling, en dollars américains, en pièces d'or emplissait ses valises. Mais, au bout de quelques mois, il avait jugé que l'Espagne était encore trop proche de la France, et il était passé au Portugal où, à Lisbonne, il s'était embarqué sur un navire de commerce qui repartait pour l'Argentine.

Mais il n'avait pas aimé ce pays et avait décidé de monter vers le nord. Caracas l'avait accueilli à bras ouverts car dans cette ville s'étaient réfugiés de nombreux représentants du « milieu » français. On lui avait proposé du « travail » et les circonstances avaient fait qu'il s'était bientôt retrouvé à Cuba où il avait été engagé par Meyer Lansky. Des missions, exécutées à la satisfaction de son nouveau patron, l'avaient amené à New Orleans et sur la côte du golfe du Mexique, côté Mississippi et Alabama, où il s'était familiarisé avec la langue anglaise au point de la parler couramment, un atout certain que ne devait pas négliger Albert Anastasia lorsqu'il décida d'employer Luc Prévot pour son compte personnel.

En dehors des missions exécutées pour Meyer Lansky, Luc Prévot était en outre utilisé en permanence par la police secrète de Batista pour certaines opérations qui excluaient l'emploi de Cubains.

Albert Anastasia effectua donc un voyage rapide et secret à La Havane où il rencontra l'homme sur lequel il avait porté son choix, eut un bref entretien avec lui, et Luc Prévot accepta la mission qu'on se proposait de lui confier. Immédiatement, il reçut la moitié de la rémunération, douze mille cinq cents dollars. En billets de banque, naturellement[1].

Mais Albert Anastasia ne s'en tint pas là.

Conformément aux méthodes chères à son cœur, celles

1 Luc Prévot entamait là sa future carrière de supertueur professionnel, poursuivie sous les pseudonymes, entre autres, de Pablo Ramirez et de Jake Larue. Il voyageait avec un lot de passeports délivrés par des républiques d'Amérique Centrale « compréhensives », et exécutait des « contrats » dans toutes les parties du monde.

On le soupçonne d'avoir, le 22 novembre 1963 à Dallas, commandé la dûment éprouvées et connues comme étant originaires de Brooklyn, le meurtre de Benjamin Siegel devait être minutieusement préparé. Rien ne devait être laissé au hasard et à l'improvisation. Trois autres hommes lui étaient nécessaires : le guetteur, le conducteur de la *voiture-fuite*, celui de la *voiture-protection* destinée à assurer la fuite de l'autre, quitte à provoquer un accident pour ce faire.

Les trois hommes lui furent prêtés par Meyer Lansky. C'étaient des Cubains qui avaient vécu aux États-Unis, en connaissaient les us et coutumes, et parlaient parfaitement anglais.

Ensuite, Albert Anastasia repartit pour Brooklyn et expédia à La Havane un de ses chefs d'équipe avec mission d'entraîner Luc Prévot et les trois Cubains afin de s'assurer que tout se passerait bien au moment crucial.

Il était content de lui. « Bugsy » Siegel devait se méfier, estimait-il. Il existait de fortes chances pour que ses hommes reconnaissent des tueurs expédiés de Brooklyn, de Chicago où d'ailleurs avant qu'ils aient pu passer à l'action et, alors, leur destin était inéluctable. Tandis que là, avec un Français et trois Cubains, cette éventualité devenait inexistante. Il convenait de ne pas sous-estimer « Bugsy » Siegel, calculait Albert Anastasia. En matière de « contrats », il avait une lourde expérience !

Lorsque son chef d'équipe lui télégraphia que tout était *okay*, Albert Anastasia fit acheminer clandestinement Luc Prévot et les trois Cubains aux États-Unis où ils débarquèrent par une nuit sans lune sur un rivage désolé des bayous de Louisiane. De là, on les fit passer en Californie où ils arrivèrent au début de juin 1947.

troisième équipe de tireurs (celle des Cubains anti castristes) placée face à l'axe d'arrivée de la voiture présidentielle.

Il semble avoir inspiré des personnages de super-tueur professionnel dans certains romans, comme *Chacal* de Frederick Forsyth ou la série des Harry Shulz de Serge Jacquemard aux éditions Fleuve Noir.

A l'heure actuelle, il aurait pris sa retraite sous un pseudonyme inédit...

Bugsy fit la grimace.

– Tout le monde meurt ces temps-ci... grogna-t-il.

– Qui ça ? interrogea Virginia Hill.

– Gurrah Shapiro, l'associé de « Lepke »... Ça fait plus de vingt ans que je le connaissais...[1]

– Tu sais ce que disent les Français avec beaucoup d'humour ?

– Quoi donc ?

– C'est la vie...

– C'est le titre d'une chanson aussi.

– Puisque je suis en train de parler des Français, poursuivit Virginia d'un ton détaché, je t'annonce que je m'en vais faire un tour à Paris...

Bugsy se raidit.

– Tu vas rencontrer ce Français que tu as connu à Paris ? ragea-t-il, l'œil furieux.

Elle secoua la tête.

– Pas uniquement lui...

– J'ai vu la lettre qu'il t'a écrite...

– Je connais des tas de gens en France depuis le temps que je vais y acheter des robes. Lui n'est que l'un d'entre eux. Pas de quoi en faire un drame.

– Je t'interdis d'aller à Paris ! rugit-il.

Elle sourit, un peu tristement.

– Jaloux ? Ce n'est pas dans ta nature. Excuse-moi, je ne suis pas habituée... mais si tu me donnes un peu de temps, je risque de m'accoutumer...

– Depuis quelque temps, tu vas trop souvent à Paris. Il n'y a pas de fumée sans feu.

– La fumée, c'est toi qui l'inventes !

Le ton montait entre eux deux.

– J'ai des propositions, expliqua-t-elle, afin d'importer en Californie des robes de haute couture en provenance de Paris. C'est tout. Ça te suffit ?

– Boutiquière ? ricana-t-il. Comme si tu avais besoin d'argent ! Tu as tout l'argent qu'il te faut ! Que désires-tu de plus ?

1 Gurrah Shapiro, le principal lieutenant et associé de Louis Buchalter était mort en prison le 15 juin 1947 après avoir été condamné à la prison à vie.

Elle faillit lui dire « la sécurité... », mais elle se retint au dernier moment.

Furieux, il alla ouvrir la fenêtre et contempla longuement le désert éclaboussé par la débauche de lumières qui jaillissaient de Las Vegas.

– Tu me caches quelque chose... lança-t-il par-dessus son épaule.

Elle ne répondit pas.

Les deux hommes avaient l'accent de Chicago. Jack Dragna les regardait sans rien dire.

– Ecoute, Jack, attaqua le premier. Bugsy sent aussi mauvais qu'un panier de merlans pas frais. En plus, il t'a foutu dans la merde. Tu t'es mouillé à bloc dans l'histoire du « service ». C'est même toi qui en es le patron. Mauvais pour la santé. T'as tout de même pas envie de te faire hacher comme un hamburger ? Alors, lâche la pédale... Rends ton ticket de vestiaire et nous, à Chicago, on barrera ton nom sur la liste...

– La liste ?

– La liste des partants, Tu es inscrit dans la première course, juste après Bugsy... C'est une épreuve hippique spéciale... Sans poteau d'arrivée... Tu vois ce que je veux dire ?

– Et Benny ?

– Lui, il doit partir de toute façon. Il a atteint le point de non-retour. Si tout se passe bien, il sera le seul comme ça, il pourra faire un *walkover.* Alors, pourquoi jouer les caves ? Sois marle. Range tes dés et peut-être bien que, après, on te refilera un job. A Chicago, on te trouve efficace, t'es un bon organisateur et tu connais le pays, on te gardera. Seulement, avant, faut que tu t'arranges pour laisser passer les éboueurs. En ce moment, il y a des barrières. Démerde-toi pour qu'elles tombent, et on effacera ça de ton ardoise...

Jack Dragna hocha la tête.

– D'accord.

– On savait que tu saurais de quel côté est la fève dans la galette des Rois...

Bugsy entra dans le bar somptueux du Flamingo et regarda autour de lui. C'était l'heure de l'apéritif. La salle était encombrée, les conversations allaient bon train, et les barmen servaient des cocktails à la chaîne. Les smokings côtoyaient les robes de soirée. Tout à l'heure, dans le cabaret de l'hôtel, apparaîtrait sur scène Bing Crosby, le célèbre chanteur, et les gens là, dans le bar, se réjouissaient déjà des deux heures merveilleuses qu'ils allaient passer.

Bugsy fendit la foule et rejoignit le bar. D'un coup d'œil éloquent, le chef barman lui indiqua où se trouvait Virginia. Elle était haut perchée sur un tabouret, avec sa robe de chez Christian Dior relevée jusqu'à mi-cuisses. D'un trait elle lampait le reste d'un Martini-cocktail et Bugsy comprit tout de suite qu'elle était abominablement ivre.

Il s'approcha d'elle.

– Fous le camp ! cracha-t-elle. T'as compris, Bugsy ? Fous le camp !

Il se raidit et ses yeux se glacèrent: Personne ne lui parlait sur ce ton et plus personne, jamais, au grand jamais, ne l'appelait Bugsy. Du moins, s'il voulait rester vivant... Mais il ne pouvait se permettre un esclandre dans son propre établissement, cet établissement de rêve qu'il avait créé de ses propres mains, qui était sa chair et son sang, et sur lequel il veillait comme si c'était un autre lui-même. Néanmoins, il ne pouvait tolérer, par ailleurs, que Virginia se saoûle abominablement au bar. Dès l'ouverture de l'hôtel-casino, ses efforts avaient tendu vers un seul but : faire du Flamingo un établissement de classe, réservé aux gens huppés et de bonne éducation, pas aux ivrognes, aux bagarreurs ou aux putains. Pour ces catégories, il existait d'autres endroits à Las Vegas, qui lui appartenaient aussi, d'ailleurs, mais à qui il n'avait pas dans son cœur réservé la même place qu'au Flamingo.

Il contrôla soigneusement le son de sa voix et ordonna :

– Viens avec moi.

Elle éclata d'un rire hystérique.

– Finis, les ordres ! Plus d'ordres à me donner ! D'ailleurs, je fiche le camp à Paris !

Elle hoqueta.

– A Paris, tu entends ? C'est là que je vais !

A présent, elle hurlait. Autour d'eux, les conversations baissaient d'un ton. D'un coup d'œil, Bugsy jaugea la situation. Il fallait à tout prix éviter le scandale. Il lui saisit le bras, mais elle se dégagea brutalement.

– Lâche-moi !

Puis, s'adressant au barman, elle cria :

– Joe, un autre Martini.

Le barman regarda Bugsy qui fit non de la tête. Virginia avait surpris le manège. Elle ricana.

– On joue au grand chef jusqu'au bout, Bugsy ? Elle pivota sur son siège et hurla à la cantonade :

– Vous ne connaissez pas Bugsy, le roi de Las Vegas ? Venez ! Approchez-vous ! Venez serrer la main de Bugsy, le roi de Las Vegas ! Une couronne royale pour Bugsy ! Qui va offrir une couronne à Bugsy ? Une couronne avec plein de lumières au néon pour illuminer tout le désert ! Un bon geste ! A vot' bon cœur, m'sieurs, dames ! La main à la fouille pour offrir une couronne à Bugsy !

Il avança la main pour la faire taire, mais elle fut plus rapide que lui. Elle pivota en sens inverse sur son siège et rafla sur le bar le verre de sa voisine, une femme longue et sèche, somptueusement habillée, avec un collier de perles à plusieurs rangées pendant à son cou décharné.

– Eh ! là !... protesta cette dernière.

Virginia lui fit face.

– Qu'est-ce que t'as à râler, échalas ? éructa-t-elle. Tu veux ma main sur la gueule ?

Ce fut au contraire celle de la femme que Virginia reçut sur la joue. Alors, folle de rage, elle lui expédia au visage le contenu du verre qu'elle tenait à la main.

Bugsy se jeta sur Virginia, d'une bourrade il la fit descendre de son siège et il la gifla à toute volée. Elle recula en titubant, lâcha le verre qui se brisa à ses pieds et fit demi-tour. En chancelant, elle s'engagea dans le tunnel que la foule creusait devant elle. En arrivant devant la porte vitrée, elle murmura pour elle-même :

– Qui va offrir une couronne pour Bugsy... ?

Un homme attendait dans le hall de l'hôtel. Il s'avança vers elle, la prit par le bras et l'entraîna au dehors. Tous deux se dirigèrent vers l'aire du parking et s'arrêtèrent devant une Packard noire dont l'homme ouvrit la portière arrière. Virginia s'engouffra par l'ouverture et se laissa tomber sur la banquette.

– Tes valises sont dans le coffre à bagages, renseigna Carlo Gambino.

Virginia éclata en sanglots.

– Tout le monde est content de toi, continua Carlo Gambino, impassible. On sait que tu as fait tout ce qui était humainement possible pour le convaincre. Tu as échoué, tant pis. On ne t'en veut pas.

– Il ne sait même pas que je me suis saoûlée la gueule parce qu'il allait mourir... Uniquement pour ça...

– Tu l'oublieras à Paris... consola Carlo Gambino d'une voix indifférente.

Puis il lança à l'adresse de l'homme qui avait amené Virginia jusqu'à la Packard.

– A l'aéroport, Giuseppe.

CHAPITRE XXX

– Qu'est-ce qui lui a pris de filer comme ça à Paris ? grommela Bugsy.

– Faut lui pardonner, Benny, dit doucement Charles Hill, l'un des frères de Virginia, récemment arrivé d'Alabama.

Jerri Mason, la secrétaire de Bugsy, ne disait rien. Elle était assise à côté de lui sur le siège arrière. A l'avant, il y avait Charles Hill côté passager et, derrière le volant, Allen Smiley, un vieux copain de Bugsy, qui était une figure du sport très connue. Tout comme Jerri Mason il ne disait rien. Tous deux ne tenaient pas à se mêler à cette querelle de famille, particulièrement en raison de l'humeur massacrante de Benjamin Siegel qui, depuis quatre jours que Virginia Hill était partie à Paris, ne décolérait plus...

On était le vendredi 20 juin 1947 et tous les quatre ils s'étaient rendus à Ocean Park sur la côte du Pacifique où ils avaient dîné dans un restaurant de poissons et de fruits de mer. A présent, ils rentraient à Beverly Hills sans se presser.

– Lui pardonner ? Pourquoi ? riposta Bugsy.

– Elle a toujours été comme ça, expliqua Charles Hill. Elle agit sur un coup de tête...

– Un coup de tête ? grogna Bugsy. Je n'en suis pas sûr du tout...

– Quand elle était gosse, c'était la même chose.

– Et la lettre, cette foutue lettre, que le Français

lui a expédiée ?

Le frère de Virginia ne fit pas de commentaires car il ne savait quoi dire.

– C'était planifié à l'avance, c'est sûr, poursuivit Bugsy, maussade. Et, en tout cas, elle aurait pu envoyer un télégramme de Paris, quelque chose, quoi !... Je ne sais même pas quand elle reviendra !...

Un long silence s'installa dans la Cadillac. Bugsy le rompit le premier :

– Allen, lança-t-il à l'intention du conducteur, tu t'arrêteras à un kiosque à journaux. Je veux acheter un canard.

– J'irai vous le chercher, proposa spontanément Jerri Mason.

– D'accord, accepta Bugsy. Ensuite, on fera un détour pour vous déposer, Jerri.

– Moi aussi, s'empressa d'intervenir Charles Hill. Laissez-moi en ville. J'ai quelqu'un à voir.

– Okay.

Une heure plus tard, Bugsy Siegel et Allen Smiley, désormais seuls dans la Cadillac, arrivaient devant la villa somptueuse que Bugsy avait louée quatre ans plus tôt pour Virginia au 810 North Linden Drive et dans laquelle, depuis, il vivait lui aussi. Allen Smiley y était un hôte attitré et il y avait ses habitudes. Bugsy descendit de voiture, avec, sous le bras, le journal acheté pour lui par Jerri Mason.

– Je vais garer la voiture, l'informa son compagnon.

Bugsy regardait autour de lui.

– Je ne vois pas Paul, remarqua-t-il.

Paul Kelly devait être de faction cette nuit-là à la villa. Mais Bugsy ne s'inquiéta pas outre mesure. Ce genre de sentiment lui était inconnu, sa nature était plutôt insouciante, et puis, ce soir-là, son esprit était entièrement occupé avec le problème Virginia Hill. Il entra donc tranquillement dans la villa et gagna le salon où il se servit un verre de whisky qu'il absorba à petites gorgées. Puis il alla s'asseoir sur le sofa à la tapisserie décorée de motifs à fleurs. Une vague de nostalgie l'assaillit quand il se souvint de tous les moments agréables qu'il avait passés là en compagnie de Virginia.

Allen Smiley fit son entrée et grogna :

– Bizarre que Paul ne soit pas dans les parages. Où est-il passé ?

– Jack l'a peut-être appelé pour un truc urgent, suggéra Bugsy d'une voix indifférente.

En même temps il dépliait le journal qu'il avait apporté avec lui.

Allen Smiley regardait la fenêtre ouverte située juste en face du sofa sur lequel était assis son ami et par laquelle pénétraient des senteurs de jasmin.

– C'est imprudent de rester assis devant une fenêtre ouverte, remarqua-t-il.

Bugsy Siegel haussa un sourcil étonné et regarda à son tour la fenêtre à l'ouverture protégée par un grillage métallique aux larges mailles.

– Que veux-tu dire ?

– Un homme qui vit une vie aussi dangereuse que la tienne ne devrait jamais se placer dans une position telle que l'on puisse lui tirer dessus. J'ai lu quelque part que Dutch Schultz, quand il se trouvait dans un endroit public, s'asseyait toujours le dos au mur, face à la porte, et, en tout cas, à un point stratégique de façon à n'être jamais surpris par l'arrivée de quelqu'un qui lui aurait voulu du mal.

Bugsy éclata de rire.

– Des racontars de journalistes, Allen.

– Il y a quelquefois du vrai dans ce qu'ils écrivent dans leurs canards, Benny.

Bugsy balaya l'objection d'un geste méprisant.

– Je vais te dire une bonne chose. Dutch Schultz s'est fait descendre dans une brasserie à Newark et toutes les précautions qu'il aurait pu prendre ne lui ont servi à rien. Et tu veux savoir comment il s'est fait flinguer ?

– Comment ?

– Dans le dos. Il était en train de se laver les mains dans les toilettes. Charlie Workman a entr'ouvert la porte, Dutch ne l'a même pas vu dans la glace, et Charlie a eu tout le temps de lui expédier deux ou trois balles sous l'omoplate gauche. Dutch n'en est pas mort tout de suite. Charlie a salopé le boulot. Ce n'est pas pour rien qu'on l'appelait le Dingue.

Allen Smiley grimaça.
– Le Dingue ?
– Oui, le Dingue.
Bugsy Siegel plissa les yeux et ajouta ·
– Je sais à quoi tu penses, Allen.
– A quoi ?
– Tu penses que moi aussi, on m'appelle le Dingue...
Il sourit avec malice et murmura :
– Bugsy...
– Etre dingue pour toi dans les circonstances actuelles, c'est de rester assis devant cette fenêtre ! insista Smiley.
Bugsy Siegel leva les yeux vers lui et le fixa avec dédain.
– Allen, tu me déçois. Qui donc, au monde, oserait toucher un seul cheveu de ma tête ?
Allen Smiley soutint son regard pendant un long moment puis détourna le sien. Bugsy se détendit et suggéra d'une voix douce :
– Va donc te servir un verre, Allen. Et ne pense plus à tout ça.
Un peu à contrecœur, son ami s'exécuta. Bugsy tournait les pages du journal. Il s'arrêta à celle des sports, la parcourut rapidement des yeux et demanda :
– Qu'est-ce que tu penses de la revanche Rocky Graziano-Tony Zale, Allen ?
– C'est Tony qui va gagner. C'est couru d'avance. Je prends les paris à trois contre un.
– Tenu.
– Il y a un Français qui ne marche pas mal non plus. Un certain Marcel Cerdan. On dit qu'il fera un combat contre Tony Zale l'année prochaine, pour le titre mondial des moyens.
– Sois chic, Allen. Ne me parle pas des Français, de Paris et de la France en général en ce moment !
– On se prend des fauteuils de ring pour la revanche Zale-Graziano, Benny ?
– Sûr ! J'espère bien voir la victoire de Rocky ! C'est un battant comme je les aime !

Luc Prévot se glissa dans l'allée centrale de la villa contiguë à celle du 810 North Linden Drive. Les fenêtres laissaient échapper des lumières qui éclaboussaient violemment la pelouse. L'air ambiant embaumait le jasmin. Après quelques pas, il quitta l'allée et s'engagea sur le gazon qu'il traversa jusqu'au mur de clôture. Il escalada celui-ci et passa de l'autre côté. Tout était silencieux autour de lui. Il longea le garage aux battants clos et, tout en progressant à longues enjambées prudentes, il fit glisser de son épaule la bretelle de la carabine Winchester modèle M1 calibre 30. Il saisit l'arme à deux mains et la débarrassa de son enveloppe de toile rèche qu'il enfouit dans une des larges poches latérales de son pantalon de treillis militaire dont le bas était serré dans le cuir des rangers de parachutiste à semelles caoutchoutées. Sans s'arrêter de marcher, il introduisit un chargeur dans le magasin de la carabine, l'arma aussi silencieusement qu'il put et continua d'avancer.

L'engin de mort provenait d'un stock de surplus militaires et avait été volé une semaine plus tôt. Luc Prévot l'avait longuement testé et un spécialiste avait corrigé ses très légères imperfections avant de le nettoyer et le graisser méticuleusement.

Luc Prévot savait que la villa n'était occupée que par deux hommes dont l'un était la « cible ». A trois reprises on le lui avait montré dans des endroits différents et il était certain de le reconnaître et de ne pas se tromper. Le garde du corps, lui, avait été écarté au dernier moment. Quant à l'homme qui accompagnait la « cible », il n'était pas dangereux, lui avait-on assuré.

Il atteignit la façade de la villa et la longea. Une fenêtre ouverte au grillage métallique protecteur quadrillait une lumière tamisée qui colorait de jaune une imitation de la Vénus de Milo en albâtre.

Luc Prévot s'arrêta en se collant à la façade et il coula un regard prudent par l'ouverture. Un homme était assis sur un sofa et lisait un journal. Les larges feuilles du quotidien lui masquaient le visage.

Était-ce la « cible » ?

Sans faire un mouvement, Luc Prévot attendit patiemment. Au bout d'un moment, les pages s'abaissèrent et un dialogue s'engagea.

– *Qu'est-ce que tu penses de la revanche Rocky Graziano-Tony Zale, Allen ?*

– *C'est Tony qui va gagner. C'est couru d'avance. Je prends les paris à trois contre un.*

– *Tenu.*

Luc Prévot calcula soigneusement ses prochains mouvements et, très lentement, il fit le tour de la Vénus de Milo en albâtre. Celle-ci était posée sur un socle. Juste à la bonne hauteur. Le visage de la statue était tourné dans sa direction mais il n'en voyait pas les détails car il était plongé dans le noir. Il posa précautionneusement le fût de la carabine sur l'épaule gauche de la Vénus et, très doucement, il le fit glisser jusqu'à ce que l'extrémité du canon repose entre deux mailles du grillage métallique.

– *J'espère bien voir la victoire de Rocky ! C'est un battant comme je les aime !*

Luc Prévot s'agenouilla, épaula la carabine et visa. Mais la « cible » avait relevé les pages du journal et celles-ci masquaient à nouveau son visage.

Parfaitement maître de ses nerfs, Luc Prévot attendit que se présente sa chance. Il ne devait passer à l'action que dans les meilleures conditions possibles. Pas question de tirer à travers les feuilles déployées du journal. La distance était courte, certes, mais il lui avait bien été recommandé de ne prendre aucun risque. Albert Anastasia avait été formel à ce sujet. Naturellement, il pouvait commencer à tirer dans le bas-ventre, mais cela aussi lui était interdit. Les ordres étaient stricts. Commencer par la tête. Albert Anastasia avait insisté. Cela avait quelque chose à voir avec une vieille coutume sicilienne. Frapper à la tête, d'abord. Un signe symbolique, un geste de vengeance, ou quelque chose comme ça.

Les frondaisons des arbres brassaient des effluves de jasmin. Luc Prévot plissa les narines en évitant de renifler.

– *Tu aurais pu me verser un verre à moi aussi, Allen !...*

La « cible » baissait le journal, commençait à en replier les pages, tout son corps était visible...

Luc Prévot écrasa la détente et ne s'arrêta plus de tirer.

La première balle frappa Benjamin « Bugsy » Siegel à l'orbite gauche et l'impact fit voler à l'autre bout du salon le bel œil bleu qui s'était posé avec amour sur tant de femmes...

La seconde balle se logea au coin de l'orbite droite et la troisième, un peu plus bas, sous la pommette.

La quatrième ne toucha pas Benjamin « Bugsy » Siegel mais s'en alla fracasser une peinture à l'huile pendue au mur et représentant une femme nue tenant à la main un verre de vin.

Les trois dernières balles mirent en pièces la superbe veste du costume à quatre cents dollars que portait la « cible ».

Juste à l'endroit du cœur.

Le « contrat » était exécuté. Luc Prévot se releva et fonça sans prendre la peine de réintroduire la carabine dans son étui. Il tira encore deux balles derrière lui pour décourager une poursuite éventuelle du compagnon de la victime et se retrouva sur le trottoir. Déjà, le « guetteur » cubain lui ouvrait la portière de la *voiture-fuite* pendant que la *voiture-protection* faisait rugir son moteur.

Les deux véhicules démarrèrent en trombe.

Moey Sedway, le compagnon de jeunesse de Benjamin « Bugsy » Siegel dans le Lower East Side, entra au Flamingo accompagné de Gus Greenbaum et de Morris Rosen. Les trois hommes se dirigèrent sans hésitation vers le bureau du directeur général de l'hôtel, dans lequel ils entrèrent sans frapper.

– Messieurs ! s'insurgea le directeur général. Qu'est-ce que c'est que ces manières ? Je vous prie de...

– Bugsy Siegel est mort il y a juste une demi-heure, répliqua Moey Sedway d'un ton sec. C'est nous qui commandons maintenant...

CHAPITRE XXXI

L'assassinat de Benjamin « Bugsy » Siegel fit la une de tous les journaux des Etats-Unis dès qu'il fut connu. L'opinion publique américaine imaginait mal que le crime organisé s'étendait jusqu'à la côte ouest. Pour elle, il se circonscrivait toujours autour de New York et de Chicago. Cette découverte la traumatisa. En outre, l'exécution d'un personnage aussi connu que Benjamin « Bugsy » Siegel qui était le chouchou des stars de Hollywood et qui venait de tant faire parler de lui en lançant tout à la fois le *new-look* de Christian Dior et la fabuleuse capitale du jeu de Las Vegas, ramenait fâcheusement vingt ans en arrière lorsque les rafales de mitraillettes crépitaient dans les rues de New York et de Chicago.

Millicent Siegel, qui avait à présent seize ans, et sa sœur Barbara qui en avait quatorze, se joignirent à leur mère Esther pour rallier en toute hâte Los Angeles. Depuis quelque temps, toutes les trois vivaient à New York, loin de la solitude dans laquelle les avait cantonnées leur père et époux.

La police enquêtait courageusement sur le meurtre, mais sans se faire beaucoup d'illusions. Découragé, un détective déclara :

– Toutes les personnes que j'ai interrogées adoraient littéralement Bugsy ! Toutes m'ont dit que c'était le plus chouette des types ! Il devait bien tout de même y avoir quelqu'un d'un avis contraire !...

– Bugsy ? Qui est-ce, Bugsy ? s'étonna la comtesse Dorothy di Frasso. Je ne connais personne qui porte ce nom. Vous voulez peut-être dire Monsieur Benjamin Siegel ? Si j'ai été amoureuse de lui ? Certainement pas ! C'était un excellent ami, c'est tout.

Et, avec un haussement d'épaules dédaigneux et un port de princesse outragée, elle prit congé des journalistes et pénétra d'un pas ferme dans son palais romain à la façade striée par les cicatrices consécutives aux bombardements de la Seconde Guerre mondiale.

A Rome également, Charly Lucky Luciano tint une conférence de presse dans les salons du Savoy Hôtel. Sarcastiquement, il répondit affirmativement à toutes les questions qu'on lui posait :

Oui, j'organise un réseau international de trafic de drogue. Pour quelles raisons croyez-vous que je sois ici ? Pour raisons de santé ?

Oui, le territoire où je vais exercer mes activités criminelles va être l'Europe et le Moyen-Orient. La Russie aussi, si je peux m'y établir.

Oui, c'est moi qui ai descendu Bugsy. Qui d'autre croyez-vous que ce soit ?

A Beverly Hills, le chef de la police, C.H. Anderson ordonnait l'arrestation d'Albert Greenberg, un ami de Benjamin Siegel, pour complicité dans un vol de bijoux. Albert Greenberg avait perdu des sommes folles au casino du Flamingo à Las Vegas.

Pendant ce temps, dans l'ombre et sans que les autorités officielles et le grand public en sachent rien, le remplaçant de Bugsy Siegel à la tête de la Californie était appointé par le Syndicat. C'était un nommé Joseph « Doc » Stracher, en provenance du New Jersey, un ancien associé de Meyer Lansky, de « Longy » Zwillmann, de Joe Adonis et de Willy Moretti.

Courant juillet 1947, Virginia Hill commettait sa première tentative de suicide, en France, à Beaulieu sur la côte d'Azur. Aux journalistes, elle déclarait qu'elle avait avalé le contenu d'un tube de somnifères parce qu'elle avait voulu mourir à cause du chagrin qu'elle éprouvait de la mort de son amant, et non à cause de la crainte qu'elle pouvait avoir de l'arrivée de tueurs expédiés des Etats-Unis afin de la faire taire à jamais.

Le 24 juillet, C.H. Anderson, chef de la police de Beverly Hills, ordonnait l'ouverture du coffre-fort de Benjamin Siegel, mais son contenu ne révélait aucun indice sur l'identité de son ou de ses assassins.

Le 10 août, en provenance de Paris, Virginia Hill arrivait à Miami Beach, et, pendant vingt-quatre heures, elle était placée sous la protection de la police locale qui craignait une tentative d'assassinat sur sa personne.

Le 22 août, Virginia Hill commettait sa seconde tentative de suicide en absorbant le contenu d'un tube de somnifères, et son état demeurait critique pendant plusieurs jours.

Et puis on les oublia pendant quelque temps, elle et Benjamin Siegel.

Il n'en était pas de même de Las Vegas. La ville est aujourd'hui un conglomérat d'hôtels somptueux, de casinos flamboyants, de chapelles de mariages, une explosion de lumières dans la nuit du désert, une fontaine de plaisirs, devant lesquels Bugsy se serait pâmé. La cité qui ne dort jamais est le paradis du joueur et l'argent y coule plus abondamment que l'eau dans l'aridité du désert, à peine rivalisé par les flots de whisky qu'on verse dans les bars. Les sept millions de dollars dépensés par Bugsy ne sont plus à présent qu'une goutte d'eau dans la mer. Certains multimilliardaires ont perdu la même somme dans les casinos de Las Vegas en l'espace d'un mois sans que cet incident ait nui à leur train de vie.

Après la mort de Bugsy, les hôtels poussèrent comme des champignons, plus luxueux les uns que les autres au fil des années, et le Flamingo n'est plus aujourd'hui qu'un hôtel moyen perdu dans la masse. Les « grands » sont à présent le Caesar's Palace, l'International et le M.G.M. Grand. Le chiffre d'affaires pour le premier s'établit annuellement à dix millions de dollars pour les chambres, à vingt-quatre millions pour la nourriture et les boissons et cent cinquante millions pour le jeu.

Bugsy se serait délecté à la lecture de ces chiffres s'il n'était mort trop tôt...

Les salaires des vedettes qui se produisent à Las Vegas sont pharamineux. Barbra Streisand et Liza Minnelli touchent un cachet de deux cent mille dollars pour une semaine de spectacle. Récemment, Dean Martin a vendu sa part d'actions du Riviera (un dixième des actions seulement) pour trois millions et demi de dollars.

En ce qui concerne les vedettes en tous genres, d'ailleurs, l'imagination créatrice de Bugsy a fortement inspiré ses successeurs. Le procédé a été raffiné en imitant l'exemple de « Longy » Zwillmann avec Jean Harlow, mais en tirant profit, cette fois, de la mise de fonds initiale.

Ainsi, le Syndicat prend en charge de jeunes artistes censés avoir du talent, les entretient plus que correctement pendant les années difficiles en même temps qu'il s'arrange pour favoriser leur carrière (ce qui est somme toute assez facile considérant les énormes intérêts financiers pris par le Syndicat dans les firmes de cinéma, de télévision, de disques, les chaînes de radio, les cabarets et les night-clubs, quand il n'en est pas propriétaire). En contre-partie, il n'exige qu'un pourcentage variant entre vingt-cinq à soixante-quinze pour cent sur les gains futurs de l'artiste, le taux de ce pourcentage étant progressif et fonction de la rapidité avec laquelle l'artiste atteint le succès.

Vic Damone, le chanteur, a pu s'écrier ainsi :

– Jusqu'à la fin de mes jours je ne suis plus propriétaire que de vingt pour cent de moi-même !

A l'heure actuelle, de grandes vedettes internationales, très haut cotées, censées toucher des cachets fastueux et être milliardaires, sont en réalité profondément endettées à l'égard du Syndicat et leur train de vie n'est guère plus élevé que celui d'un cadre supérieur du commerce ou de l'industrie. En outre, certains « suicides », certains « accidents », certains meurtres même, survenus récemment et demeurés mystérieux s'expliqueraient par la répugnance témoignée par les victimes à honorer le contrat verbal passé avec le Syndicat lorsqu'elles n'étaient encore que d'obscurs figurants ou des roucouleurs d'orchestre de banlieue que n'avait pas touchés la baguette magique du succès et de la notoriété.

Bugsy aurait adoré cette nouvelle forme de rackets dans le milieu des artistes si sa vie n'avait été fauchée aussi vite...

Celle des gens qui ont côtoyé Bugsy n'a été fauchée que des années plus tard, en général, et bien peu sont encore en vie, comme George Raft par exemple.

Beaucoup parmi les grands gangsters des années trente et quarante sont morts. Frank Costello en 1973, Frankie Carbo, le tsar de la boxe, en novembre 1976, suivant de peu Carlo Gambino décédé en octobre, Meyer Lansky en 1975, Lucky Luciano en 1962. Deux autres, qui avaient voté la mort de Bugsy à la Havane en 1974, furent eux aussi l'objet de « contrats ». « Longy » Zwillmann retrouvé pendu dans la cave de sa villa en 1959, et Albert Anastasia, l'exécuteur des hautes œuvres, victime lui-même de sa propre et très élaborée méthode *made in Brooklyn*. Le 25 octobre 1957, alors qu'il se faisait masser les joues par son barbier personnel Joseph Bochino dans le salon de coiffure du Park Sheraton Hotel de Manhattan, il était criblé de balles par une équipe de tueurs venus de Brooklyn et composée de « Crazy » Joe Gallo, Joe Jelly, Punchy Iliano, Ralph Mafrici et Sonny Cammerone.

Parmi les vedettes de cinéma chères au cœur de Bugsy, Marion Davies est morte d'un cancer en 1961, Veronica Lake a disparu en 1973, Carole Landis en 1948, Marilyn Monroe en 1962 et Lupe Velez en 1944 (par suicide pour ces trois dernières) Constance Bennett en 1965.

La comtesse Dorothy di Frasso mourut en 1955 à l'âge de soixante-cinq ans dans le train qui la ramenait de Las Vegas où elle avait passé le week-end avec des amis, en pélerinage dans le lieu créé par celui que, malgré ses dénégations, elle avait follement aimé.

Celle qui avait été l'amie des plus grands gangsters de l'Amérique, Virginia Hill, épousa en 1950 le champion de ski autrichien Hans Hauser. La même année, elle fut convoquée par une commission spéciale du Sénat américain, dirigée par le sénateur Estes Kefauver et enquêtant sur le Crime Organisé aux Etats-Unis. On l'interrogea sur ses sources de revenus, et elle répondit que tous ces gangsters dont on l'accusait d'être l'amie étaient ceux-là mêmes qui pourvoyaient à ses besoins en lui faisant de riches cadeaux. On lui demanda alors pourquoi ces gangsters lui faisaient de riches cadeaux, et Virginia Hill, énervée au plus haut point par les questions dont on la taraudait, horrifia cette noble assemblée de sénateurs austères et pudibonds, en expliquant crûment :

– Parce qu'auparavant personne ne les avait aussi bien sucés que moi !...

Le 29 mars 1966, elle réussissait enfin sa quatrième tentative de suicide... commise comme les précédentes en absorbant le contenu d'un tube de somnifères. Près de son cadavre découvert à l'Alterbachgraben à Koppl près de Salzbourg en Autriche, on trouva une lettre manuscrite exprimant son désir d'en finir avec la vie.

Depuis quelque temps elle éprouvait des difficultés financières et avait manifesté l'intention d'écrire ses mémoires, ce qui aurait fortement déplu au Syndicat. Quelques jours avant sa mort, on avait vu rôder à Koppl des Américains au type italien accentué et dotés d'un fort accent de Brooklyn...

La lettre exprimant son désir de mourir et écrite de sa main ?

L'astuce est bien connue. Elle a été utilisée avec « Longy » Zwillmann, pendu en 1959 dans sa cave. Elle consiste à dire à la future victime : Tu as le choix, mon chou. Ou bien tu nous facilites les choses, tu écris cette lettre annonçant ton suicide et tu arales le contenu de ce tube de somnifères, et, crois-moi, cette fois-ci tu ne te rateras pas. Ou bien tu nous cherches des crosses, et alors là, ma belle, tu vas mourir à petit feu, dans un tonneau de souffrances, et c'est toi qui nous supplieras de t'achever. Seulement, là, beauté, il sera trop tard. Faudra que tu attendes le poteau d'arrivée...

Mais on a dit aussi que depuis quelque temps elle jouait fréquemment sur son électrophone un disque qui reprenait une vieille chanson américaine, un des morceaux favoris de Bugsy Siegel :

One blue evening
One of these very strange and blue evenings
You'll cry for all the things you spoilt
But I will be gone
One blue evening
One of these very dull and blue evenings
Out of the past you'll start remembering
And you'll grieve over the things you said
But I won't care
'cause I will be gone...[1]

Nostalgie ? Solitude ? Remords ? Regret de ne pas avoir accompli plus d'efforts pour sauver Bugsy de la mort ?

Virginia ne l'a pas dit dans la lettre que l'on a retrouvée près de son cadavre.

1. Par un soir cafardeux
Un de ces étranges soirs cafardeux
Tu pleureras pour toutes les choses que tu as gâchées
Mais je serai parti
Par un soir cafardeux
Emergeant du passé, tu commenceras à te souvenir
Et tu t'affligeras des choses que tu as dites
Mais je m'en moquerai
Car je serai parti...

Remerciements de l'auteur à :

Time-Life Magazine, New York Times, Newsweek, Los Angeles Times, United Press International et Keystone, qui m'ont ouvert leurs archives.

Ainsi qu'à :

Abner Rosenkrantz, Susan Abramoff, Joe Ciranova, Frank L..., L... P..., Peter L..., M... S..., Barbara Apfelbaum et Millicent S..., pour leurs témoignages vécus.

Cet ouvrage a été imprimé
sur presse CAMERON
dans les ateliers de la S.E.P.C.
à Saint-Amand-Montrond (Cher)
pour le compte de France Loisirs
123, boulevard de Grenelle, Paris

N° d'édition : 25778. N° d'impression : 797.
Dépôt légal : avril 1992.

Imprimé en France